初中数学教科书习题发展研究

范连众◎著

东北师范大学出版社

长　春

图书在版编目（CIP）数据

初中数学教科书习题发展研究 / 范连众著. — 长春：
东北师范大学出版社，2020.12
ISBN 978-7-5681-3084-4

Ⅰ.①初… Ⅱ.①范… Ⅲ.①中学数学课—教材—习题—研究—初中 Ⅳ.①G633.602

中国版本图书馆CIP数据核字（2020）第262306号

□责任编辑：邓江英　　　　　　□封面设计：言之凿
□责任校对：刘彦妮　张小娅　　□责任印制：许　冰

东北师范大学出版社出版发行
长春净月经济开发区金宝街 118 号（邮政编码：130117）
电话：0431-84568115
网址：http://www.nenup.com
北京言之凿文化发展有限公司设计部制版
北京政采印刷服务有限公司印装
北京市中关村科技园区通州园金桥科技产业基地环科中路 17 号（邮编：101102）
2021年3月第1版　2021年5月第1次印刷
幅面尺寸：170mm×240mm　印张：16.5　字数：253千

定价：45.00元

前 言
FOREWORD

  随着我国基础教育课程改革的不断深入，中小学教材建设受到了前所未有的重视，国家成立了由国务院副总理担任主任的教材委员会，并于 2019 年 1 月全面开启对义务教育课程的修订工作．与其他学科教科书一样，初中数学教科书也面临着坚持立德树人、践行社会主义核心价值观、全面落实国家课程标准的重任．而习题是数学教科书的重要组成部分，特别对减轻学生过重的课业负担，体现考试评价导向等焦点问题的解决起着重要的指导作用．为此，笔者针对现有的初中数学教科书习题做实然的与应然的研究，分析现阶段初中数学教科书习题设计及使用方面的情况，发现存在的问题，提出改进初中数学教科书习题设计的建议，总结教师应用教科书习题的方法及典型案例，为核心素养理念下的初中数学课程发展助力．

  本书分为上、下两篇，上篇是在分析和借鉴国内外教科书研究和习题研究的基础之上，利用内容分析法和比较法对国内九个版本教科书中"有理数"一章的习题、参加中国教育学会第十届初中青年数学教师优秀课展示活动中教师关于"勾股定理""有理数的加法""平均数"三节课的习题设计进行了研究，并结合 900 名学生实做各版本"有理数"一章习题的调查、143 名教师对当前人教版教科书习题满意度的调查和教科书习题与当前中考数学试题关联度的调查，详细分析了我国数学教科书习题设计及使用情况的现状．通过对人民教育出版社 1989 年、1992 年、2004 年和 2012 年出版的教科书"有理数"一章的习题，1993 年、2002 年和 2012 年出版的教科书"边角边定理"一节课的习题进行比较研究，分析了人教版初中数学教科书习题发展的基本路径．在此基础上提出了基于培养学生核心素养的习题设计框架，据此改进了人教版"平行线与相交线"一章的习题，并进行了验证实验和师生反馈调查．

  下篇主要从应用教科书习题的视角，分别针对教科书中概念类习题、运算类习题、推理类习题、建模应用类习题、统计概率类习题的不同特点，提出了相应的应用策略．同时对教科书习题资源的开发给出了必要的关注，并结合近年来我国中考试题的实例，对教科书习题的发展进行了分析与预测．

　　本书是作者基于中学数学教学及教研的实践经验，结合当前教师使用教科书习题的实际情况，从理论和实践两个层面，对初中数学教科书习题设计及使用进行的一次全面研究．上篇是作者教育博士论文的主要内容，下篇则主要是研究团队使用教科书习题的典型案例，旨在为有志于研究初中数学教科书的大学生及广大一线数学教师提供资源和参考．本书的写作既受到了作者读博期间各位恩师的指导、学弟学妹的关爱，又得到了朝夕相伴的战友的鼎力相助，在此一并表示感谢！因本人才疏学浅，难免会有很多不当之处，还望各位批评指正！

目 录
CONTENTS

上 篇

下　篇

上
篇

第一章 课题的提出

  教科书在学校教育中具有不可替代的地位与作用，它是国家意志、民族文化、学科发展水平的综合体现，是课程实施的载体，是教学、考试的重要依据，是读者最多又最被读者看重的文本．对教科书的研究是课程研究的重要组成部分，日益受到各方面的关注．在 2004 年于丹麦举行的第十届国际数学教育大会上，教材（教科书）第一次被确定为讨论组的主题．我国于 2017 年成立了国家教材委员会，由国务院副总理亲自担任主任，将教材建设提到了国家战略的层面．2019 年 1 月，教育部启动义务教育课程修订工作，新一轮的教科书修订已经箭在弦上．而习题是教科书的重要组成部分，特别是对于初中阶段的数学学习，学生习作习题是掌握数学知识、发展数学能力必不可少的环节．在课程改革不断深入的时代背景下，初中数学教科书习题的改革成效对减轻学生过重的课业负担、突破考试评价改革的瓶颈等焦点问题的解决起着重要的导向作用．理想的数学教科书习题既能很好地促进学生全面健康、和谐、可持续发展，又能帮助学生获得终身发展的关键能力与必备品格．因此，要对我国现有的初中数学教科书习题做实然研究与应然研究，提出理想的初中数学教科书习题设计的策略方法，为核心素养下的初中数学课程发展助力．

第一节　习题研究凸显我国"双基"教学特点

2016 年 8 月 11 日，网易教育发布了一篇报道，"上海数学《一课一练》即将登陆英伦的消息再度引爆媒体．过去都是听说引进国外版的教材，很少听说中国教材走出去"．实际上，在中国学生看来，《一课一练》是再平凡不过的教辅材料，有上海学生回忆道："我记得我们初中的时候，数学课前十分钟就是讲《一课一练》的难题，后五分钟就是布置《一课一练》的作业，平时作业是一章一课一练，周末的话就是两章一课一练……"英国人引进的不是中国官方的数学教科书，而仅仅是国人眼中的数学教辅材料，难道他们对教辅材料的关注超过了对教科书的关注？难道这是他们对中国基础教育成功的思考？之后两年，2018 年 1 月的海外网又报道，《一课一练》（英国版）成为 2017 年让海外热议的五本中国书之一．与此同时，新华网"毛坦厂中学：本科达线人数再次突破万人大关"的报道在国内所引起的讨论同样激烈，"钱学森之问"更让教育人陷入深思．当下中国学生所演练的数学习题，无论是在数量上，还是在难度上，都早已超过数学教科书的范围，这是不争的事实．那么在未来的教科书编写、修订过程中，教科书习题该怎样定位、改进，如何发展，这不得不引起数学教育工作者的关注．

一、改进教科书习题是对"学生发展核心素养"提出的呼应

一方面，中国数学教育的"双基"特色十分突出，中国学生在国际数学奥林匹克竞赛中摘金夺银，在 PISA 等国际测试中，数学成绩也位居前列……另一方面，也存在着一些不同的声音，如"中国学生比西方学生在学习成绩上好许多，但是他们的教和学看上去是如此的死记硬背"．中国学生在计算题、简单问题解决等过程受限问题上的表现好于美国学生，但在复杂问题解决上，特别是在过程开放问题上的总体表现不如美国学生．实际上，国内学者对中国数学

教育的现状早有清醒认识．章建跃教授指出，在应试教育的大环境下，不少教师把"双基"教学等同于结论性知识和解题技巧的教学，数学知识的再发现、再创造过程被知识的记忆和机械模仿训练所代替，课堂教学演变为"题型教学"，又进一步蜕变为"刺激—反应训练"，教学缺乏必要的知识自我建构活动，从而导致学生问题意识不强．也正因如此，中国数学教育发展、改革的步伐从未停止过．2012 年教育部公布了《义务教育数学课程标准（2011 年版）》，在培养目标中提出了要发展学生的"四基"与"四能"，即义务教育不仅要使学生掌握基础知识和基本技能，还要积累、发展基本的活动经验，体会和形成基本的数学思想方法；不仅要使学生学会分析问题和解决问题，还要提高学生发现问题和提出问题的能力．这也说明中国数学教育正在从英才教育走向大众教育．

2016 年 2 月，《中国学生发展核心素养（征求意见稿）》由中国教育学会向社会发布，提出了中国学生发展的核心素养是全面发展，并从文化基础、自主发展和社会参与三个方面进行了解释．核心素养的提出是落实党和国家教育方针的具体体现，是素质教育的进一步发展，是制定课程标准和编写教科书的指导性意见．2018 年 1 月，普通高中课程标准正式对外公布，明确给出了各学科核心素养的内涵．这也是从 20 世纪 80 年代国家第一次提出"素质教育"的口号至今，中国基础教育正从"知识本位"时代走向"核心素养"时代的标志．如果说 2012 年修订的初中数学教科书已经十分重视落实国家课程标准的要求，那么随着新形势的发展，培养、发展学生核心素养的目标对教科书的进一步修订又提出了更新的要求．

"21 世纪的教育要建立在核心知识基础之上，但这里的学科知识不是指存储一堆事实，而是指学科观念和思维方式，其目的在于让学生学会像学科专家那样去思考．"从 2012 年公布新修订的课程标准，到 2012 年审定发行各版本教科书，再到 2016 年提出中国学生发展核心素养，从时间间隔看，留给我国教科书编写者深思的时间并不长，特别是当下只是由中国教育学会颁布了《中国学生发展核心素养（征求意见稿）》，义务教育阶段各学科，包括数学学科核心素养的内涵还有待进一步明确，而且也在不断丰富和发展．在世界各国都在关注核心素养的背景下，对教科书习题设计的讨论也越来越热烈，改进教科书习题不仅是教科书自身建设发展的需要，更是对国家提出"中国学生发展核心素养"的呼应.

二、数字时代为改进教科书习题提供了机遇与条件

以往，学生只要掌握了熟练的运算技能，在考试中取得了好成绩，就被认为具有了良好的数学素养. 而今，人类社会已经全面进入数字时代，移动技术、互联网技术、多媒体技术等信息技术的发展，正快速改变着人们传统的思维和生活方式. 大到国家之间的国力博弈、现代化战争，小到家人、朋友之间的沟通交往，技术发展所带来的变化无时不在、无处不在. 对于学习领域而言，这种变化同样巨大. 在数字化的新历史纪元里，传统的知识形态、知识表征、知识呈现方式和传播方式等各个要素和环节也都发生了显著的变化，一个影像认知的可视化时空正迎面袭来. 在数字技术营造的虚实相映的场景中，知识的习得与优化体现出"具身化"特征，新的知识观也正在形成. 人们已经认识到管道比管道中的内容物更重要，对明天所需要的知识的学习能力比对今天知识的掌握更重要. 同时，学习者自身也在发生着变化. 在21世纪数字环境中成长起来的青少年被喻为"数字原住民"，他们更倾向于观看图像，喜欢以超文本的方式随机获取信息，对网络作为娱乐工具的依赖性更强，与网络相连是他们最好的学习状态，他们也更能轻松地适应网络世界. 显然，现代社会的教师不能再寄希望于这些"数字原住民"按照20世纪的学习思维循规蹈矩，课堂上满足学生的个性化和社会化需求已成为教学的应然要求. 数学教科书中的习题也不能再是呆板、冰冷的数学符号的简单集合体.

人们愿意将教师职业与医生职业相联系，很多教育模式的形成也受到医生诊断治疗方式的启发. 可如今医生诊断、治疗病情已离不开现代医疗仪器、现代生命药品，但教师一根粉笔主宰课堂的现象仍然十分普遍. 走进当今的数学课堂，会发现信息技术带给教与学的变化并不显著，学生低头苦思冥想、抬头听讲的状态成为常态. 实际上，在信息时代的背景下，技术的发展已经为教育改革提供了条件，如微课程的使用改变了传统的课程要求师生在物理时空内同时同步的教学范式，由网络时空所营造的"一对一""情境化""协商式"的教与学关系已初露端倪，"翻转课堂"、慕课、社交网络等新型教与学的方式得到迅速传播和重视，以课堂上学生积极主动的学习状态，教师个体指导的教学风格，师生、生生之间的有效互动，课堂教学多维目标的达成等为特征的课堂被

广为期盼．教育部也将教师掌握现代教育技术列为教师必备的基本功．在如此剧烈的时代变革面前，教科书的作用也必将发生巨大的变化，教科书习题的功能、形式等要素也必将随之发生变化．

三、考试评价改革对教科书习题改进提出了挑战

当前，适合新时代发展要求的考试评价机制正在形成，高考改革已经成为国家战略，中考改革也势在必行．现在全国各地大都以地市为单位组织中考命题，每年有近150套中考试卷问世．这些试题无论是评价理念、作用，还是呈现方式、试题情境，其发展变化速度都远远快于教科书自身习题系统的调整速度．而对于现阶段的数学学科学习而言，无论是从中国传统文化对数学教育的影响程度上看，还是从教育部"中小学生学业质量分析、反馈与指导系统"项目组对各地区的调查报告看，做数学习题都占据了学生大量的学习时间，在当前学生过重的学习负担中占有相当的分量，"题海战术"等应试教育的做法依旧相当普遍．这与教科书习题设计的发展滞后于考试评价的变化，没能发挥出其对教育考试评价的指导作用有关．实际上，如果教科书的习题不能与中高考等考试评价同步发展，势必被各种教辅材料所替代．同时还应注意到的问题是，我国传统考试试题、教科书中的习题与国际上 PISA 测试中的试题存在着巨大的差异，教科书习题设计的与时俱进性表现得十分有限，考试评价改革已对教科书习题改进提出了严峻的挑战．

第二节 初中数学教科书习题
发展应该与时俱进

从理论层面上看，初中数学教科书习题发展的研究是从实践工作者的视角，对我国初中数学教科书习题的现状、演变过程开展全面研究，在与国际主流国家的教科书设计进行比较的基础上，提出教科书习题设计的框架，并进行实践验证，这对于进一步完善初中数学教科书研究的理论体系具有重要的价值．

从实践层面上看，本研究为初中数学教科书的进一步修订提供了参考，特别是在核心素养理念下，对完善我国各版本初中数学教科书习题的修订，更好地促进教科书编写质量整体提高有重要的参考价值．同时，本研究也为初中数学教师使用教科书的习题提供了参考，进而促进了教师教学水平的提高，促进了初中学生富有个性的发展，提高了初中数学教学质量．为了更全面地阐述问题，现对与本研究密切相关的几个概念做具体的解释．

一、初中

世界上各个国家的中小学学制都是分阶段的，只不过在年级划分和学业年限上有所不同．我国第一个付诸实施的学制是清朝政府于1903年拟订的《奏定学堂章程》，即"癸卯学制"，规定从7岁入学到通儒院毕业需要25—26年，其中初等教育9年，中等教育设中学堂5年．1922年，国民政府颁布了"壬戌学制"，首次明确区分初中段和高中段．1986年，《中华人民共和国义务教育法》颁布，规定国家实行九年义务教育，由国务院教育主管部门制定初等教育和初级中等教育的学制．2001年国家颁布的《全日制义务教育数学课程标准（实验稿）》指出，"根据儿童发展的生理和心理特征，将九年的学习时间具体划分为三个学段：第一学段（1—3年级）、第二学段（4—6年级）、第三学段（7—9

年级）"，其中 7—9 年级阶段就是初中学段．当前我国中小学学制有"六三三"和"五四三"两种基本学制，有条件的地方逐渐实行了"九年一贯制"．但不管哪种学制．我国内地初中学生一般年龄在 13—15 岁，或 14—16 岁．我国香港、澳门、台湾地区大都实行"六三三"学制，因此初中生的年龄也与内地相同．国际上有些国家、地区的学制与我国不同，如俄罗斯同样规定 6 周岁入学，小学阶段是 1—4 年级，也称初等普通教育；5—9 年级是不完全中等教育阶段，相当于我国的初中阶段．而英国实行 11 年义务教育，分为四个阶段；Key Stage 3 为 7—9 年级（11—14 岁），相当于我国的初中阶段．加拿大一些地区的中学为 9—12 年级，学生年龄为 15—18 岁．在本研究中，初中是指"六三三"学制下，13—16 岁的学生所接受的学校教育．

二、教科书

人们对教科书和教材的理解稍有区别．《中国大百科全书·教育》解释为，"教科书是根据教学大纲编定的，系统地反映学科内容的教学用书"．我国学者钟启泉认为，教科书是学校或任何学习集团在学习一定领域的知识时所运用的教学材料，是为便于教学而编辑的图书．曾天山指出，教科书是根据教学大纲（课程标准）编写的系统反映学科内容的教学用书．孔凡哲教授认为，教科书作为达到国家课程标准规定的质量要求的内容载体，是课程内容的具体体现形式，是教师设计和实施教学活动的重要依据和主要参考，既为学生学习活动提供了基本线索，又是课程资源开发的基本参照．邵瑞珍指出，在学校教育中，教科书是学生获取知识的主要来源和教师教学的主要依据．

与教科书的定义类似，教材也有很多解释．我国学者顾明远在其主编的《教育大辞典》中将教材表述为：广义的教材是指课堂上和课堂外适合学生使用的教学材料，如课本、练习册、教学挂图、录像带、广播电视节目等材料；狭义的教材指学生用书．

美国学者 Goodlad 曾提出，课程可划分为理想课程、正式课程、理解课程、实施课程和经验课程五个层次，教科书属于正式课程的一部分，是根据国家公布的课程标准编辑出版的教学用书．美国教育家杜威指出："所谓教材，就是在一个有目的的情境的发展过程中所观察的、回忆的、阅读的和谈论的种种事实，以及所提出的种种观念．"欧洲学者 Monica Johansson 说，教材不仅是提供某一知识领域的教学法的权威版本，而且是向每一代学生呈现官方许可的人类知识和文化的权威版本．

尽管学者们对两者的表述各不相同，但不难看出，两者联系十分密切．教科书是教材最重要的组成部分．从课程层次来看，教科书兼顾了国家课程文件的理解落地和教师个人实施课程的双重角色，是"理解的课程"，具有"上传下达"的意味．在日常的语境中，可将二者默认为等同．

数学教科书是数学课程理念的基本物化形式，是学生学习数学、教师教授数学最基本的蓝本，是连接"数学课程目标"与"数学课堂教学"最主要的桥梁，课程专家浓缩了数学文化的精华，根据数学课程计划规定的教学目标、内容、要求以及学生的年龄特征和认知水平，最大限度地对数学知识进行逻辑化、系统化、学习化处理，使之成为学生进行数学学习的专门用书．数学教科书既是数学教育表达的一种手段和过程，也是现代数学教育价值的体现，具有传承知识、启迪思想、开阔视野、引导创新的基本职能．从某种意义上说，数学教科书为数学教学规定了方向和流程．2000 年，一份来自 NAEP 的调查发现，超过三分之二的学生把解决来自教材的问题作为日常基础．

本研究所指的数学教科书是指中华人民共和国成立以来，根据国家颁布的教学大纲和课程标准编写的，经过教育部审定并发行使用的学生学习数学学科知识的用书．

三、习题

《现代汉语词典》中对习题的定义是：教学上供练习用的题目．蔡上鹤认为，习题是一个有条理的系统，是学生有待解决的问题．而以数学为内容，或者虽不以数学为内容，但必须运用数学知识或数学思想方法才能解决的习题称为数学习题．在数学知识的学习过程中，课堂上教师所使用的例题、练习题、测试题，学生课外所演练的作业题、研究题和调查题、探索题都是习题．在中学阶段的所有课程中，数学课程的习题配置量是最大的．

教科书的习题与教科书正文构成一个整体，是正文的自然延续，是使学生理解概念、巩固知识、学会应用的必备构件，是教科书所蕴含的使学生有效习得知识并使之内化为学生数学认知结构的"训练系统"．它以信息反馈为特征来诊断和评价学生的学习，是一种重要的教学评价资源．对学生来说，合适的习题能拓宽学生的知识面，激发学生的学习兴趣，并帮助学生进行自我检测，让学生在知识与技能、过程与方法、情感态度与价值观等方面都有较大的收获．对教师来讲，习题既可以作为教学内容的有机组成部分，又可以帮助教师检查教学效果，得到反馈信息．本研究的习题主要是初中数学教科书中供学生课后学习使用的、位于教科书正文之后的习题和单元复习题．

四、时间范围

我国自晚清时期开始就在学校教授数学，先后经历了民国时代、中华人民共和国成立前、中华人民共和国成立初期、"文化大革命"时期、改革开放前、改革开放后等多个历史时期，教科书的发展也随之经历了不同的阶段．中华人民共和国的第一套十二年制的初中数学教科书完成于 1965 年，一直到 1987 年，国家教育委员会明确提出，在统一教学基本要求的前提下，有领导、有计划地实现教材的多样化，以促进中小学教材编写质量的提高．进入 21 世纪以来，新的课程改革全面启动后，教科书的发展进入了全新的阶段，也开始与国际上教科书的发展相接轨．

五、地域范围

我国地域辽阔，除了内地之外，还包括香港、澳门、台湾地区，各地的发展路径有着明显的差别，也存在着内在的联系．本研究更多地以内地出版的各套教科书为研究对象，同时关注香港、台湾地区教科书的特点，为内地教科书的改革提供借鉴．

魏群指出，研究古今中外课本是一项重要的工作，不搞好继承借鉴工作，必然丢掉优良传统和先进经验，甚至会犯前人曾犯过的错误．王梓坤也指出，要对原来比较好的大纲和教材进行改造，加以现代化，改革必须在原有的基础上进行，不能搞彻底打倒．新课程数学教科书习题设计的改进，无疑是建立在以往教科书习题设计的基础之上的，会从其发展历程中吸取经验和教训．

第二章 对初中数学教科书习题设计研究的回顾

对教科书习题设计的研究是教科书研究的重要组成部分，有着相当长的历史，也取得了很多研究成果．与此相关的研究领域也比较广泛，包括对教科书的整体研究、对初中数学及教学的研究、对数学习题的研究等许多方面，特别是对教科书习题功能的研究，影响着教科书习题的定位和发展．传统的初中数学教科书的习题实际上就是一个训练系统，其功能就是达到对课堂知识复习巩固的目的．近年来的实践表明，教科书有逐渐被各种练习册、课外辅导材料所取代的趋势，主要原因就是教科书习题设计的功能比较单一，再加上更新速度慢，没能实现引领考试评价的功能．因此，教科书习题的整体设计理念要有新的突破，习题的功能要更加完善，不仅仅是知识学习的延续，同时还应引领考试评价．未来的教科书习题设计在注重对数学素养的含义进行新的诠释的同时，不仅要注意考查学生对学校数学课程内容的掌握情况，更要重视在不同的问题背景下，锻炼学生对所学数学知识与技能灵活运用的能力；不仅要评价学生问题解答的正确性，还要关注学生对问题的理解和不同的解决途径．

第一节　教科书及其研究

教科书具有教诲性、阅读的特殊性、文本结构的整体性、文本构建的标准性、文本实现的非连续性及读者的两极性等诸多特征．学者对教科书的研究内容十分广泛，可以从研究类型、研究方法、教科书的内容与功能、教科书与师生的关系、对教科书的评价等很多角度找到研究成果．其中对教科书内容、结构、历史等方面的研究属于静态研究，而对教科书的使用、师生对教科书的认同度等方面的研究则属于动态研究的范畴．

从研究类型上来看，石鸥认为，对教科书的研究不同于文学研究与电影研究，可以从历史学的、教育学的、社会学和文化学的、文献学的维度来研究．台湾学者蓝顺德将教科书研究概括为内容分析和开发研制过程两大类．国外学者 Weinbrenner P. 等人将对教科书的研究分为过程取向、产品取向和接受取向三类．Johnsen E. B. 把教科书研究分为文本内容、教学应用和出版开发三类．

从研究方法上看，比较研究法的应用十分广泛，包括对不同国家的小学、初中、高中等不同阶段教科书的比较，对各个不同时期同一内容、同一出版单位出版的教科书的比较，以及对同一时期的不同版本的教科书的比较，等等．而内容分析法是最重要的方法，即透过量化的技巧以及质的分析，以客观及系统的态度对教科书内容进行研究与分析，借以推断产生教科书内容的环境背景及其意义．历史研究法主要是通过对教科书的发展进行历史回顾和现实反思来探询教科书发展的特点．实验研究法是指通过教育实验来分析教科书的质量、使用效果等问题．调查和统计分析法则是将实证调查与统计分析的方法引入教科书研究．此外，个案研究、文献研究等也是比较常见的方法．国外学者 Pingel F. 指出，教科书研究应综合运用定量研究和定性研究的方法，定量研究常用的有频次分析和空间分析，定性研究常用的有解释学分析、语言分析、话语分析等. Jason Nicholls 在 Pingel 研究的基础上，提出教科书的定性研究方法还包括历史传记分析、视觉分析、问题分析、批判性分析、结构性分析、符号分析等.

对于以上研究方法的使用，范良火指出，目前关于数学教科书的研究主要是描述性研究，关注的仅仅是教科书内容本身，而未能将教科书研究融入更大的课程乃至教育视野，去探索教科书作为一个教育系统中的元素是如何与系统内其他元素进行互动的. 他还指出，当前的教科书研究亟须突破关于教科书内容分析、教科书内容比较等的研究范畴，应更多地进行实证研究，乃至实验研究. 而国外学者 Weinerbrenner 在回顾所有教科书研究后指出，教科书研究处在一个既缺乏理论框架，又缺乏经验和方法的状态.

国内外学者对教科书内容研究的成果也比较多. 国外学者 Zias 提出了对课程内容选择的四个效标，即重要性、实用性、兴趣和人类的发展. Michael Apple 则认为，课程知识的选择和分配是阶级、经济权利、文化霸权之间相互作用的产物，是显性的或潜在的价值冲突的产物. R. W. Tyler 认为，不管课程目标为何，教科书的选择都要使学生有练习该目标所蕴含的内容和行为的机会，使学生在实践的行为中获得满足感，是学生能力范围所及的. 我国有学者从理论基础、主题的选择、知识的正确性和时效性等七个方面对教科书的内容属性改革进行了研究，指出了传统教科书编制中经验主义盛行造成的文本内容与理念变革相脱节的弊端. 该学者还指出，教科书改革应从着眼于"物"的静态"库"建设，转轨到着眼于"人"的"动态平台"建设上来，而不仅是学科知识的完善和扩充. 李子健等人指出，不同的课程哲学会对教科书内容的选择产生不同的影响，具体表述见表 2 - 1 - 1.

表 2 - 1 - 1

哲学取向	永恒主义	精粹主义	进步主义	工具主义	重建主义
知识的性质与功能	强调过去和永久的知识学习，掌握事实和永恒的知识	学习必需的技能和学科，掌握学科内容和概念及原则	知识可促进成长和发展，着重主动及相关学习	着重使学习知识符合社会的需要，并改善现存组织和提高效率	学习需要掌握解决社会问题的技能和学科，关注现在和未来的社会

续 表

哲学取向	永恒主义	精粹主义	进步主义	工具主义	重建主义
知识的理论及课程内容	非职业的、学术的、高尚文化；学科：强调产物及理性主义	共同文化课程	实证的、主动的、进化的、主观的；注重过程；综合课程	功利的、经济的、职业的、科学的、科技的	革命性的、问题解决的、主动的、社会关联的、职业的

从教科书的特征和功能的角度来看，国外学者梅克称教科书的根本功能就是激发学生的学习积极性．弗朗索瓦－玛丽·热拉尔等人认为，教材的功能应分为与学生有关和与教师有关两大类．与学生有关包括与学生的学习有关和与学生日常生活和职业生活的衔接，前者包括传递知识，发展素质和能力，巩固、评估学业获得等；后者包括帮助整合学业获得、参考功能、社会和文化教育功能等．与教师有关主要是指教科书主要担负的是培训功能，目的在于为教师提供工具，使他们能够更好地在教与学的过程中扮演专家的角色．

我国学者高凌飚认为，教材具有教学资源和教学工具两种功能．任丹凤指出，现代教科书的主要功能包括传递人类文化遗产和科研成果、提供知识范围和数量、渗透思想品德教育、与时代同呼吸、培养创新思维、主体自学、主体自我检测和复习巩固八项功能．杨启亮认为，教材是引起某种关系理解、智慧活动的辅助性材料，教学使用教材应超越掌握、超越传授、超越狭隘的功利性观念．而吴永军则从社会学的角度概括教科书具有社会政治合法化、社会意识形态的维护、社会阶层的工具、制度文化的保存和政治社会化五种功能．

从教师与教科书的关系上来看，孔凡哲、史宁中从两者互动关系的角度指出了教师使用教科书具有理解、研究教科书，诠释、整合教科书，运用教科书，评判教科书四个水平层次．沈林指出了教师在解读教科书时体现出了编者、教师、学生和考试四个倾向．黄政杰列举了教师误用教科书的八种形态，有孤立型、奉若圣经型、照本宣科型、食谱型、画重点型、忽视型、囫囵吞枣型、赶进度型．邝孔秀、宋乃庆对"国培计划"小学数学骨干教师的问卷调查研究表明，我国近十多年来小学数学"双基"教学内容以教材为主要来源，教学方法重视学习教材．在国外，TIMSS 研究发现，当选择教学资源与方法时，大多数数学教师都把教材作为主要资源．雷米拉德（Remillard，2005）还概述了教师使用教材的四种类型，即忠于教材或颠覆教材、借鉴或参考教材内容、对教材文本的阐述、参与教材文本的互动．

从对教科书评价的角度看，英国苏萨克斯教材分析方法（University of Sussex Education Area Occasional）从教科书内容及其表达形式、教科书中活动类型及其设计方式、教科书对学生学习的指导、教科书关于评价方法的建议等方面对教科书进行评价．美国科学促进会推出的"2061 计划评价工具"指出，评价标准包括学生原有的知识水平、教科书的教学目标、介绍并解释科学现象、学习科学概念、善于思考的科学品质、评估学习进步的情况、学习环境的改善．台湾学者欧永生指出，评价教科书编制质量的效标尺度主要包括内容属性、物理属性、发行属性和使用属性四个方面．丁朝蓬给出的教科书评价维度包括教科书目标、内容特性和教学特性三个一级指标，评价标准依据对儿童身心发展规律、社会需要、教育教学规律和学科体系的逻辑规律的分析演绎．柳叶青以小学数学教材作为具体实例，从活动理论视角分析教材评价的内涵意蕴，从情境活动中提取构建了教师立场的教材评价标准．

从教材设计的模式上看，有基于"泰勒原理"的设计模式，主要观点是把确立教育目的作为课程开发的出发点，把选择和组织学习经验看作课程开发的主体环节，把指向教育目的的实现、评价学习结果看作课程开发整个系统运行的基本保证；有基于瑞格卢斯精细加工理论的教材设计模式，即从概念性内容（是什么）、程序性内容（怎么做）和理论性内容（为什么）中选择一种，作为代表性学科内容的"骨架"，在教材章节的开头首先呈现，并在后续课中进一步加工，其实质是把教材内容逐步细化；还有基于认知学习理论的弗西设计模式，这种模式包含了认知心理学家所指出的五种学习任务，即选择需要注意的信息、联结新信息与现有知识、组织信息、同化新知识到现有知识之中、强化记忆新知识．

从主流教材的设计思想上看，主要有赫尔巴特主义盛行时代的知识中心式、杜威经验课程理论基础之上的经验中心式、20 世纪 60 年代末期开始盛行的人本中心式、以建构主义理论为基础的建构式，以及突破了百科全书式的知识体系、通过有价值的个别范例反映学科整体的范例式等．这些主流的教材设计思想一直在知识本位和学生本位这两种理论研究维度之间摇摆或者具体化，实质都是在处理矛盾着的对立统一的两个方面——学科知识的逻辑顺序和学生的心理顺序．侧重于学科知识逻辑顺序的教材设计注重学科知识的逻辑结构，常常是由易而难、由浅入深，按照逻辑顺序，有条不紊、纲目清晰、层次井然地展开教材内容；而侧重于学生心理顺序的教材设计要点是以学生为本位，注重学生的兴趣与需要．但不管怎样，强调教科书作为学生使用的学材性质胜于强调作为教师教学使用的教材性质的观点越来越占据上风．

综上可以看出，国内外学者对教科书的研究成果主要集中在教科书的目标、功能、内容选择、设计模式等比较宏观、中观的领域，建构起了基本的研究框架，掌握了一些研究方法，探寻的是教科书发展的基本规律．我国学者对内容分析法、比较研究法的理解和掌握更为熟练，在教科书的使用领域获得了大量经验．但是总体而言，这些研究的时代性还不够，对于教科书构建的各环节的微观研究还很不够．例如，在教科书课后练习体系的建构等方面，很难看到系统的、全面的研究成果．

第二节 数学习题、解题及其研究

数学习题是学生学习、巩固所学数学知识，形成基本能力和数学素养，领悟数学基本思想的主要载体．解数学习题就是要找到一种一般的数学原理用于习题的条件或条件的推论，通过一定的程序得到习题所要求的答案．解题是中学数学教育中最基本的活动方式，学生形成数学概念、掌握数学命题、获得数学方法和智力发展以及教师对学生知识发展水平的评价，都必须通过解题来完成．中学数学教育的首要任务就是加强解题训练，在某些情况下，解题训练的需要甚至决定了课程和课本内容的取舍．

按照不同的分类标准，可以将数学习题分成不同的类型．例如，按问题的呈现方式，可将数学习题分为情境性问题和非情境性问题，也可以分为纯数学型问题、文字型问题、视觉型问题和联合型问题．其中纯数学型问题主要利用数学符号进行表达，文字型问题主要是文字叙述，视觉型问题主要是利用图像、图表、插图等形式，而联合型问题则是利用两种及两种以上的形式．戴再平曾经从知识内容、形式、要素分析、开放性、评分的客观性等不同角度对数学习题进行了分类，提出了判断数学习题科学性的标准．章建跃则给出了"好题"的标准，即反映数学本质，与重要的数学概念和性质相关，不纠缠于细枝末节，体现基础知识的联系性，解题方法自然、多样，具有发展性，表述形式简洁、流畅且好懂，等等．国外学者 Stein、Smith、Henningsen 与 Silver 从解题时所需要的认知负荷程度出发，将数学问题由低到高分为记忆型、无联结程序型、有联结程序型和做数学四个类型．其中前两类属于低认知需求类型，注重基本事实与计算技巧的熟练掌握，学生只要熟记事实或公式就可以成功解题；后两类属于高认知需求类型，强调概念和程序意义的联结、问题的探索、推理与运用，学生必须在思考与探索之后，选择适当的策略和表达方式才能解决问题．具体说明见表 2 – 2 – 1.

表 2 - 2 - 1

数学问题	定义	范例
记忆型	通过记忆事实、定义或公式来解题，时间短到不需要使用程序	将 1/2 化成小数
无联结程序型	在有限的认知需求下，使用运算的程序来解题，焦点在于计算的正确性	将 3/8 化成小数
有联结程序型	强调意义的联结，解题焦点除了程序的使用以外，也强调发展数学概念的理解	使用小数、百分比、图形表示 3/5
做数学	需要复杂、非计算的思考，没有固定的程序或方法，需要了解数学概念和数学关系才能解题	在 4×10 的方格中有 6 个小格涂上了阴影，请解释阴影部分占所有小格的百分比、分数、小数

在 1986 年召开的第 6 届国际数学教育大会上，"问题解决的模式与应用"专题组将数学习题区分为虚设的习题、进一步的习题、经典问题、新经典问题、开放题和探究题，并认为最后两类问题是培养学生创造精神和创造能力最有价值的问题．

对于数学习题的功能，苏联教育家 B. A. 奥加涅相提出，习题具有教学、思想教育、发展和检查的功能．其中教学功能表现为使学生建立基本概念的表象，消化和巩固概念及概念间的各种联系、学科内部的联系以及几个学科之间的联系，等等．思想教育功能是指数学习题的目的在于培养学生具备科学的世界观、求知的欲望、独立的认知能力以及刻苦学习的习惯等．戴再平则认为数学习题具有知识功能、教育功能和评价功能，指出学生一旦进入"解题"的活动情境，就接受了一种"思想的体操"的训练，从技能的或思维的、智力的或非智力的等各个方面塑造着自己，以期达成数学教育的培养目标．乔连全对数学问题解决的功能转变进行了研究，指出问题解决不仅可以帮助学生掌握数学概念知识与技能，还是一种有效的、能够促进理解和知识意义建构的认知方式，是形成学习者共同体所不可缺少的重要因素，是一种从数学角度面对真实世界原始问题的、做中学的社会实践方式．

解数学题就是求出数学题的答案．解题教学的基本含义是：通过典型数学题的学习，探究数学问题解决的基本规律，学会像数学家那样数学地思维．解题水平与数学思维水平之间存在中度正相关关系．逻辑的规则、抽象的思维、演绎的方法、推理的能力、数与空间结合而生出宇宙万象的观念、欧几里得公理化思想与体系及其体现的以简驭繁观念……这些才是数学之大道，它们与学生的长期利益有更密切的关系．

解题研究在我国有着悠久的传统，古典名著《九章算术》可谓解题研究的开山之作，开创了中国传统数学研究与教育研究的范式．中国的解题研究在数学解题的思维过程、数学方法论、数学解题策略、数学建模的教学、开放题与情境题的教学及其在考试中的大规模运用、数学解题的实证研究与心理学分析、数学解题理论的建设等方面都取得了很多成果，这些成果对初中数学教科书的习题设计影响深远．例如，围绕怎样解题和怎样学会解题，罗增儒提出了解题推理论、解题化归论、解题化简论、解题信息论、解题系统论、解题差异论和解题坐标系等解题观点，对怎样学会解题提出了简单模仿、变式练习、自发领悟、自觉分析四步骤基本程式．孙旭花、黄毅英等学者对问题变式进行了专门的研究，指出数学问题变式可分为水平变式和垂直变式，水平变式是问题表面重复部分，垂直变式是问题表面变化部分，变式教学的精髓就是把认知负荷大的问题分解为认知负荷小的问题，把垂直变式化为螺旋，循序渐进，分解水平变式．罗新兵从表征的视角对数形结合的解题思想进行了研究，指出数形结合解题过程分为从图形表征中推导更多结论、数学性的精致化和新信息的再探究、关于直觉表征运用设置新的目标和调控自己问题解决陈述四种情况．沈文选指出，解题是通过比较、分析、抽象、概括、综合和表达等一系列过程来完成的，是信息的收集、储存、加工和应用过程，是知识的联系、转换和运用过程，是解题方法的选择和调整过程．当前中学数学教学亟待解决的"老大难"问题是不能正确地对待数学解题，追求解题技巧和个别知识点在解题上的应用，把寻找各类练习册、习题集、检测题作为重要工作．实际上不仅是中国，解题也是世界上各个国家致力于提升国民素质的重要目标．1977年美国数学督导协会（NCSM）指出，学习解题是研读数学的主要目的．美国数学教师协会（NCTM）在1980年行动纲领中也强调，解题是学校教育的重心．

国外对于解题及其教学的研究也有很多成果，最有影响的研究莫过于波利亚的《怎样解题》，他把"解题中典型有用的智力活动"分成了四个阶段，即弄清问题、拟订计划、实现计划和回顾，并对每一个阶段都提出了详细的建议．例如，在拟订计划时要努力在已知与未知之间找出直接的联系（模式识别等），如果找不出直接的联系，就对原来的问题做出某些必要的变更或修改，引进辅助问题．拟订计划时可以把原问题转化为一个等价的问题、一个已解决的问题、一个可能相关的问题，可以先解决一个更特殊的问题或更一般的问题或类似的问题……同时，波利亚解题表的大量问句或建议都是引导解题者自我诘问、自我反思的，属于朴素的元认知体验．

在解题学习方面，Carambone 等人指出，在学生学习样例时，若仅直接呈现解题步骤，可能导致学生仅仅记住这些解题步骤，学生的问题表征只能是一个大的单一目标，而不是解决问题的子目标结构．Mary L. Gick 和 Keith J. Holyoak 等人认为，增加样例变式和详细阐述可显著影响随后的问题解决，而直接呈现图示的效果不显著．John Sweller 认为，在处理高认知加工任务时，图示获得和规则自动化是主要的学习机制；当某种材料含有多种高层次的信息相互作用时，其结果将加重认知负荷．而 Chi 认为，自我解释是一种建构性推理活动，具有连续性、片段性的特点，有助于学生随时修正最初的心理模型．罗姆伯格和萨弗尔指出，基于问题的课程材料不仅可以发展学生的高层次技能，也能够保持基本技能．而要真正掌握、牢固记住 4—20 个组块（一个产生式）需要反复 20 次才能储存运用．苏联玛什比茨的研究表明，"在对一个典型问题的运算形成解法之前，无论在什么学科中，不同的学生都需要 1～22 次练习不等"．美国学者安东尼·格里高则提出了学生不同的思维类型对数学解题理当产生不同的影响，具体而有序的思维需要提高抽象概括能力，抽象而有序的思维需要提高发散思维能力，具体而随机的思维需要提高集中概括能力，抽象而随机的思维需要提高集中思维能力．

由此可以看出，人们对数学题的分类、功能，如何解题等都有了比较清楚的认识，对于在解题过程中学生心理的研究也方兴未艾．在我国，在高考制度的影响下，有关解题方法的研究成果比较丰富，不少学者和教师已经从解法分类深入解题策略和思维过程的探究．但对于中学数学教师而言，还必须充分认识到，教科书中的习题与一般的数学题存在着目的性、教育性、过程性等明显的差异，二者不可混淆．如果将二者等同起来，引导学生过度沉湎于解题，就会忘记了"解答数学的习题本身不是目的，而是一种训练手段"，把学生训练成对习题做出快速反应的解题机器，无助于学生的健康、可持续发展．此外，人们对在信息社会里，如何看待传统的解题训练与学生全面发展之间的关系、与迅速变化的人工智能等现代技术之间的关系的研究还比较少，对于如何发挥现代信息技术的作用，让教科书的习题设计做出相应的改变的研究也不多．

第三节　对数学教科书及习题的研究

在数学教科书内容的呈现方式方面，Love 和 Pimm 研究发现，数学教科书的内容常以说明—例题—习题的模式来组织，练习题的一般编排方式是从易到难、从简到繁，或者由不同难度的相似练习题组成. Rezat 从内容特征、语言特征、视觉特征、教学功能、情境设置五个方面分析了德国有代表性的多套数学教材中的单元结构，并对不同教材中单元的结构元素的顺序进行了比较，发现在德国，不同数学教材中单元的结构非常相似. 而 Pepin 和 Harrartyd 则指出，活动—过程—练习模式是法国数学教科书中典型的呈现方式. Monica Johansson 则发现，有的数学教科书只包含问题和练习，或者由理论、问题和练习两个分离的部分组成.

Nicely R. F. 从认知水平及其表现的角度给出了习题水平框架，并在依据框架分析了大量教科书中的习题之后，提出了教科书要提供有利于学生问题解决能力及其他较高认知水平发展的题目（表 2 - 3 - 1）.

表 2 - 3 - 1

认知水平		相应的动词
较低的认知水平	水平 1	回忆、再认、模仿
	水平 2	复制
	水平 3	比较、替代
	水平 4	分类、示例
较高的认知水平	水平 5	应用、转换、总结、作图
	水平 6	解释、分析
	水平 7	假设、组织、归纳、推断
	水平 8	证明、解答、检验、设计
	水平 9	评价

　　近年来，我国学者对数学教科书的研究越来越深入．张胜利对数学概念的教科书呈现做了详细的研究，指出教科书概念的呈现必须遵循数学抽象的三个基本阶段，即简约阶段、符号阶段和普适阶段．汪晓勤按照数学史与数学知识的关联程度，将教材中运用数学史的方式分成点缀式、复制式、顺应式和重构式．李清对初中数学"实践与综合应用"领域的课程进行了研究，指出，"实践与综合应用"领域课程组织的关键要素是知识的综合类型、数学思考方式、课题背景、开放类型及程度等．邝孔秀、宋乃庆研究发现，当前发达国家小学数学教科书在编写方式上普遍以螺旋式为编排方式，以数学活动为编写形式，以直观形象为呈现方式，淡化形式化表述，突出数学与生活的联系．

　　对于我国数学教科书的编写特点，章建跃等人指出，中国数学教科书强调利用学生熟悉的素材，以循序渐进的变化方式，引导学生拾级而上地开展数学学习活动，在有序变化的情境中，用比较、类比、归纳、抽象等方法认识相关材料的共性和差异性，从而得出具体事例的数学本质，并应用到同类事物中，最终理解和掌握数学知识．李文林指出，编写中国数学教科书时重点考虑的问题是学习素材及其变式的选择和安排．张定强对人民教育出版社、北京师范大学出版社、华东师范大学出版社出版的《义务教育课程标准实验教科书·数学》（七至九年级）的建构与评价进行了研究，指出三种版本的数学教科书都是按归纳模式建构，采用螺旋上升与混编的形式组建教科书的结构体系的．

　　对教科书中习题的研究，包括对教科书中一道或几道习题的微观研究、对教科书习题的编写与开发的研究、对教科书习题及功能与使用的研究、对同一时期一套或几套教科书习题的比较研究、对国外教科书习题的介绍与启示研究等．数学教科书中的问题是数学课堂教学中问题的主要来源．2000 年，美国 NAEP 主管下的一个教师问卷调查研究发现，在超过三分之二的四年级和八年级学生的教师报告中，学生把解决来自教材的问题作为日常基础．我国学者马云鹏等人指出，在我国小学数学课堂上，教师对教科书的依赖性非常大，教学过程基本上是围绕教科书上的例题和习题展开的．做例题和习题成为数学教学的核心，许多教师在备课和上课时，经常想到的和经常与同事谈论的就是怎样安排例题和怎样设计习题．可见，数学习题在课堂教学中具有重要的地位和作用．

　　我国学者对教科书的习题也做了大量研究．邵光华认为，一个样例配一个习题或习题中穿插样例的课堂要比一堆样例后接一堆练习或习题的课堂（也就是一块全是样例，另一块全是练习）有更好的效果．陈婷指出了 20 世纪我国几何教科书习题设计的特点，1901—1921 年，注重配设大量应用型题目；1923—1928 年，习题设计已开始注重分类；1929—1949 年，习题选择开始多用引起思考的问题，关注学生的个性差别，并开始注重测验；1950—1957 年，教科书中的习题不再是一个个的简单罗列，而是构成一个小的习题系统，将教学内容中要求巩固的知识逐层递进；1958—1969 年，习题数量增加，加强了基础知识和基本技能的训练，而且都是经过精选或精心设计的；1966—1976 年，教科书无暇顾及数学知识的系统性，削弱了基础知识和基本技能的训练；1977—1985 年，增加了习题，教材每册都有留有空白做题的练习本和测验本，练习本的答案附在教科书后面；1986—2000 年，在习题安排上，以统一性为主，兼具灵活性，书中的习题分 A、B 两组，A 组属基本要求范围，反映共同的学习要求，B 组习题和"想一想""读一读"等栏目供学有余力的学生选做，突出因材施教，每章后安排有"小结与复习"和"自我测验题"．

在分析教科书习题难度方面，我国学者进行了比较细致的研究．20 世纪 90 年代，黄普全建立了课程难度灰色动态模型，从课程内容的广度、深度和进度上分析难度．2002 年，华东师范大学鲍建生教授根据 Gohara 的总体难度模型，建立了教科书习题综合难度的五边形模型（图 2 - 3 - 1），从探究、背景、运算、推理和知识含量五个方面进行测评．之后，很多硕士生在其毕业论文中利用该模型对教科书的习题进行了比较，发现了各套教科书的习题在各方面的差别，为课程比较开阔了新的视野．

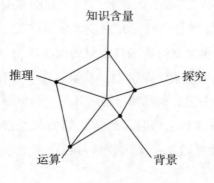

图 2 - 3 - 1

东北师范大学史宁中、孔凡哲教授团队则认为课程难度可以从数学统计的角度去解释，即难度是课程深度、课程广度、课程时间等变量的函数值，并据此给出了计算习题难度的函数公式：$N = \alpha S/T + (1 - \alpha) G/T$，其中，$N$ 代表习题难度；S 代表深度，由课程标准中内容标准要求的水平决定；G 代表广度，由习题中所含知识点的数目来确定；T 表示学习时间；α 代表加权系数．该模型的可视化为习题评价研究提供了很好的切入点，因此在此模型的基础上，宋乃庆、曹一鸣教授也都提出了自己的改进版模型，使得影响因素和权重的确定更加科学．华人学者李业萍构建了分析习题的三个层面：文字特征、数学特征和达到的要求．文字特征部分题目的叙述只有数字与文字的形式，有图表解释或故事背景两种；数学特征要求运算的步骤；是否达到要求从答案类型、认知要求两个方面区分．他运用此维度比较了中美教材中整数加减法部分的课后习题，认为美国教科书对题目的要求呈多样化，比中国更强调概念的理解．

　　总体而言，当前人们对于数学教科书习题及其设计的研究有了基本的认识，形成了基本的理解和基本的方法．特别是近年来对习题难度的研究比较集中，无论是哪一种难度模型，都是先对习题难度的影响因素进行量化，再确定每一个影响因素的权重，最后再求这些影响因素的加权平均数．但是如何量化这些影响因素，如何确定权重，特别是教科书中的习题应该是怎样的一个难度范围，是否应该具有一个基本的标准框架等问题，还有待找出明确的答案．

第四节　对我国初中数学
教科书习题现状的研究

　　我国教材建设历来把结构体系的系统性、逻辑性和联系性作为重中之重，将习题定位为教科书构建训练系统．戴再平指出，目前中学数学教材中的习题基本上是为了使学生了解和牢记数学结论而设计的，学生在学习过程中产生了以死记硬背代替主动参与、以机械方法代替智力活动的倾向．中学数学课程、教材、教法应根据时代的需要不断加以改造．黄秦安在"关于基础教育数学课程与教学改革"的调查报告中指出，虽然现在的教材内容相比课改前的教材内容难度有所降低，但是配套练习的难度却有增无减，学生的学业负担不仅没有减轻，相反有日益加重的趋向．章建跃指出，在获得数学技能的不同阶段，我国初中数学教科书都会相应地设置变式练习．这些变式习题大都以基本概念、公式、法则、图形等为基础，从设置与问题提出、例题等学习情境相似的问题情境开始，逐渐变化问题类型，最终变为与原先学习情境完全不同的新情境，引导学生在变化中形成运用数学概念、原理解决问题的技能．但是经过研究发现，目前教科书提供的变式素材比较零散，没有形成连续变化的结构性变式，因此可能会削弱技能训练效果．余元庆在比较研究的基础上指出，我国初中数学教科书的习题数量应该再多一些，应该具有多样性和灵活性，重点和难点习题应该配上答案．蔡上鹤认为，数学教科书的习题在范围和程序上都必须以教学大纲为依据，不能超出大纲的要求，编排时应具有细密性、典型性，尽可能减缓坡度．严云论述了习题设计的四个原则，即体现人文主义精神和重视学生的成功体验，紧扣教材和重视学生数学思想方法的培养，加强针对性训练和重视学生纠错能力的培养，注意可行性和重视学生思维能力的培养．李国成给出了数学习题编制的五种基本方法，即演绎法、基本量法、倒推法、变换条件法、模型法．

　　众多硕士论文聚焦国内各版本教科书习题设计的比较研究，根据这些研究成果，可以得到各版本教科书习题设计的基本特点．

　　人教版初中数学教科书的习题和复习题分别依据功能设置了"复习巩固""综合运用""拓广探索"三个栏目．"复习巩固"栏目中的习题主要是让学生复习本节（章）所学的基础知识和基本技能；"综合运用"栏目中的习题主要体现了数学知识之间的相互联系，让学生综合运用本节（章）所学知识去解决问题（包括实际问题和数学内部问题）；"拓广探索"栏目中的习题综合性、实践性较强，为学生提供了充分的发展空间．但从人教版教科书与美国教科书的比较可以看出，人教版教科书虽然很注重创设情境、联系生活实际，但习题背景多是人为创设的情境．教科书的编写虽然也图文并茂，但多是学生喜爱的卡通形象或者抽象的线条图形，缺乏实物照片和真实性．另外，中国教科书注重对数学问题进行严格的推理证明，这样做的结果是可以锻炼学生的逻辑思维，但也容易使学生产生枯燥无味的学习心理．

　　北师大版数学教科书根据学习数学知识的规律，将习题分为"知识技能""数学理解""问题解决"和"联系拓广"四类，每节之后根据内容特点选择其中的两类或三类．"知识技能"是每节习题中必有的，同时，"知识技能"和"数学理解"的内容面向全体学生，用以熟悉与巩固新学的知识、技能和方法，或加深对相关知识和方法的理解，属于基本要求；"问题解决"和"联系拓广"则面向有特殊需求的学生，以便于其进一步理解和研究有关知识与方法，属于高要求，不要求全体学生都完成．显然，教材在习题设计方面的目标是力求满足多样化的学习需求，以适应地区的差异和学生个体的差异．

　　华师大版数学教科书是 2001 年 9 月首批发行的教科书版本中的典型代表，在习题设计时注意符合实际，切合学生认知规律，适当控制题量和难度；注意例题、练习、习题、复习题之间的协调配合，由简到繁，有机联系；注意题目的思想性和科学意义，删除一些脱离实际或价值不大的例题和习题，增设了应用性、开放性、探索性习题．华师大版教科书的习题没有分栏目，在复习题中分成了 A、B、C 三个层次，以增加习题的层次性．

　　浙教版教科书的作业题分为 A、B 两个层次，每章的章末设有目标与评定，根据本章的不同目标分别提供不同的习题供学生演练．

　　湘教版教科书重视数学情境的创设，注重学生的情感体验，知识领域的混编结构合理，便于学生掌握完整体系．但基础性习题的设置不够，而难题设置过多，超出了学生的理解范围．

苏教版教科书的习题安排力求贯彻理论联系实际的原则，注重数学习题的背景生活化；从辨认识别、变式练习、解决简单问题、解决复杂问题等不同层次选配比较典型的题目，内部自成系统，相互联系，并且习题量较小，习题部分没有分栏目，每章的章复习分成"复习巩固""灵活运用"和"探索研究"三个栏目．

青岛版教科书的习题设计分为复习与巩固、拓展与延伸、探索与创新三个部分，每章的后面设有综合练习，也分为以上三个栏目．

学者除了对各版本的教科书的习题特点进行研究，对各版本教科书的习题设计的比较研究也比较多．其中张定强等人以北师大版、华师大版、人教版的初中数学教科书八年级下册中的随堂练习题、习题、复习题为对象，从习题数量和习题类型两个方面进行了比较．比较之后发现，学生掌握某个知识点离不开一定量的习题练习，北师大版、华师大版、人教版三个版本教科书每课时的平均题量分别为 5.27 道、4.28 道、4.35 道，总平均为 4.6 道．同时，传统题型（判断、计算、证明、简答题）在数学教科书中占主导地位，比例超过了80%，而计算题更是传统题型中的主力．

魏运华通过比较研究指出，我国各版本教材对练习系统的功能定位基本一致，即巩固、应用、拓展，但不同版本教材的习题系统在数量上呈现出不同的特点．初中数学教科书大多数版本的习题层次无明显区别，基本上都是按照难度水平依次排列，有的版本也按照习题的教学功能分为复习巩固、综合运用、拓广探索三个层次．刘素珍则指出了高中新教材的习题设计特色，指出新教材讲求层次性与全面性，追求趣味性与综合性，探讨探究性与开放性，显示了新、趣、活的特点．

对于我国数学教科书的现状和发展，蔡上鹤将新中国中学数学教科书建设分为六个阶段，指出教材建设应遵循"改革、发展、稳定"的方针，教材编写应该以科学研究为前提和基础，要用近现代的数学知识以及其中反映出来的数学思想和方法来充实教学内容．孔凡哲对我国数学课程标准实验教科书发展中的问题进行了梳理，并提出教科书的呈现方式期待多元化，问题情境的创设需要精心设计，同一套教科书的内容编排需要理顺和统一等相关对策．陈婷对 20

世纪我国初中几何教科书编写的沿革与发展做了研究，指出政治、经济、社会文化的变化，国外数学教科书编写潮流，不同时期人们所秉持的几何教育价值观是初中几何教科书编写演变的动力，既面向世界又立足本国是我国初中几何教科书编写的基本立场. 杨慧娟对高中数学新课程实验教科书的使用做了调查研究，给出了教科书编写者应平衡增加内容与删除内容的关系，在教科书适当的位置增加引申链接，增强课外资源的可操作性等建议. 魏佳对 20 世纪中国小学数学教科书内容的改革与发展做了研究，归纳了 20 世纪我国小学数学教科书内容发展呈现出阶段性、渐进性等特点. 宋运明对我国小学数学新教材中例题编写的特点进行了研究，构建了分析小学数学新教材例题的框架，提炼出了我国小学数学新教材中例题编写利教利学的特点. 李海东对初中数学课标教材的使用情况进行了调查和研究，调查的版本是人教版、北师大版、华师大版和苏教版，调查了广东、广西、重庆、吉林、海南、江苏、湖北七个地区的 4000 名教师，结果是对于习题的数量，53.4% 的教师认为偏少；对于习题的难度，61.83% 的教师认为得当，其中城市教师和教龄长的教师认为习题数量少且难度低，39.95% 的教师需要使用练习册等教学资源进行习题的补充. 杜学元、康永攀运用裴斯泰洛齐的要素教育理论对北师大版数学教材进行了分析，指出了新教材使用的局限性，如新教材知识的系统性欠缺，新教材的内容与考试的内容落差很大等不足. 而从课堂练习、课后习题的设计来看，新教材难免又落入了应试教育的窠臼. 每节的习题或者每章的复习题中所引入的生活经验与每章节前面的经验实例如出一辙，看不出有何发展和丰富.

我国香港地区的教科书十分重视对学生"双基"的培养，注重通过解题来发展学生的数学能力和应用意识. 以《达标数学》（3A）为例，教材设置了"筑基练习""延伸练习""综合练习""专题研究""复习练习"等不同层次的栏目."筑基练习"的主要作用是巩固一课时的基础知识与基本技能，题目简单浅易，相当于内地教材的随堂练习."延伸练习"中的习题属于中等难度，内容主要是针对本节知识的变式练习，使学生在掌握基础知识的基础上得到进一步发展，数量约占总习题数量的 50%."综合练习"和"专题研究"需要学生具有一定的综合运用能力，对知识的掌握、技能的要求都上了一个台阶. 在每一章的章末还设有复习练习，并附有练习目标及自我评估，便于学生及时了解自己的能力和弱点，总结解题的经验教训，有效地提高其学习能力. 总体而言，香港教材的习题层次性强，强调对概念的理解、数学技能的掌握以及实际应用能力的培养，每组习题都是一个精心选择的习题体系，而不是单个习题的简单罗列．香港地区的教科书的另一个鲜明特点是将数学与身边的现实世界相结合，注重从与学生生活息息相关的学习情境入手，使学生在一个广阔的知识平台上获得对数学多维度、多层面的认识，从而形成良好的数学素质．同时，使用计算机、电子试算表、互动几何、图像软件、其他软件及互联网等作为促进学生数学学习的有效手段．

我国台湾地区的初中数学教科书也是一纲多本，使用比较广泛的有翰林书局企业股份有限公司出版的国民中学《数学》（简称南一版）、翰林出版事业有限公司出版的国民中学《数学》（简称翰林版）以及由康轩文教事业股份有限公司出版的国民中学《数学》（简称康轩版）．各版本教科书具有各自鲜明的特点，如南一版注重温故知新，新知学习前都检查学生的准备知识，激活学生的旧经验，启动学生对新知识的学习．内容安排依据学生认知心理的发展，由浅入深，循序渐进．重要的概念从生活情境中导入，建构概念心像，自然引进数学符号，逐步引导，发展出概念定义．注重引导学生自我评量，在每节学习结束后，配合课本内容，针对重要概念，安排 10 分钟的检测题目．康轩版以皮亚杰理论为基础，多是从具体操作入手，再将所操作的事物用表示的方式来学习，之后再让学生将所学得的表示应用到不同脉络中，最后利用逻辑进行非形式的推论．教材设计强调各主题间的关联性，同时也加强了与生活资讯和其他领域之间的联结．

在课后习题设计方面，南一版课后习题与例题、随堂练习紧密相关，例题、习题的数量之比基本为 1∶1，且题型以填空题、选择题居多，难度也与例题相当，没有出现明显的变化．单元总习题是以测试的方式安排的，分为单选题、填空题和计算题三类，难度比例题和习题有所增加，习题背景也不再局限于雷同，出现了例题、习题中都不曾出现的情境．南一版教科书习题在问题情境方面做足了文章，特别是将交通法规、广电法规等法制教育的内容有效融入课程内容．南一版教科书在每节的学习之后都设有"重点整理"栏目和"自我评量"栏目，体现了教育评价在教科书编写中的导向作用．自我评价习题的设计可以对考试评价实现引导．保持教科书习题设计与升学毕业考试中试题设计的同理念与同步发展，可以更好地实现教科书的课程功能．

  吴立宝等人分析比较了美国、德国、澳大利亚等 10 个国家的教科书的习题设计，得出了如下结论：总体来看，教科书习题主要还是以封闭性为主．在习题数量上，中国初中数学教科书远低于美国与澳大利亚等国家，仅高于日本，呈现出量少的特点．在习题结论的开放性问题上，中国初中数学教科书处于下游，需要增加开放类问题的比例．在难度水平上，中国初中数学教科书难度水平居前．

  从以上研究成果可以看出，我国初中数学教科书习题具有鲜明的特点，习题设置主要聚焦巩固知识，内容的组织主要遵循知识逻辑，习题难度在国际上处于中上位置，信息技术的使用还不够广泛，研究者主要是大学教师和硕士研究生，一线教师参与教科书习题研究的还不够多，师生在教学中产生的需要还不能及时地反映在教科书的习题之中．

第五节　国外初中数学教科书习题的特点

国外初中教科书的出版机构繁多，编写特点不一，习题设计也各具特色．仅在英国，目前就有 15 家教材出版机构，2009 年大约有 3500 多种学校教材．以英国初中数学教科书《数学链接》为例，例题、习题的数量并不多，每节的例题有 1—2 道，课后习题有 4—5 道，而且习题的题型、难度和例题十分相似，学生通过模仿例题，或理解应用例题的相关知识就可以完成．习题中也有开放性的问答题，如设计实验调查、评述观点、找例子等，这些问题一般紧扣本节或本章知识，与学生生活实际联系密紧，趣味性较强，可操作性较强．最后一题较之前的习题难度会有所增加，多为开放性题目，答案不唯一，旨在培养学生理解教科书、解决问题的能力．

美国 McGraw – Hill 公司 2009 年出版的 *IMPACT Mathematics* 的习题分为"实践与应用（Practice and Apply）""联系与延伸（Connect and Extend）""综合复习（Mixed Review）"三个模块．"实践与应用"模块主要是为巩固基本概念而设计的；"联系与延伸"模块中，除常规题型外，还有找规律、用自己的话来说等开放性问题，以提高学生的数学交流能力，内容涉及科学、经济、物理、统计、几何、数感、营养学等各个学科的相关知识．"综合复习"模块设计的习题主要是对学生已学习过的内容（不仅仅包括本章节内容）的复习．在每章的最后，还有一套复习题和自我评价．在复习题部分，一部分内容是知识回顾，类似于中国教科书的小结，配有本章知识的核心关键词汇，另一部分就是复习题，包括策略与应用、技巧演练、考试练习等部分．考试练习部分是为了学生适应考试形式而设计的，并非不强调考试．

美国 McGraw – Hill 公司出版的 *Mathematics：Applications and Connections*（简称 AC 版）的习题编写也很有特色，知识巩固分成"理解检查（Check for Understanding）"和"练习（Exercise）"两部分．"理解检查"又分为"数学交流

（Communicating Mathematics）" "指导练习（Guided Practice）" 和 "拓展知识（See Answer Appendix）"，"练习" 则分为 "操练（Practice）" "应用和解决问题（Applications and Problem Solving）" 和 "混合练习（Mixed Review）"．习题中如果有背景，则将背景类型也都一一标出．"练习" 部分的习题标号延续 "理解检查" 的形式，其中习题的数量明显增多，"操练" 部分仿照例题．

AC 版教科书的习题设计有很强的针对性，在每一个例题之后，"理解与检查" 都安排有与例题极为相似的练习，用于学生形成技能．不仅如此，"理解与检查" 还注意引导学生形成自己的理解，要求学生多叙述、多解释、多举例，栏目上明确了数学交流和指导练习的地位．在课后练习中，练习题的数量明显增多，一些简单的变式也开始出现．而练习与应用又一直是习题设计的主线，贯穿课堂练习、课后作业、单元复习等各个环节．在每一道习题前面都明确指出了问题背景的类型，内容涉及科学、经济、物理、统计、几何、营养学等各个学科，题目虽然简单，但与化学、生物学、地理、经济、物理等多方面的联系都更为密切．除了与社会生活的广泛联系与应用之外，在常规题型的基础上，还有找规律、用自己的话来说等开放性问题，以提高学生的数学交流能力．"练习" 中增设了辩证思考类习题，引导学生对新旧知识的冲突形成自我理解．在单元总结中，教科书给出了具体学习目标下的例题及与其相对应的练习题，增强了练习的针对性．

美国的教材出版机构还建立了专门的网站，师生可随时登录、下载电子版的习题．教材在适当的位置标注 "Internet" 提醒学生查阅．在习题中专门设有 "写作" 一栏，要求学生利用数学语言正式地表达、非正式地交谈、笔述以及用图表、模型、图像等进行交流．

澳大利亚教科书不管是课后习题还是复习题，均分为技能类、应用类与分析类三类．初始部分习题与例题的匹配程度比较高，均参照例题模式．习题背景多样化，一方面依托现在的社会生产、生活情境，在此基础上构造关系，数据更加贴近生活实际；另一方面有意识地对其进行分类设计，有明确的应用部分，整体设计更注重数学技术，问题设置比较巧妙．

新加坡初中数学教科书有其独有的特点，历来受到研究者的关注．以 2007 年出版的《新数学》为例，教科书在每节内容的学习之后都配备了大量的常规性练习题，仅有几题难度较大用 "＊" 标出．在每章的学习之后，专门设置了学生在 10 分钟内就可以完成的检测题以及总复习题. 自测题指导学生自查是否完成了基本要求，总复习题则根据不同的难度又分为 A、B、C 三组. 而 *My Pals are Here！Maths*（2nd *Edition*）教科书还注重家长的参与，不仅在前言部分对家长有具体要求，而且还设有 *Home Maths* 栏目.

　　总之，与国内数学教科书的习题相比较，国外数学教科书习题设置的目标更加多元，特别是更加注意引导学生体验数学的应用价值；数学习题的现实背景更加丰富，主题学习的特点比较突出，可以引发学生更强的学习兴趣；例题、习题之间的关联度更高，有利于引导学生进行自主学习；互联网等现代信息技术的使用也及时地出现在习题中，丰富了学生学习的课程资源.

第六节 当今国际上 NAEP、TIMMS 与 PISA 数学测试的特点

NAEP 是美国国内最大的、针对美国学生学业成就进行周期性评价的评估体系，调查的对象是美国 4、8 和 12 年级的学生，对数学的测试内容包括基本原理知识；用纸、笔进行数学运算的能力；基本几何度量公式知识；把数学运用到日常生活中的能力；等等. 其测评框架的建立是政府、教育界、商界和公共部门等大量专家共同合作的成果，力图反映美国社会对学生数学素养的基本要求，反映学生在不同年级所需要具备的数学知识、技能和潜力，提供关于美国学生对于数学在日常生活中的应用能力的基本信息，主要任务是向美国公众报告学生的学习状况. NAEP 注重反映社会的基本需要，聚焦社会所需要的数学素养，注重程序性知识、概念理解、问题解决、推理、联系与表达，特别重视高级思维能力与复杂认知活动，加强对学生探索实践能力的评价，强调解决问题与数学探索能力，鼓励学生运用不同学科的知识思考和解决问题.

TIMSS 是由国际教育成就调查委员会（International Association for the Evaluation of Educational Achievement，IEA）负责运行的国际性教育评估项目. 自 1995 年以来，该项目每 4 年开展一次调查，目的是比较不同国家的学生数学和科学学科的学业成就. TIMSS 2011 数学测试的评价框架是由内容维度和认知维度两部分构成的. 内容维度明确了评价的内容和范围，包含几个不同的内容领域，每个领域都包含若干个主题；认知维度明确了学生解决数学问题时理解、应用、推理逐层递进的思维过程和范畴（表 2-6-1）.

表 2-6-1

年级	内容维度及所占比重		认知维度及所占比重	
四年级	数（整数、分数和小数、算式、模型与关系）	50%	理解	40%
	几何图形与测量（点线角、平面图形与三维立体图）	35%	应用	40%
	数据的表示（数据的阅读与解释、数据的组织与表述）	15%	推理	20%
八年级	数（整数、分数和小数、整数集、比率占比）	30%	理解	35%
	代数（模型、代数式、函数与方程式）	30%	应用	40%
	几何（几何体图形、几何体有关计算、几何体位置与运动）	20%	推理	25%
	数据与概率（数据的组织与表达、数据的解释、概率）	20%	—	—

PISA 是国际学生评估项目（Programme for International Student Assessment）的简称，是由经济发展与合作组织（OCED）发起的国际比较研究，测评学生在即将完成义务教育时在多大程度上掌握了全面参与社会生活所需要的终身学习能力. 测评聚焦阅读、数学和科学等关键领域的素养. 如今，PISA 已发展成为一项具有权威性的研究，教育的竞争力导向、终身学习导向、教育公平导向、效益导向等方面的研究成果对各国政府都很有影响，起到了"软政府"的作用.

PISA 2012 对数学素养的定义是：个体能在各种情况下形成数学、使用数学、解释数学的能力. 测试主要针对表达数学情境的能力，运用数学概念、事实、程序和推理的能力，解释、应用和评价数学结果的能力. 具体框架如图 2-6-1所示.

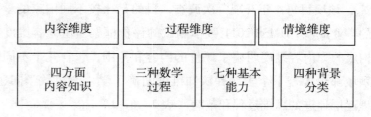

图 2-6-1

其中，内容维度包括变化和关系、空间和形状、数量、不确定性和数据四个部分，过程维度包括形成数学、使用数学和解释数学三个部分，情境维度包括个人情境、职业情境、社会情境和科学情境四个部分．而需要测量的数学素养表现为沟通交流，数学化、数学表述，推理和论证，制定解决问题的策略，使用符号化、公式化以及实用技术语言和运算，使用数学工具七个方面的能力．

PISA 数学测评的另一大特点就是数学问题呈现的情境．PISA 根据情境与学生的距离以及情境中数学问题的明确程度，将情境分为个人情境、教育或职业情境、社会情境和科学情境四类．测评时注重对学生将现实问题数学化的考查，即学生从现实世界中发现可以运用数学的问题情境，并依据数学概念对其进行"再组织"．一旦学生把现实问题转化为数学问题，就需要学生运用所掌握的数学知识、概念和技能解决问题．在数学问题解决之后，就是数学化的最后一步，即把所获得的数学结果带入现实情境，检查其是否适用，并运用语言表述结果，有时候还需要对结果进行解释和说明，这就会涉及解释、判断或证明的能力．

PISA 试题的编制由一个或者多个试题研发中心团队开发，如澳洲的 ACER、荷兰的 CITO、日本的 NIER 等，并且有明确的规则和标准，如要求题目必须根据数学核心素养界定中的过程要素进行设计，每一个题目需要对应一种或者多种认知过程，学生不能够仅通过背景知识而回答题目；同一个材料要包括较易、中等和较难的题目；客观题的题目选项长度要保持大致相同；题目设问尽量使用主动语态，避免使用习语、双关语和隐喻等，避免使用双重否定、多义词等；主观题的编制要提供分数等级；等等．

总之，当前国际上最有影响力的 TIMSS 和 PISA 数学测试，在题型分布上注重以多重选择题的方式来考查学生的各种能力；在呈现题目时，都提供一定的背景材料，而且试题的背景与题目的数学教育目的一致，包括广泛的内容，强调真实问题，同时也不排除有重要数学意义或生动有趣的数学问题．这给我国数学教科书习题发展提供了很好的学习参考．同时，PISA 试题编制团队的人员构成也为我国教科书习题编写队伍的组织提供了很好的样例．

第七节　学生发展核心素养、关键能力与教师专业素养研究

一、核心素养与关键能力

随着信息化时代和创新经济模式的到来，越来越多的工作要求个体能够应对陌生的挑战性情境，完成复杂多变的任务，能够面对复杂问题做出灵活反应，能够有效沟通和使用技术，能够在团队中工作创新，持续性地生成新信息、新知识或新产品．在数字化、信息化和全球化环境下，在多元异质社会中，创新精神、批判性思维、沟通交流和团队合作能力显得更加重要．这些素养反映了个体适应 21 世纪的共同要求．英国将素养定义为"成功表现所需的知识、技能和态度经验的发展"．世界经合组织将核心素养的概念界定为"能互动地使用工具、能在异质社会团体中互动、能自主地行动"三个维度．从这样的界定可以看出，素养（competence）"不只是知识与技能，它还包括个体调动和利用种种心理社会资源（包括各种技能和态度），以满足在特定情境中复杂需要的能力"．它超越了"认知能力（cognitive ability）"的范畴，也不限于传统意义上"能力（ability）"的内涵和外延，而是包含了"各种知识、技能、态度和价值观"．

世界各国基于不同的社会发展需要和教育目标，对核心素养内涵的界定自然不同．美国基于其信息经济极为发达的国情，界定核心素养的内容为发展生活与职业生涯技能，学习与创新技能，信息、媒体与科技技能等；法国界定核心素养的内容为知识、技能和社交能力三个方面；而德国则从专业能力、社会能力、自主能力三个方面对核心素养进行了界定．但不管怎样，世界各国和国际组织核心素养体系的共同特征就是面向未来，以终身学习与发展作为主轴．需要指出的是，沟通交流能力是所有国家和国际组织都重视的素养．此外，团

队合作、信息技术素养、语言能力、自主发展（如独立自主、自我管理）、数学素养、问题解决与实践探索能力等也是多数国家都强调的素养．我国学生发展核心素养研究团队在对大型国际组织及世界各国核心素养概念的内涵梳理比较之后，将中国学生发展核心素养的内涵界定为：学生在接受相应学段的教育的过程中，逐步形成的适应个人终身发展和社会发展需要的必备品格与关键能力．它是学生知识、技能、情感、态度、价值观等多方面的结合体；它指向过程，关注学生在其培养过程中的体悟，而非结果导向；同时，核心素养兼具稳定性、开放性与发展性，是一个伴随个体终身可持续发展、与时俱进的动态优化过程，是个体能够适应未来社会、促进终身学习、实现全面发展的基本保障．2016 年 2 月，中国教育学会发布《中国学生发展核心素养（征求意见稿）》，给出了中国学生发展核心素养的总体框架，这是在北京师范大学林崇德教授团队的研究成果的基础上提出的，指出了 21 世纪中国学生应具备的、能够适应终身发展和社会需要的必备品格和关键能力；这是在借鉴国际经验的基础上，结合我国的国情而提出的，必将指导下一步的课程改革，指导教学实践，引导学生学习，指导教育评价．

二、数学素养

在日常生活中，人们所遇到的问题可能是数学问题，也可能不是明显的和直接的数学问题，具备数学素养可以从数学的角度看待问题，可以用数学的思维方法思考问题，可以用数学的方法解决问题．人们对数学素养内涵的研究也经历了一个较长的阶段．从 20 世纪 50 年代末期至 70 年代末期，很多人对它的理解仅限于数量的计算能力，内涵较为狭窄．到了 20 世纪 80 年代初期至 90 年代末期，人们对数学素养内涵的理解从以前的强调算法转到关注问题情境，将数学问题与实际生活联系起来，并拓展到几何、统计等领域．进入 21 世纪以后，社会、经济、科技的巨大变迁促进了人们对数学素养内涵研究的深入，直至 PISA 对数学素养进行界定，才形成了相对统一的认识．PISA 将数学素养定义为：理解与鉴别能力，积极参与数学活动并对数学的地位和作用做出恰当判断的能力，是每个学生在当前以及未来的个人生活、职业生活、与周围其他人相处的社会生活中必需的，是成为一个有建设性、热心关注生活和不断反思的公民所必备的一种综合素质．2012 年，PISA 测评对数学素养的内涵做了调整：数学素养是个人在不同情境下用公式表述、使用和解释数学的能力．它包括数学推理能力和使用数学概念、过程、事实和工具来描述、解释以及预测现象的能力．《普通高中数学课程标准（2017 年版）》这样描述：数学核心素养是具有数学基本特征、适应个人终身发展和社会发展需要的必备品格与关键能力．教师专业素养是数学课程目标的集中体现，它是在数学学习的过程中逐步形成的．华东师范大学徐斌燕研究团队在国际比较研究的基础上，根据数学学科的基本特征，构建了数学学科核心能力模型（图 2 - 7 - 1），这为进一步开发可测量的行为指标体系和研制评价工具提供了基础．

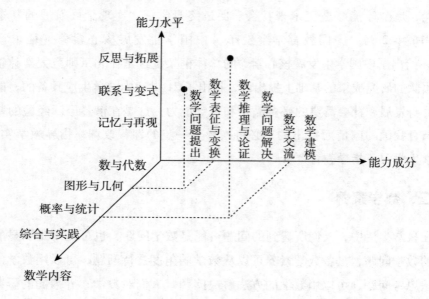

图 2 - 7 - 1

为了应对科技发展所引起的经济结构改变和劳动力市场的深刻变化，德国劳动力市场与职业研究所时任所长梅腾斯于 1972 年提出了"关键能力"这个名词，指出关键能力是"那些与一定的专业实际技能不直接相关的知识、能力和技能，它更是在各种不同场合和职责情况下做出选择判断的能力，胜任人生生涯中不可预见的各种变化的能力"，包括基础能力、职业拓展性能力、信息获取和加工能力以及时代关联性要素．关键能力的核心属性是其通用性或可迁移性，不仅包含个体认知领域的综合能力，如解决问题，还涉及个体与他人交往合作的能力以及与新时代因素相关的能力，如使用信息技术．在我国，国务院办公厅发布的官方文件《关于深化教育体制机制改革的意见》明确提出，要注重培养人才"支撑终身发展、适应时代要求的关键能力",并强调这些关键能力分别是认知能力、合作能力、创新能力、职业能力.这一说法更贴近中国学生现实和时代需要.

三、教师专业素养

伴随着学生发展核心素养的提出,对教师专业素养的关注也越来越引起人们的关注.教师专业素养是指教师作为一个社会人所具备的各种素养,不仅有其作为社会角色的素养,也包含其作为教师角色的素养.杨小微认为,教师素养可划分为基础性素养、共通性专业素养、核心学科教师专业素养、教育实践素养四个逐级嵌套的层面.叶澜则将教师素养分为教师基础性素养、教育专业素养和复合型专业素养三大类.

教师评价素养是教师专业发展的内在要素.教师只有具有"教评合一"的意识,才能在教学过程中巧妙地渗透评价;只有具有育人视野和学科眼光,才能洞察评价过程中产生的教学资源;只有具备应变能力和化难机智,才能将司空见惯的评价结果转化为教学资源.纵观英国、美国、法国、芬兰、新西兰、澳大利亚、中国香港和台湾地区所颁布的教师专业标准,可以明确:教师评价能力被列为教师专业的子领域,是各国的共识.无独有偶,我国教育部 2012 年颁布的各级教师专业标准,将"激励与评价"作为教师"专业能力"提出,并做了详细规定.

教师评价素养是一种行动导向的素养,属于实践素养,具有更强烈的实践性与个体性,更迫切地需要行动与反思的不断整合.

综观国内外已有的研究成果可以发现,数学素养研究与数学教科书习题研究还不够系统和成熟,主要体现在以下几个方面:

(1)教科书习题发展的理论还不够完善,存在着将习题研究视为教科书辅助研究的倾向,绝大多数研究是硕士生文本分析层面的研究,缺乏系统而深刻的阐释.特别是在国内未形成完备的、具有本土特征的、适应数学素养相关论述背景的框架体系的情况下,针对培养学生数学素养的教科书习题设计的策略、评价自然也不完善.

(2)对教科书习题的研究重视不够,还没有博士论文对其进行清晰且明确的梳理.目前的研究大部分只是在传统的解题研究层面上进行的,教科书的特

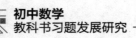

征和功能体现得不足，说服力不够．

（3）缺乏整合，致使量化研究和质性研究分离．在研究方法多元化的发展趋势下，大部分研究都习惯于采用内容分析法，缺少适时的、有一定样本容量的实验研究．

（4）对教科书习题发展的研究还不能和时代发展与时俱进．针对 2012 年版课标修订后的教科书的研究成果明显不足，在培养学生核心素养背景下的教科书习题研究更是很少，对信息时代教科书习题功能的发挥的探索也明显不足．

（5）认知诊断性评价已经成为当前教育评价的主要趋势，因为认知诊断性评价的发展可以引导特定的教学决策．但在应试教育还占主导地位的当下，教师使用教科书习题也表现出应试的特征，考试试题的变化幅度远远大于教科书习题的自身更新，教科书习题发展呈现出一定的滞后性．

第三章 初中数学教科书习题设计的理论基础

　　学生在学校的学习是人类学习的一种特殊形式，是在学校这个特定环境下进行的一种文化继承行为，是高度组织化的社会行为，十分强调学习过程的目的性和有效性．在不同的时代和阶级社会里，学生在学习过程中所发生的行为、心理上的变化，都会有不同内涵上的导向．教科书是学生学习间接经验的主要载体，自诞生以来，心理学和教育学就是其理论基础．20 世纪初，杜威明确提出了"教材心理学化"的主张，认为教科书要与儿童的生活经验结合起来，知识的组织应遵循儿童发展的次序．Osborn，Jones 和 Stein 指出，教科书设计应建立在图式理论、元认知理论、教学设计和学习策略研究的基础之上．我国学者曾天山倡导按照教学论原理去研制教科书，处理好教科书与教学目标、教学模式、教学环节、教学评价等诸要素之间的关系．张定强指出，教科书研究的理论基础十分广阔，有哲学理论、文化理论、教育心理学理论、学科理论、技术理论、信息传播理论等，其中心理学理论、教育学理论、信息传播理论及社会学理论尤为重要．当下，聚焦发展学生核心素养与关键能力的教科书习题设计必须在更为明确清晰的理论基础之上进行．

第一节　初中数学教科书习题
设计的心理学基础

学习初中数学教科书的内容，离不开习作教科书的习题，而解题就离不开研究认知加工的过程．学生的心理发展特点与认知水平制约着教科书习题内容的广度和深度，教科书的习题设计必须以不同年龄阶段学习者的认知特点及其发展规律作为理论基础．

一、行为主义心理学与习题设计

行为主义心理学派由美国心理学家华生（J. B. Watson，1878—1958）创立，以桑代克、巴甫洛夫、斯金纳等为代表，自 20 世纪初开始，研究者致力于研究环境刺激与行为反应之间的规律，认为个体所有行为的产生和改变都是刺激与反应之间的联结，学习是由经验引起的行为的相对持久的变化．

桑代克认为人和动物的学习过程都是先是错误反应多，正确反应少，而后逐渐趋于正确反应多，错误反应少，直至全部正确而无错误的渐进过程，亦称试误学习．试误学习具有准备律、练习律和效果律三条定律，强调学习者有准备地参与活动时就会感到满意；学习者的某一刺激反应联结形成后，若得到练习和应用，这个联结就能得到增强，同时若伴随着满意的效果，该联结也会得到增强，反之，则会受到削弱．

巴甫洛夫是经典性条件反射理论的首创者，他认为学习就是暂时神经联系的形成，揭示了刺激与反应联结形成中的一系列规律，如刺激的强化、泛化与分化等．

斯金纳是操作性条件反射的首创者，他认为强化是构成学习的必要条件，并将强化分为正强化和负强化，强化方式有即时强化和延时强化、连续强化和部分强化．斯金纳还指出，个体复杂行为的学习过程可以通过连续渐进的方法来塑造，即首先确定目标行为，然后将之分解为一系列连续的单一行为，接着运用后效强化的方式依次逐个建立刺激反应联结，最后将一系列连续的单一行为反应连贯起来，形成复杂行为.

由于数学教科书的习题具有巩固基础知识的基本功能，行为主义心理学的观点就为数学习题的设计提供了追求合理科学的刺激强化与循序渐进的基本原则. 在设计习题时，首先，应注重练习目标的设计，将教学期望明确为学生系列化的行为设计，并关注可观测到的反应. 其次，注重习题的层次性和连续性，小步子推进，以知识点的内在逻辑体系为线索，注重知识点之间的相互连接，与教材正文、例题形成呼应. 再次，要注重即时反馈，及时对学生的解答给予评价. 最后，还要注重以外部评价促进强化的问题，针对知识点的特征确定学习的单元长度、刺激反应的模式、练习任务的种类、练习内容的类型以及练习的频度.

行为主义强调使用行为动词来界定教学目标，使用强化来增强学习效果，倡导将学习内容分成小的单元，按逻辑加以排列. 这对于一些技能性知识比较有效，但学习的强度和方法也比较难控制，稍不留意就会产生强化过度或负强化的问题，存在一定的片面性. 同时，时代的发展要求教科书习题实现更多的功能，只追求夯实"双基"的习题设计面临着更多窘境.

二、认知主义心理学与习题设计

盛行于 20 世纪 60 年代的认知主义心理学借助信息论、计算机科学的发展，强调个体已有的知识和认知结构对个体行为和当前认知活动的决定性作用，认为学习是由经验引起的认知结构的相对持久的变化，学习的实质是学习者内部心理结构的形成和改组，而不是刺激反应联结的建立或消退.

格式塔学习理论是现代认知主义学习理论的先驱，该学派反对把行为还原为刺激反应联结. 他们认为思维是整体的、有意义的知觉，学习的过程不是尝试错误的过程，而是顿悟的过程，即结合当前整个情境对问题的突然解决.

布鲁纳是认知发展结构学派的代表，他提出的掌握学习理论以"只要条件适当，人人都能学好"为基本构想，以儿童认知过程——智力的发展为研究主轴，提出了儿童认知发展要经历的动作表征、图像表征和符号表征三个过程. 与之相对应，他提出教师要为学生提供学习的材料，让学生通过探索、操作和思考，自行发现知识，理解概念和方法．他认为发现学习会提高学生的智慧潜力，会使学习动力从外部奖赏向内部动机转移．他十分强调学习时对学科结构的掌握．这种结构是指事物之间的相互联系和规律，既包括学科的知识结构，还包括对学科的态度和方法．他认为只有从事物和现象的变化中去发现原理，才能将学科的基本结构转化为学生的认知结构，而对学科知识结构的掌握有助于学生理解学科的基本原理，提高记忆的效果，促进学习的迁移，缩小"高级"知识与"初级"知识之间的间隙．

奥苏贝尔是意义学习论的创始人，他认为学生学习书本知识绝大多数是有意义的接受学习，这种学习过程的实质是符号所代表的新知识与学习者认知结构中已有的适当观念建立非人为的、实质性的联系．有意义学习的外部条件是学习材料本身必须有逻辑意义，内部条件则包括学习者必须具有有意义学习的心向，认知结构中必须具有适当的能与新知识进行联系的知识，强调影响学习的首要因素是已有的知识．

信息加工理论是认知心理学采用信息加工的观点解释学习原理的理论，加涅是其代表人物，他将行为主义与格式塔心理学派的观点进行了折中，将学习看作主体和环境相互作用的结果，认为学习过程包含信息加工和执行控制两个方面．前者包括信息的输入、工作记忆、长时记忆、信息的提取和应用等过程；后者指对信息加工的监控过程，如通过复述、精加工和组织等活动，使信息在长时记忆中持久保存．策略性知识对心理加工过程起控制和调节作用．信息加工理论还将数学学习对象进行了分类，即事实、技能、概念和原理，认为学生心理的发展是累积学习的结果，都要经过理解、习得、储存和提取四个阶段，它还将学生的数学学习分为八种类型，不同类型的学习有不同的学习过程和条件，并产生不同的学习结果．

皮亚杰是发生认识论的创始人，他提出了智力发展阶段理论，将人的智力发展分为四个有顺序的阶段：感知运动阶段、前运算阶段、具体运算阶段和形式运算阶段．每个阶段都有其独有的特征，各时期间不是跳跃式改变，而是连续中呈现阶段现象，各个阶段出现的先后顺序不会改变，但会因个体的差异而出现差异．而抽象思维、假设演绎推理能力、命题推理能力、组合推理能力等恰恰是初中生需要不断发展的，青春期自我中心的突破也需研究．皮亚杰提出了儿童智力发展过程中的四个重要概念，即图式、同化、顺应和平衡，指出了影响儿童智力发展的因素有成熟、经验、社会环境和平衡．皮亚杰理论偏重知识认知，较少顾及儿童社会行为的发展．

维果茨基是社会文化历史学派的创始人，他认为，个体的学习是在一定的社会历史文化背景下进行的，社会对个体的学习发展起到了重要的支持和促进作用，并提出了"最近发展区"理论，最近发展区即个体发展的过程中，现实的发展水平和潜在的发展水平之间的区域．在他看来，人类的行为包括历史经验、社会经验和复制经验三种．历史经验由遗传而来，它包括前辈的经验，并超出动物本能反应的范畴；社会经验是由他人而来的经验；复制经验是人类适应环境的独特方式．

认知主义心理学对教科书习题设计的影响十分巨大．教学内容必须与学生的认知水平相适应，要重视学生之间的差异，努力减少差异．学生先前获得的知识是后面引入更为抽象而复杂的知识的基础，所以习题设计的一个主要的、艰难的任务就是对该学科的概念进行鉴别，并将这些概念按照由具体到抽象、由下位到上位的序列排成一个有层次或有关联的系统；要适当安排习题的难易程度，激发学生的学习兴趣，维持学生学习的内在动机；要根据不同类型的学习采用能明确表达学习结果的操作性动词来陈述学习目标，使之既符合教学要求，又便于教学评价．同时，认知主义心理学强调情境的建立，强调发现式学习，课程要素的组织应该遵循儿童的心理发展规律，采用"螺旋上升"的原则．螺旋的范围不限于同一个教学阶段的内容，也指向不同教学阶段之间的关系；螺旋并非仅仅指知识容量的扩充，更包括镌刻在知识中的认知能力、加工知识所需的思维的加深，即随着年级的不断升高，材料的范围、深度、复杂性、抽象程度和先进水平，均应得到不断的提高．此外，瞬息万变的信息社会要求学校培养能适应复杂情境的劳动者．与传统的解题训练的目的不同，问题解决不仅为学生提供了一个发现、创新的环境和机会，还广泛地联系心理活动、教学目标、教学过程等各方面，实现教育的真正价值．因此教科书习题设计不仅要研究如何使学生达到最佳理解水平的知识结构，科学准确地运用好各类符号，准确地呈现各种信息，还要研究如何实现数学的教育目标．

三、建构主义心理学与习题设计

产生于 20 世纪七八十年代的建构主义心理学是在皮亚杰、维果茨基等心理学家的观点的基础之上形成的，是认知主义心理学的进一步发展．建构主义摆脱了客观主义，认为世界是客观存在的，人们是以自己的经验来解释和建构现实的，强调认识并非主体对客观现实简单的、能动的反映，而是一个主动的建构过程，在这个建构的过程中，主体已有的认知结构发挥着特别重要的作用，并不断发展．

美国教育家、实用主义哲学的代表人物杜威提出了以行动为中心的知行观，包括"做中学"和"以儿童为中心"等原则和教学实践，成为建构主义的思想来源之一．建构主义非常强调学习的情境性，认为学习应在真实的情境中发生，因此，无论是教科书的内容设计，还是习题的设计，都应注意知识表征的多元化，将知识放在丰富的问题情境中，呈现方式要多样并举．反复不是为巩固知识技能而做的简单反复，而是由于学习是在各种不重合的学习情境中发生的．建构不仅包括对学生原有经验的改造和重组，也包括改变原有结构以同化信息．教科书的习题设计需要形象、生动的内容作为意义建构的"连接点"和思维行动的"脚手架"，发展学生主动学习、自主学习、合作学习的认知工具．在信息社会的今天，讨论、阅读、竞赛、展览、实践活动等多样化的方式都应是习题设计所关注的．

建构主义符合辩证唯物主义认识论的基本观点，给传统的数学教育思想带来了巨大的冲击，是对被动反映论的否定，也是对能动反映论的发展和深化，因而要求教师不能期望单纯通过"传授"而使学生获得真正的数学知识，而是必须充分肯定学习过程的创造性质和学生的创造才能．而如何发挥学生的创造才能，这对于教科书的习题设计而言，其影响和挑战也是深远的．

四、人本主义心理学与习题设计

人本主义心理学是从一些心理学应用工作者的研究中产生的，主张采用精神分析学等个案研究方法．其创始人马斯洛提出了人的需要层级模型．其继承者罗杰斯提出的"以学习者为中心"的思想被教育界广泛接受．罗杰斯认为，能够影响个体行为的知识，只能是个体自己发现并加以同化的知识，而不是外界可以教给的知识．情感和认知是人类精神世界两个不可分割的有机组成部分，强调情感教育与认知教育的统一，充分主张教学目标立足于学生个性的发展，强调学生学习与生活的适切性、学生的亲自体验、评价的多元性和师生关系的重要性. 人本主义心理学研究者认为人生下来就有学习的潜能，最有用的学习是学会如何学习. 合作学习和探索训练是促进自由学习的有效方法，倡导学习者的自我评价.

人本主义心理学指导下的习题设计应以发展学生的潜能为基本原则，强调学生的需要、愿望、兴趣与习题内容、呈现形式的关系，将解题与学生的成长有机结合起来，帮助学生发现学习经验中的个人意义，努力使认知与情感相统一.

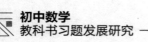

第二节　教科书习题设计的教育学基础

教科书的习题设计是教科书设计的重要领域，是在教育学基本理论的指导下进行的．尽管人们对教学论的定义各不相同，但对教学论实质的认识却是相同的，即以教学问题为研究对象，以认识教学现象、揭示教学规律作为研究任务，以指导教学实践为研究目的．教师与学生、教师与教科书、学生与教科书、学生与学生之间在教学活动中的问题是教学论的重要研究对象．数学课程论研究的是在学校教育中应该传授哪些数学内容，为什么选取这些内容，怎样呈现这些内容，如何组织教科书的编写，如何评价，等等．初中数学教科书的习题设计也必须考虑教育目标、教学内容、教学过程、教学模式、教学环境等基本的教育学要素．

一、课程目标与习题设计

课程目标是一切教育活动的出发点和归宿，是课程设计的首要问题和中心环节．课程目标是依据国家的教育方针确定的，受多方面教育因素的共同影响，通过课程计划、课程标准、教科书以及教学过程最终得以落实．课程目标是教科书设计的指南和方向．

不同的课程与教学观念会产生不同取向的课程目标．行为取向的课程目标重视学习结果，强调提高教育效率，保证教育行为更科学．最通用的模型是泰勒提出的，他提出对学习者本身的研究、对校外当代生活的研究和学科专家的建议是确定课程目标的三个依据，并建立了表述目标的工具，将学习内容和学生的学习行为明确地对应起来．之后，布卢姆、安德森等人对教学目标进行了分类：从知识维度上分为事实性知识、概念性知识、程序性知识和反省认知知识；从认知过程维度上分为记忆、理解、运用、分析、评价和创造六个维度，并对每个维度进行了详细的阐述．这一理论框架的建构使教学检查、考试评价有了依据.

与行为目标不同,生成性目标关注的是学习活动的过程,强调教育是一个演进的过程,扎根于过去又指向未来,现阶段所提出的所有目标都不能看成最终目标.斯坦豪斯据此提出了课程开发的过程模式,即"训练、教学、引导".在他看来,与批判性、创造性思维能力相比,知识和技能都是次要的和工具性的,训练和教学应服从于引导.而表现性目标则更强调学生的个性发展和创造性表现,强调学生的自主性和主体性,尊重学生的个性差异.

任何一种目标取向都有各自的针对性,行为目标具体明确.生成性目标强调目标的适应性、生成性,表现性目标关注学生的创造精神、批判思维.在进行教科书习题设计之前,首先应该根据知识的内容特点,不仅关注学生要学什么,更加关注学生学完之后能够做什么,这既是数学学习活动的重点,也是课程设计的起点.同时,习题设计应紧紧围绕课时教学目标、单元教学目标和数学教育总目标来进行,并有效地处理好这些目标之间的关系,不可出现偏颇.哪些内容重要些,要求得高一些,高到什么程度,布卢姆教学目标的分类为此提供了很好的依据.此外,我国基础教育还有独特的国情,结合我国数学教育的具体情况设置教育目标也是必须考虑的.

二、教学内容、教学过程与习题设计

教学内容受到宏观和微观上各方面因素的制约:宏观上,必然考虑社会政治、经济、文化发展的需要,考虑学生的发展、各学科的发展;微观上,要考虑课程本身各要素的影响.教学内容的选择过程是一个价值判断的过程,任何单一的标准都不能成为科学选择内容的依据.

教学过程是教学活动的过程,是师生双方按照一定的教学计划进行的程序活动.从认识论的角度出发,教学过程被看作学生在教师的引导下认识世界的过程,是接受前人积累的知识经验的过程.教学过程的发展说则认为教学过程不单单是一个认识过程,更是教师通过传授知识、技能而发展学生的各种能力和个性品质的过程.教学过程的实践说则把教学过程看成实践活动.因此可以说,教学过程是认识过程、发展过程、交往过程的统一.在这一过程中,教科书既是教学过程的知识载体和教学依据,也是实现教学目标的手段与途径,二者相互影响、相互联系.

　　教学过程是一个由教师、学生、教学目的、教学内容、教学方法、教学环境、教学评价等要素构成的多维结构，具有探索知识、形成技能、培养智能、发展情感与态度的功能，具有双边性、认识性、实践性的特点．教学过程通常表现为心理准备、感知知识、理解知识、巩固知识、运用知识、检查和评价学习结果六个阶段，具有理论联系实际、科学性与思想性相统一、传授知识与发展能力相统一、直观性与抽象性相结合、系统性与循序渐进相统一、统一性与因材施教相统一等基本原则．数学教学过程是一个具有数学知识传递、数学技能形成、数学能力培养、个性发展等功能的育人过程．对于教科书的习题设计，应综合考虑教学过程中的各种要素，优化内容选择，重视内容组织，处理好过程与结果、直观与抽象、理论与实践、直接经验与间接经验的关系．

　　设计教科书习题时选择内容的标准要综合考虑课程目标、学生的需要和身心发展水平、社会发展的需要等因素，既要重视内容的重要性（知识与文化中最基本的成分，应用性和迁移力量最大的成分，属于探究方法和探究精神的成分），还要重视内容的实用性和正确性，考虑能否为学生适应未来社会打下基础和培养能力，真正提高学生的核心素养．

　　基本的教学过程势必产生基本的教学模式．任何一种教学模式都是以教科书为媒介而展开教学活动的依存条件，对于教科书内容的设计与呈现具有限定作用．同时，教科书对教学模式也有规定作用，因为教科书内容在一定意义上对于教学方法、教学组织形式、教学顺序等起着基本的乃至决定性作用．特别是当今时代兴起的翻转课堂等教学模式，需要教科书增加"导学"环节加以回应的事实，充分说明了教学模式与教科书设计的相互作用．

三、课程评价与习题设计

　　传统的数学教育评价是按照数学教育目标，对学生的学习达到课程标准要求的程度、数学教育活动的效果、学生数学学习成绩和数学能力发展水平进行科学评价的过程．而要进行评价，就要针对课程目标，根据现行的课程，研究评价的方式方法，编制评价工具，确定评价标准．教科书的习题设计对数学教育评价，特别是测试题的编制起着十分重要的引导作用．例如，新课程提出了教师的教应建立在学生认知发展水平和已有知识经验的基础之上．教师是教学活动的组织者、引导者与合作者，要努力发展学生的应用意识；而学生的学是一个生动活泼的、主动的和富有个性的过程，动手实践、自主探索与合作交流是重要的学习方式，这些基本理念都应是习题设计的重要原则，也只有在习题中体现了这些理念，才可能将这些评价理念和要求贯穿日常的教学．另外，习题对于反馈教师的课堂教学效果、引导教师改进课堂教学、进行个性化的辅助教学等也都起着举足轻重的作用．

第三节　初中数学教科书习题设计的
教育传播与社会学基础

教育传播与人际传播、组织传播和大众传播不同，其传播目的是培养合格的公民，传播对象是学生，传播者是教师、教育管理者和教科书的编写者．美国学者拉斯韦尔（H. D. Lasswell）、贝尔洛等人提出的"5W""7W"公式揭示了传播过程的复杂性，即教育传播过程必须考虑到谁传播、传给谁、说什么、通过什么渠道、产生什么效果、为什么传播、在什么情境下传播等多种因素．教育传播理论揭示了教学系统中各要素之间的动态联系，描绘了教学系统中的信息传播过程，是教科书设计的重要理论基础．

教科书本质上是一种社会文化的选择，受到社会政治、经济、文化及人们的意志、价值取向等因素的制约，也对社会文化的传递、保存、选择、交流与创造起着不可忽视的作用．结构功能理论强调个人对社会的适应，强调社会整合、社会稳定和共同的价值观念；冲突理论注重社会本身存在的问题和社会变迁，注重社会矛盾；社会批判理论则全面揭示了社会现象及其背后的本质．这三大理论从不同的角度阐释了社会的本质与问题．在社会学的视角下，筛选教科书资源的标准体现了统治阶级的意志，体现了社会现实或社会需求．只有基于社会主流文化、利于社会经济发展、体现统治阶级意识形态的课程资源，才有可能被开发成学校的教科书资源．

运用不同的方式方法设计教科书，必然会产生不同的信息传递效果．教科书中的习题除了具有习题本身的特征和功能之外，还是教科书学习内容的重要组成部分，同样肩负着信息传递的重要任务．因此习题设计同样要考虑如何提高信息的形式强度，即信息内容在表现形式方面的特征与背景形式的差别程度，如利用不同颜色或字体把重点内容与其他内容区分开来．此外，还要考虑提高信息的对比强度、内容强度，控制多余信息和信息总量．考虑习题内容的系统性与连贯性，关注信息接收者的接收意愿、接收方式以及接收能力．而从社会教育学的视角看，教科书的习题设计要密切联系社会生活，情境设计要贴近日常生活，应宣扬促进人类发展的正能量，应注重潜在课程的开发，应多设计问题的对立面，组织形式要多种多样，关注学生情感、态度、价值观的发展．

第四节　初中数学习题理论基础

数学习题理论是关于研究数学习题的功能、结构、方法等规律性知识的学问．数学教科书中的习题是数学习题的子集，既有数学习题的一般特征，又有其独特地位而带来的特殊特征．

解题之所以成为中学数学教学活动的主要形式之一，是因为数学习题存在着多种功能．通过数学习题，学生获得系统的数学知识，形成必要的技能、技巧，这是数学习题的知识功能．例如，通过数学习题，从新旧知识之间的联系入手，引入新知识；通过数学习题，将数学概念、命题、定理纳入学生已有的认知结构，巩固新知识；通过解题，运用新知识；等等．可以说，数学习题的知识功能贯穿学生获得数学知识的全过程．

数学学科对学生文化素质的培养可以分为智力的和非智力的两个方面．学生在数学学习的全过程中（包括概念的形成过程、结论的推导过程和方法的探索过程），获得和发展推理能力、化归能力、形式化处理问题的能力、建立模型能力等数学能力；同时使思维活动有一定的目的性、方向性、确定性和辨别性，从而形成良好的思维品质．这是数学习题的教育功能．数学习题的教育功能还体现在对学生非智力因素的培养、辩证唯物主义世界观的形成、数学美育、爱国主义思想、传统文化传承等许多方面．例如，解题对形成学生的性格和道德个性有着巨大的作用，真诚、正直、坚韧和勇敢等性格品质在数学解题过程中有着明显的体现．而人们对数学美的追求，可以激发人类的创造灵感和无限的创造才能．

除此之外，数学习题还具有重要的评价功能．数学成绩的好坏一般都通过解题来进行评定，包括学生的知识水平和能力水平．立意不同的评价，需要数学试题具有不同的特点．数学习题的另一个鲜明的特点是科学性．科学性是对数学习题本身的结构、叙述的合理性、严谨性和清晰性的要求．对于封闭性数学习题，有关的概念必须是被定义的；有关的符号必须是被阐明的；条件必须是充分的、不矛盾的、独立的、最少的；叙述必须是清楚的；要求必须是可行的．科学性对数学习题而言是刚性要求．

对于数学习题的编制，要遵循目的性原则、科学性原则和和谐美原则，可以运用演绎法、基本量法、倒推法、变换条件法、类比推广法、演变法、模型法等基本方法．而解题的基本策略有枚举法、模式识别、问题转化、中途点法、以退求进、从特殊到一般、从整体看问题、正难则反等，每一种策略也都具有可训练性．

综上所述，心理学、教育学、教育传播学和社会学等理论共同奠定了教科书研究的方法论基础．而数学教科书的习题设计在此基础上，还必须强调其特有的学科特征，在学习理论、课程组织理论、评价理论等教育教学理论的指导下进行．

第四章 我国初中数学教科书习题的现状

　　我国地域辽阔，当前通过教育部审定的初中数学教科书有 11 个版本，分别是人教版、北师大版、华师大版、浙教版、湘教版、苏教版、青岛版、沪科版、冀教版、鲁教版和北京版．这些教科书都是在各出版社出版的 2002 版实验教科书的基础之上，依据《义务教育数学课程标准（2011 年版）》进行修订，于 2012 年通过教育部审定之后发行使用的，截至 2020 年已有 8 年的时间．为了更好地了解当前教科书习题设计及使用的情况，现分别从教科书研究的静态分析和动态分析两个角度展开，即从国内 9 个版本教科书"有理数"一章的习题设计、初中教师对当前人教版数学教科书习题设计认可度的调查、2017 年全国第十届初中数学青年教师优秀课展示活动中部分教师使用教科书习题情况的调查、学生实做各版本教科书习题的调查、中考数学试题与数学教科书习题设计的关联调查等方面展开分析．

第一节 对我国 9 个版本初中数学 教科书习题的比较

受教科书使用范围和习题雷同情况等因素的影响，现对除了北京版、鲁教版以外的 9 个版本的教科书中"有理数"一章的课后习题和单元复习题进行比较分析．选用"有理数及其运算"作为研究对象，是因为这一内容是学生进入中学后学习数学的起始内容，包含了中学数学学习的诸多基本概念和基本运算．编写者在编写教科书时既要考虑学科方面的逻辑体系、中小衔接，又要考虑学生的身心特点和学习规律，这一章是最能体现各版本教科书编写特色的章节，也是最能体现我国"双基"教学特点的内容．

综合国内外研究者对习题研究的角度和"有理数及其运算"的知识特点，现主要从习题数量、题型、要求水平、知识含量水平、习题背景、习题的层次六个方面进行分析．为研究方便，统计的基本单位定为知识团．所谓知识团，是指具有内在必然关联的知识点所组成的集合．在对知识团进行划分时，如果两个知识点之间有必然的不可拆分的逻辑关系，这两个知识点就同属一个知识团．参考课标的表述和各版本教科书的内容划分，对"有理数及其运算"做如下知识团划分：

（1）有理数（正数和负数、有理数、数轴、相反数、绝对值、有理数大小的比较）．

（2）有理数的加减法（加法法则、加法运算律、减法法则、加减混合运算）．

（3）有理数的乘除法（乘法法则、乘法运算律、除法法则、乘除混合运算）．

（4）有理数的乘方（乘方法则、科学计数法）．

（5）有理数的混合运算．

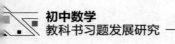

（6）近似计算（用计算器计算，近似数）．

一、对研究对象的说明

1. 习题数量

习题数量主要反映教科书习题在数量上的差异以及各版本教科书在不同知识团侧重点上的差异．为研究方便，习题数量以教科书中明确标出题号 1，2，3，…的题目为大题统计单位，对于一个大题中含有多个小题，每个小题又属不同的知识团的，则按其所占权重统计大题数．

2. 习题类型

习题类型主要反映教科书习题在呈现问题方式方面的差异，在统计中分为选择题、是非题（或判断题）、填空题、计算题、证明题、封闭性解答题、开放性解答题（条件不完备或结论不确定）七种，凡是不能明确判断为前七种的全部归为其他类解答题．

3. 要求水平

要求水平主要反映教科书的习题关注课程标准核心知识点的程度．依据课程标准对各知识点要求的表述，将习题的要求水平分为四级，分别为了解 A（同类词：知道、初步认识、模仿）、理解 B（同类词：认识、会）、掌握 C（同类词：能）、运用 D（同类词：证明、探究、分析、评价、创造），分别赋值 1、2、3、4.

统计第 i 个知识团的习题平均要求水平（YQ）的计算方法为

$$YQ_i = \frac{1 \times A + 2 \times B + 3 \times C + 4 \times D}{A + B + C + D} \ (i = 1,\ 2,\ 3,\ 4,\ 5,\ 6)$$

其中，A（B、C、D）为第 i 个知识团中了解（理解、掌握、运用）的习题数目．

4. 知识含量水平

知识含量指一个题目中综合知识点的数量，按照所含知识点的数量分为四个等级，即含 1 个知识点、2 个知识点、3 个知识点、4 个知识点及以上，分别赋分 1—4 分．

统计第 i 个知识团习题平均知识点数（ZS）的计算方法是

$$ZS_i = \frac{1 \times A + 2 \times B + 3 \times C + 4 \times D}{A + B + C + D} \quad (i = 1, 2, 3, 4, 5, 6)$$

其中，A（B、C、D）为第 i 个知识团中含 1 个（2 个、3 个、4 个及以上）知识点的习题数目．

5. 背景水平

数学素养的一个重要特征就是在各种情境中应用数学，本研究采用鲍建生研究习题背景的分类方法，分为四个层次：

第一层次：无任何实际背景，简称"无背景"；

第二层次：与学生个人生活经历相关的背景，简称"个人生活背景"；

第三层次：属于职业或者公共常识的背景，简称"公共常识背景"；

第四层次：以科学情境为背景，简称"科学背景"．

分别赋分 1—4 分．

第 i 个知识团习题平均背景水平（BJ）的计算方法如下：

$$BJ_i = \frac{1 \times A + 2 \times B + 3 \times C + 4 \times D}{A + B + C + D} \quad (i = 1, 2, 3, 4, 5, 6)$$

其中，A（B、C、D）为第 i 个知识团中无背景（或个人生活背景、公共常识背景、科学背景）的习题数目．

6. 习题的层次

习题的层次主要是指计算四个知识要求水平的习题占全部习题的百分比以及重点知识团习题数量占全部习题的比例．

二、研究结果

1.9 个版本教科书习题设计的共同点

（1）习题数量相差不大．

所调查的 9 个版本教科书"有理数"一章习题总数的平均数为 213 道，北师大版、浙教版、冀教版、人教版、上科版、华师大版 6 个版本教科书的习题量超过了 200 道，其中，华师大版教科书的习题最多，有 280 道；只有苏教版一个版本教科书的习题量相对较少，有 125 道．因而从总体上看，各版本教科书习题的总数量相差不大，表现出一定的趋同性．

（2）题型应用相对一致．

各版本教科书中的绝大多数习题都是以计算题和封闭性解答题的形式呈现的．人教版和湘教版中没有开放性解答题，其他版本的开放性解答题数量也不多，开放性解答题最多的是北师大版教科书，但也只有 13 道．各版本教科书中，选择题、证明题的题型几乎没有，但都有填空题，其中湘教版教科书的填空题最多，有 33 道，较多地出现在知识团 1、2、3 中，用来巩固概念及法则．北师大版、冀教版、青岛版教科书中有少量的判断题．总体而言，各版本教科书习题的题型应用相对一致．

（3）知识含量水平差异不大，所含知识点不超过 2 个的习题所占的比例较大（表 4 − 1 − 1、图 4 − 1 − 1）．

表 4 − 1 − 1

知识团	人教版	北师大版	华师大版	沪科版	苏教版	浙教版	湘教版	青岛版	冀教版
知识团 1	2.04	1.73	2.00	1.84	1.54	1.58	1.41	2.08	1.54
知识团 2	1.82	1.99	1.49	1.67	2.14	1.90	1.84	2.14	2.07
知识团 3	1.45	1.84	1.24	1.38	1.46	1.65	1.66	2.11	1.67
知识团 4	1.70	1.32	1.52	3.50	1.38	1.45	1.47	1.92	1.38
知识团 5	3.69	2.76	2.86	2.08	3.73	2.93	3.74	2.89	3.24
知识团 6	1.06	1.56	1.82	1.83	1.00	1.16	1.00	1.58	1.00

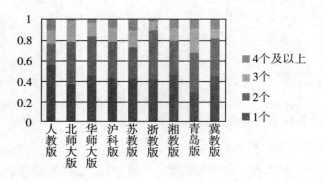

图 4 − 1 − 1

从表 4 − 1 − 1 中可以看出，各版本教科书习题中知识团 2 和知识团 3 的习题的知识含量水平最为接近．个别版本教科书某些知识团的习题知识含量水平稍高，如对于知识团 1，人教版、华师大版、青岛版的知识含量水平较高，湘教版和冀教版、江苏版则较低；人教版中知识团 5 的知识含量水平最高．而由图 4 − 1 − 1

可以看出，9 个版本中有 8 个版本不超过含 2 个知识点的习题比例超过了 70%. 这也从一个角度说明了我国教科书的习题设计更关注基础，更具"双基"特色.

（4）习题背景水平差异不大，无背景数学习题在教科书中占很大的比例（表 4-1-2、图 4-1-2）.

表 4-1-2

知识团	人教版	北师大版	华师大版	沪科版	苏教版	浙教版	湘教版	青岛版	冀教版
知识团 1	1.50	1.32	1.03	1.26	1.54	1.35	1.18	1.28	1.18
知识团 2	1.22	1.40	1.16	1.12	1.47	1.30	1.18	1.35	1.24
知识团 3	1.10	1.14	1.00	1.00	1.09	1.10	1.09	1.05	1.12
知识团 4	1.19	1.78	1.32	1.20	1.96	1.62	1.11	1.40	1.62
知识团 5	1.00	1.06	1.00	2.03	1.00	1.20	1.05	1.11	1.12
知识团 6	1.00	1.44	1.43	1.94	1.00	1.37	1.67	2.00	1.00

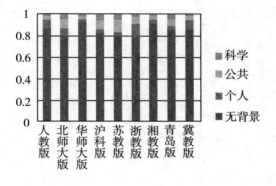

图 4-1-2

由表 4-1-2 可以看出，各版本教科书习题背景水平的差异也不大，对于知识团 1，水平最高的苏教版为 1.54，水平最低的华师大版为 1.03. 对于知识团 2，水平最高的苏教版为 1.47，水平最低的沪科版为 1.12. 而对于知识团 3 和知识团 4，各版本教科书习题的背景水平更为平均. 从习题背景的比例分配上看（图 4-1-2），科学背景习题最多的是沪科版、苏教版和青岛版教科书，比例约为 5%. 苏教版、沪科版和北师大版教科书中公共背景类的习题占到了 9%，浙教版教科书中个人背景的习题较多. 总体而言，教科书中绝大多数习题都是无背景的数学习题.

2.9 个版本教科书习题设计的不同点

（1）各版本教科书对学生掌握不同知识团需要习题数量的理解各不相同（表 4-1-3、表 4-1-4，图 4-1-3）.

表 4 - 1 - 3

知识团	最高数		中位数		最低数		极差	总数
	版本	数量	版本	数量	版本	数量		
知识团2	北师大版	95	人教版	59	苏教版	30	65	536
知识团3	人教版	62	北师大版	37	北师大版	37	25	375
知识团4	浙教版	38	青岛版	25	沪科版	10	28	220
知识团5	沪科版	32	湘教版、青岛版	15	北师大版	11	21	175
知识团6	华师大版	28	人教版	17	湘教版	3	25	123

表 4 - 1 - 4

知识团	最高数		中位数		最低数		极差	平均数
	版本	比例	版本	比例	版本	比例		
知识团1	沪科版	33%	冀教版	27%	人教版	16%	17%	26%
知识团2	北师大版	38%	浙教版、江苏版	25%	湘教版、青岛版	22%	16%	27%
知识团3	人教版	29%	北师大版、华师大版	15%	北师大版、华师大版	15%	14%	20%
知识团4	苏教版	16%	湘教版	11%	沪科版、冀教版	5%	11%	11%
知识团5	苏教版	16%	华师大版、青岛版	10%	北师大版	4%	12%	10%
知识团6	大体相当							

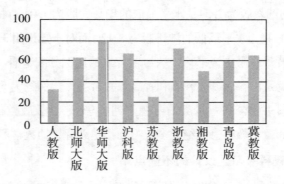

图 4 - 1 - 3

教科书所设计的习题数量一般以掌握所学知识的需求为宜．知识团 1 中的知识点涉及 5 个数学概念，从图 4 - 1 - 3 中可以看出，虽然内容一样，但各版本教科书安排的习题数量并非大体一致，华师大版教科书安排了 80 道小题，而苏教版只有 25 道小题，差异较大．

从表 4 - 1 - 3 中可以看到，北师大版教科书在知识团 2 上安排的习题较多，但在知识团 3 上安排的习题最少；沪科版教科书在知识团 5 上安排的习题最多，在知识团 4 上安排的习题最少．而由表 4 - 1 - 4 可以看出，人教版教科书在知识团 3 上安排的习题数占全章习题数的比例最高，在知识团 1 上安排的习题数占全章习题数的比例最低．可见，各版本教科书在不同知识团习题数量和其在全章习题中的比例设计上存在较大的差异．

（2）各版本教科书对不同知识团要求水平的理解差异较大（表 4 - 1 - 5）．

表 4 - 1 - 5

知识团	最高数		中位数		最低数		极差
	版本	数量	版本	数量	版本	数量	
知识团 1	华师大版	2.54	浙教版	2.04	冀教版	1.45	1.09
知识团 2	北师大版	2.79	浙教版	2.31	青岛版	1.91	0.88
知识团 3	北师大版、苏教版	2.65	冀教版	2.20	青岛版	1.68	0.97
知识团 4	沪科版	3.00	华师大版	2.16	青岛版	1.65	1.35
知识团 5	湘教版	3.26	冀教版	2.88	沪科版	1.88	1.38
知识团 6	沪科版	2.22	北师大版、湘教版、冀教版	2.20	苏教版	1.00	1.22

对于数学概念的要求，冀教版教科书的要求最低，要求最高的是华师大版．对于知识团 2 至知识团 5，青岛版教科书整体要求较低，北师大版、苏教版、人教版、沪科版、湘教版教科书整体要求高．

从各水平习题占全章习题数的比例情况来看（图 4 - 1 - 4），青岛版教科书的了解型习题比例最高，接近 40%；而苏教版、北师大版教科书要求的水平最高，后两种类型的习题比例都达到了 48%．

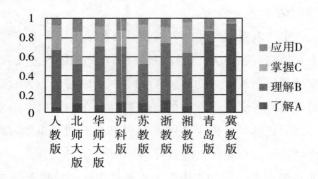

图 4 - 1 - 4

（3）每个知识团的习题设计层次性各不相同．

综合参考各版本教科书教师用书的教学建议及 9 个版本的平均情况，学生学习加减法的时间应该最多，学习乘除法的时间要稍多于乘方运算，知识团 2 ~ 知识团 4 的习题数应呈现逐渐递减的趋势，且相差不宜太大．9 个版本教科书中有 8 个版本教科书习题设计题量、顺序符合这一规律．其中，浙教版、苏教版、华师大版教科书的比例更科学，北师大版和冀教版教科书中知识团 2 的比例远超其他知识团，而北师大版教科书知识团 4 的习题数又远少于其他知识团．人教版、湘教版教科书中知识团 3 的习题数最多．

通过以上分析可以看出，我国教科书习题设计总体上形成了比较稳定的结构，无背景的数学习题和基本习题占据绝大多数．总体上看，题型比较单一，情境真实性不强，很多有背景的习题也多是个人背景或公共背景，而且传统的、通识性的背景居多．这不仅不能给学生清晰的数学形象，也影响了学生进行生活观察的热情．一些版本中低层次水平的习题过多，而一些高层次的题目又综合性较强，两者之间缺少过渡，这会给学生的学习带来不必要的负担．同时，各版本初中数学教科书习题设计的趋同现象严重，课程改革期望的教材多元化已经演变为教材多本化，各版本教科书习题设计的个性不够鲜明，教科书管理层面缺少科学的评价导向和监管措施．

第二节　初中数学教师对当前
教科书习题认可度的调查

　　2012 年，利用 21 世纪小学数学教材 10 年实验情况评估项目的问卷，我对 143 名初中数学教师进行了对人教版初中数学教科书习题认可度的调查（收到有效问卷 141 份）．从调查对象的年龄上看，21～30 岁的教师有 53 人，占 37.3%；30 岁以上的教师有 88 人，占 62.0%．从教龄上看，5 年以下 31 人，占 21.8%；6～10 年 32 人，占 22.5%；10 年以上有 79 人，占 55.6%．从学历上看，大学本科有 112 人，占 78.9%．从职称上看，中级职称以上的有 129 人，占 90.8%．从获得荣誉的情况看，获得过国家级荣誉的有 12 人，占 8.5%；获得过市级荣誉的有 34 人，占 23.9%；获得过区级荣誉的有 80 人，占 56.3%；没获得过荣誉称号的有 36 人，占 25.4%．所获得的调查数据见表 4-2-1 至表 4-2-6．

　　教科书中习题的容量评价见表 4-2-1．

表 4-2-1

评价		频率 Frequency	Percent	Valid Percent	Cumulative Percent
Valid	很差	4	2.8	2.8	2.8
	较差	16	11.2	11.3	14.2
	一般	27	18.9	19.1	33.3
	较好	56	39.2	39.7	73.0
	很好	38	26.6	27.0	100.0
	Total	141	98.6	100.0	
Missing	System	2	1.4		
Total		143	100.0		

教科书中习题的难度评价见表 4 - 2 - 2.

表 4 - 2 - 2

	评价	Frequency	Percent	Valid Percent	Cumulative Percent
Valid	很差	4	2.8	2.8	2.8
	较差	17	11.9	12.0	14.8
	一般	41	28.7	28.9	43.7
	较好	49	34.3	34.5	78.2
	很好	31	21.7	21.8	100.0
	Total	142	99.3	100.0	
Missing	System	1	0.7		
Total		143	100.0		

教科书中的习题有助于学生掌握教学基础知识的评价见表 4 - 2 - 3.

表 4 - 2 - 3

	评价	Frequency	Percent	Valid Percent	Cumulative Percent
Valid	很差	6	4.2	4.2	4.2
	较差	8	5.6	5.6	9.9
	一般	31	21.7	21.8	31.7
	较好	62	43.4	43.7	75.4
	很好	35	24.5	24.6	100.0
	Total	142	99.3	100.0	
Missing	System	1	0.7		
Total		143	100.0		

教科书中的习题有助于学生掌握数学学习方法的评价见表 4 - 2 - 4.

表 4 - 2 - 4

	评价	Frequency	Percent	Valid Percent	Cumulative Percent
Valid	很差	3	2.1	2.1	2.1
	较差	6	4.2	4.2	6.3
	一般	35	24.5	24.6	31.0
	较好	57	39.9	40.1	71.1
	很好	41	28.7	28.9	100.0
	Total	142	99.3	100.0	
Missing	System	1	0.7		
Total		143	100.0		

教科书中的习题有助于拓展学生的数学思维的评价见表 4 - 2 - 5.

表 4 - 2 - 5

	评价	Frequency	Percent	Valid Percent	Cumulative Percent
Valid	很差	1	0.7	0.7	0.7
	较差	6	4.2	4.2	4.9
	一般	21	14.7	14.8	19.7
	较好	55	38.5	38.7	58.5
	很好	59	41.3	41.5	100.0
	Total	142	99.3	100.0	
Missing	System	1	0.7		
Total		143	100.0		

教科书中的习题设计有层次的评价见表 4 - 2 - 6.

表 4 - 2 - 6

	评价	Frequency	Percent	Valid Percent	Cumulative Percent
Valid	很差	2	1.7	1.7	1.4
	较差	10	7.0	7.0	8.5
	一般	35	24.5	24.6	33.1
	较好	51	35.7	35.9	69.0
	很好	44	30.8	31.0	100.0
	Total	142	99.3	100.0	
Missing	System	1	0.7		
Total		143	100.0		

从数据中可以看出,80.2%的教师认同教材中的习题有助于拓展学生的数学思维,68.3%的教师认同习题有助于学生掌握数学基础知识,66.7%的教师认同习题的容量合适,66.9%的教师认同习题设计有层次,56.3%的教师认同习题的难度合适.通过访谈,教师们还反映,一些课后习题跳跃性比较大,与例题之间的逻辑关系不够突出,很多练习题如果不利用专门的课时进行讲解,学生是理解不了的.这说明当前初中教师对初中数学教科书的习题设计基本认可,但对习题的容量、难度、有利于学生自我反思和提高等方面存在保留意见.

第三节 对当前初中数学教师使用
教科书习题情况的调查

2017 年 10 月，中国教育学会第十届初中青年数学教师优秀课展示活动在桂林举行，全国各省推荐了四名选手参加录像说课展示，这是当下初中数学课堂教学的顶级赛事．选手的教学设计中融入了当地省市区教研员、基层学校优秀教师的集体智慧，其中的作业布置可以体现当前教师对教科书习题的理解和使用情况．为此，本研究分别选取了"数与代数领域"中"有理数的加法"（第一课时）、"图形与几何领域"中"勾股定理"（第一课时）、"统计与概率"领域中"平均数"三个案例，对不同地区选手对同一内容教科书习题使用的不同理解做了比较分析．

一、对"有理数的加法"习题使用情况的调查（表 4 – 3 – 1）

表 4 – 3 – 1

作者	版本	作业内容
浙江省 长兴县 实验中学 吴志权	浙教版	必做题：教科书第 29 页作业题 1—6 题． P29 – 1 小明测得某一天的气温变化情况是：上午 5：00，气温为 – 4℃；中午 12：00，气温比上午 5：00 上升了 12℃；晚上 10：00，气温比中午下降了 14℃． （1）用有理数的加法求中午 12：00 的气温： （____）＋（____）＝____（℃）答：中午 12：00 的气温为____． （2）用有理数的加法求晚上 10：00 的气温： （____）＋（____）＝____（℃）答：晚上 10：00 的气温____． P29 – 2 在数轴上表示下列运算，并求出计算结果． （1）2 ＋3；（2）（ –5）＋（ –2）；

续 表

作者	版本	作业内容
浙江省 长兴县 实验中学 吴志权	浙教版	(3) $(-8)+(+5)$；(4) $(-6)+6$. P29-3 计算： (1) $\left(-\dfrac{7}{5}\right)+1.4$；(2) $0+\left(-\dfrac{1}{7}\right)$； (3) $(-3.2)+(-2.7)$；(4) $(+7.3)+(-3.7)$； (5) $\dfrac{1}{6}+\left(-\dfrac{1}{3}\right)$；(6) $(-1.4)+35.4$. P29-4 根据某小店的账本记录，至上月底结余为 -150 元，本月盈利 2060 元．至本月底该小店结余多少元？ P29-5 飞机在12000m 高空飞行时，机舱外的温度为 $-56℃$，机舱内的温度比机舱外高80℃．问机舱内的温度为多少摄氏度？ P29-6 说出一个可用有理数加法计算的实际问题，要求用一个正数和一个负数的加法来解决，写出算式，并说明结果的实际意义． 选做题：计算 $8+(-5)+(-4)$. 实践题：上网查阅我国古代著作《九章算术》中对有理数的加法法则的描述
石嘴山市 第八中学 张丽	人教版	教科书24页习题1.3第1、8、9题． P24-1 计算： (1) $(-10)+(+6)$；(2) $(+12)+(-4)$； (3) $(-5)+(-7)$；(4) $(+6)+(-9)$； (5) $(-0.9)+(-2.7)$；(6) $\dfrac{2}{5}+\left(-\dfrac{3}{5}\right)$； (7) $\left(-\dfrac{1}{3}\right)+\dfrac{2}{5}$；(8) $\left(-3\dfrac{1}{4}\right)+\left(-1\dfrac{1}{12}\right)$. P26-8 食品店一周中各天的盈亏情况如下（盈余为正）： 132 元、-12.5 元、-10.5 元、127 元、-87 元、236.5 元、98 元． 一周总的盈亏情况如何？ P26-9 有8筐白菜，以每筐25kg 为准，超过的千克数记作正数，不足的千克数记作负数，称后的记录如下： 1.5，-3，2，-0.5，1，-2，-2，-2.5. 这8筐白菜一共多少千克？

续 表

作者	版本	作业内容
贵州省凯里市第五中学欧春龙	人教版	1. 课本 24 页习题 1.3 第 1 题. （同上）8 道计算题 2. 请你用生活实例解释 $(-4)+3=-1$，$(-4)+(-3)=-7$ 的意义. 3. 思考（拓展练习）用"＞"或"＜"填空： （1）如果 $a>0$，$b>0$，那么 $a+b$ _____ 0； （2）如果 $a<0$，$b<0$，那么 $a+b$ _____ 0； （3）如果 $a>0$，$b<0$，$\mid a\mid >\mid b\mid$，那么 $a+b$ _____ 0； （4）如果 $a<0$，$b>0$，$\mid a\mid >\mid b\mid$，那么 $a+b$ _____ 0
乌鲁木齐市第七十四中学吴敏敏	人教版	A 层：计算 （1）$(-10)+(+6)$；（2）$(+12)+(-4)$； （3）$(-5)+(-7)$；（4）$\left(-\dfrac{1}{3}\right)+\dfrac{2}{5}$. B 层：若 $\mid a\mid =3$，$\mid b\mid =2$，求有理数 a 与 b 的和

这四位教师习题使用的共同点是：

（1）设计分层作业，满足不同层次学生的需要.

（2）教师对教科书习题的使用方式差异不大，都是将教科书中的习题看作学生课后作业的主要内容，教师不会轻易放弃教科书习题中的任何一道.

（3）教师不满足教科书中的习题，都根据学生的实际情况和自己对教科书内容的理解，适当增减作业内容. 教师越来越具有开发课程资源的意识.

而他们使用教科书习题的不同点是：

（1）对于同一内容，由于教科书版本不同，学生练习的习题量和侧重点存在较大差异. 少数民族地区学生的作业量较小.

（2）对如何做好承上启下的教学，课后作业的处理方式各不相同.

（3）对于拓展练习习题的理解不尽相同.

二、对"勾股定理"习题使用情况的调查（表4－3－2）

表4－3－2

作者	版本	作业内容
福建省福州第一中学吴威	人教版	1. 整理课堂中所提到的勾股定理的证明方法. 2. 探究：由一个直角三角形的三边生成的其他图形是否也满足一定的关系？尝试画一画！ 3. 上网学习勾股定理的其他证明方法，并模仿其中一种方法证明
天津市耀华中学白丽娜	人教版	1. 整理课堂上所提到的勾股定理的证明方法. 2. 教科书第28页1—3题. P28－1 设直角三角形的两条直角边长分别为 a 和 b，斜边长为 c. （1）已知 $a=12$，$b=5$，求 c；（2）已知 $a=3$，$c=4$，求 b；（3）已知 $b=9$，$c=10$，求 a. P28－2 一木杆在离地面3m处折断，木杆顶端落在离木杆底端4m处，木杆折断之前有多高？ P28－3 如图所示，一个圆锥的高 $AO=2.4$，底面半径 $OB=0.7$. AB 的长是多少？ 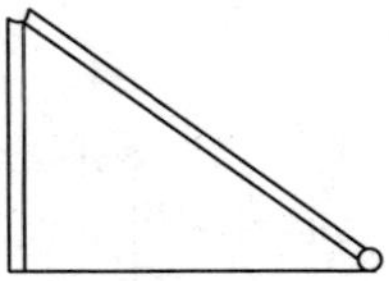 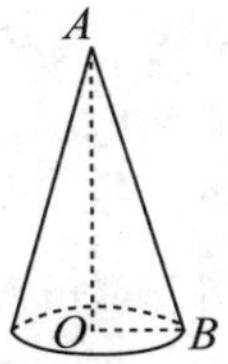 3. 通过上网等方式查找勾股定理的有关史料及其他证明方法
长治县第五中学宋瑶鹏	华师大版	1. 教科书第111页练习第1、2题. P111－1 在 Rt$\triangle ABC$ 中，$AB=c$，$BC=a$，$AC=b$，$\angle C=90°$. （1）已知 $a=6$，$c=10$，求 b；（2）已知 $a=24$，$c=25$，求 b. P111－2 如果一个直角三角形的两条直角边长分别为3cm和4cm，那么这个三角形的周长是多少厘米？（精确到0.1cm） 2. 通过互联网收集定理的多种证法，自主探究定理的证明

以上三位教师布置作业的共同点是：

（1）充分发挥网络的作用，拓展学生的学习路径，注重对学生自学能力的培养.

（2）教师高度重视定理的证明过程，不满足教科书中的习题安排，根据课标的要求，将掌握其他证明方法视为必做内容．

（3）对教科书中"双基"部分的内容比较重视，没有随意增加基础性作业．

而他们布置作业的不同点是：

（1）教师对教科书内容的理解不同，影响了教科书习题的使用．有的教师并没有像教科书习题设计的那样，要求学生应用勾股定理进行计算，而是将学习重点放在了理解定理的证明过程上．

（2）对于同一内容，由于教科书版本不同，要求学生练习的习题量和习题背景水平都存在较大的差异．

三、对"平均数"习题使用情况的调查（表4-3-3）

表4-3-3

作者	版本	作业内容
诸暨海亮外国语学校马丽	人教版	必做题：书本113页练习2. 晨光中学规定学生的学期体育成绩满分为100分，其中早锻炼及体育课外活动占20%，期中考试成绩占30%，期末考试成绩占50%．小桐的三项成绩（百分制）依次是95分、90分、85分．小桐这学期的体育成绩是多少？ 习题卷： 1. 诸暨三都杨梅深受大家喜爱，上市时间为6月1—5日，每天外销变化情况如图所示，那么这5天平均每天的销量是（　　）． A. 30t　　　B. 31t C. 32t　　　D. 33t 2. 某次歌唱比赛中，选手小杰的唱功、音乐常识、舞台表现成绩分别是88分、81分、85分，若这三项按5：3：2的比例计算成绩，则小杰的最后成绩是_____． 3. 学校把学生学科的期中、期末两次成绩分别按40%、60%的比例计入学期学科总成绩．小明期中数学成绩是85分，期末数学成绩是90分，那么他的学期数学成绩是_____．

作者	版本	作业内容
诸暨海亮外国语学校马丽	人教版	4. 为了满足顾客的需求，某商场将 5kg 奶糖、3kg 酥心糖和 2kg 水果糖混合成什锦糖出售．已知奶糖的售价为每千克 40 元，酥心糖为每千克 20 元，水果糖为每千克 15 元，混合后什锦糖的售价应为每千克（　　）． A. 25 元　　　　B. 28. 5 元　　　　C. 29 元　　　　D. 34. 5 元 选做题：习题卷5. 一家公司打算招聘一名部门经理，现对甲、乙两名应聘者笔试、面试、三个月试用业绩这三个方面的表现进行评分，成绩见下表． <table><tr><td>应聘者</td><td>笔试</td><td>面试</td><td>三个月试用业绩</td></tr><tr><td>甲</td><td>90</td><td>83</td><td>95</td></tr><tr><td>乙</td><td>88</td><td>90</td><td>95</td></tr></table> 公司领导经过考虑决定按笔试 20%、面试 30%、三个月试用业绩 50% 的权重计算总平均成绩，分数高者将被录取，你认为谁会被录取呢？为什么？
海南省文昌中学唐云	人教版	课本第 122 页　第 4、5 题；同步、学案做"平均数 1"． P122 – 4 在一次青年歌手演唱比赛中，评分方法采用 10 位评委现场打分的方式，每位选手的最后得分为去掉最低分、最高分后的平均数．已知 10 位评委给某位歌手的打分分别是 9.5 分、9.5 分、9.3 分、9.8 分、9.4 分、8.8 分、9.6 分、9.5 分、9.2 分、9.6 分．求这位歌手的最后得分． P122 – 5 某商场招聘员工一名，现有甲、乙、丙三人竞聘．通过计算机、语言和商品知识三项测试，他们各自的成绩（百分制）见下表． <table><tr><td>应试者</td><td>计算机</td><td>语言</td><td>商品知识</td></tr><tr><td>甲</td><td>70</td><td>50</td><td>80</td></tr><tr><td>乙</td><td>90</td><td>75</td><td>45</td></tr><tr><td>丙</td><td>50</td><td>60</td><td>85</td></tr></table> （1）若商场需要招聘负责将商品拆装上架的人员，对计算机、语言和商品知识分别赋权 2、3、5，计算三名应试者的平均成绩．从成绩看，应该录取谁？ （2）若商场需要招聘电脑收银员，计算机、语言和商品知识分别占 50%、30%、20%，计算三名应试者的平均成绩．从成绩看，应该录取谁？

作者	版本	作业内容
重庆一中 褚华姗	北师 大版	1. 教科书 138 页习题 6.1 的 1、2 题. P138 - 1 某灯泡厂为了测定本厂生产的灯泡的使用寿命（单位：h），从中抽查了 400 只灯泡，测得它们的使用寿命如下： （见下表） 为了计算方便，把使用寿命为 500 ~ 600h 的灯泡的使用寿命均近似地看作 550h，把使用寿命为 1000 ~ 1100h 的灯泡的使用寿命均近似地看作 1050h，这 400 只灯泡的平均使用寿命约是多少？ P138 - 2 八年级（1）班有学生 50 人，八年级（2）班有学生 45 人. 期末数学考试中，（1）班学生的平均分为 81.5 分，（2）班学生的平均分为 83.4 分，这两个班 95 名学生的平均分是多少？ 2. 选做题. 以小组为单位，为"最好电影"的活动设计尽可能多的评分方案
浙江 金华市 浦江县 堂头中学 周媛媛	浙教版	在英语歌曲比赛中，小明同学的歌唱成绩、音乐常识、英语知识的成绩分别为 80 分、85 分、82 分. （1）若各项成绩按 5∶2∶3 确定，请计算小明的成绩. （2）若各项成绩所占百分比分别为 40%、20%、40%，请计算小明的成绩.

（重庆一中表格内嵌表）

使用寿命/h	500 ~ 600	600 ~ 700	700 ~ 800	800 ~ 900	900 ~ 1000	1000 ~ 1100
灯泡数/只	21	79	108	92	76	24

这四位教师布置作业的共同点是：

（1）教师高度重视各版本教科书中的习题设计，将之视为必做内容.

（2）教师不满足教科书中的习题，都根据自己对教科书内容的理解，增减了作业内容.

而他们布置作业的不同点是：

（1）不同版本的教科书习题量存在明显差异.

（2）教辅材料的习题对教科书的习题形成补充.

从三节课例的作业设计情况来看，教师对教科书的习题设计都十分重视，并将其作为作业设计的首选内容和必选内容．而不同版本教科书对同一教学内容的不同理解，又直接影响了教师的教学行为．同时，习题设计分层次的做法得到了教师的一致认可．但在当下，教师并不局限于教科书的习题设计，增减作业的现象普遍存在，对于"双基"层面的作业，"数与代数""图形与几何"领域没有出现教师增加习题的现象，而在"统计与概率"领域，教师对教科书中的习题不够满意，存在大量增加习题数量的现象．利用网络组织学生课前预习、课后整理反思，利用教辅材料增加练习强度等做法已被广大教师较熟练地使用．教师对教学内容的理解层次不同，也使教师设计作业习题的水平存在明显的差异．

　　通过实地调研我们还发现，在实际教学中，与公开课、评优课不同的是，教师在布置课后作业时，除了重点选择教科书中的习题，还将历次考试中相关内容的真题、地方教育部门允许配置的练习册作为主要补充，题量大都是教科书习题的 2 倍以上，难度也远高于教科书习题难度，这也是应试教育背景下教师使用习题的一大特点．

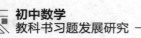

第四节 对学生完成数学教科书习题情况的调查

为了更好地了解学生完成当前教科书习题的情况，我们以 9 个版本教科书中"有理数"一章 6 个知识团的习题为对象，选取了两所学校 18 个班级共 900 名学生进行测试，每个版本都选取两个班级共 100 名学生，教师统一标准后集中评改，并对成绩和答题时间进行了统计．虽然学生的学习基础不同，各版本教科书的习题难度、呈现方式不同，成绩不具有可比性，但对平均成绩过低的试题进行分析，可以发现当前教科书习题设计中一些值得思考的问题．

一、人教版习题总体作答情况

由于两所学校都使用人教版教科书，因此所有学生都试做了人教版的所有试题，具体成绩见表 4 – 4 – 1.

表 4 – 4 – 1

知识团	难度	标准差	区分度	优秀人数	优秀率	良好人数	良好率	及格率
知识团 1	0.83	26.12	0.22	359	33.12	786	72.51	94.93
知识团 2	0.77	21.66	0.30	253	23.53	551	51.26	86.60
知识团 3	0.84	26.65	0.29	517	49.95	767	74.11	92.85
知识团 4	0.71	9.34	0.34	237	22.13	441	41.18	74.32
知识团 5	0.79	8.68	0.29	386	37.33	510	49.32	90.52

从数据上看，人教版知识团 4 的难度比较大．

从学生试做 60 个课后习题的时间来看，平均完成一个习题用时 12.6min，有 50% 的习题学生可以在 10min 以内完成，有 40% 的习题学生可以在 11 ~ 20min 内完成，只有 0.5% 的习题需要学生用 20min 以上、半小时以内的时间．从成绩上看，有 26.7% 的习题平均得分在 90 分以上，有 50% 的习题平均得分为 80 ~ 90 分，有 20% 的习题平均得分为 70 ~ 80 分，只有两道习题平均得分在 70 分以下．

二、过高、过早要求会增加学生的学习难度

学生的数学学习是一个循序渐进的过程，教科书的习题应与这个过程相辅相成，并促进这个过程的不断深化，这与许多习题集、练习册甚至考试试题有明显的区别．教科书习题的难度、广度、呈现方式等应特别注意"度"的把握．

例如，学生在学习完绝对值的概念之后，会求一个有理数的绝对值是基本要求，但对于符号感还不够强的七年级新生而言，对用字母表示绝对值的意义显然还理解得不够深刻．而有的版本的教科书中过早地出现了下面的习题，给学生学习和教师教学带来了一定的难度．

【例1】

如果 $|a| = a$，那么 a 是什么数？如果 $|a| = -a$ 那么 a 是什么数？

【例2】

已知有理数 a，b，c 在数轴上对应的点的位置如图 4-4-1 所示，则 $\dfrac{a}{|a|} - \dfrac{b}{|b|} - \dfrac{c}{|c|}$ 的值为多少？

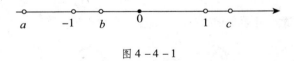

图 4-4-1

以上两题学生实做的难度都低于 0.5．

另外，概念习题的呈现方式也是一个值得注意的问题：用文字语言表述数学概念会增加学生的理解难度，在新知识学习的起始阶段，对于文字叙述的复杂程度要给予控制．例如，判断"有理数的绝对值一定比 0 大"是否正确，请将错误的改正过来．这样的习题数量不宜太多．

对于促进概念理解的习题要把握好"度"，对于巩固计算技能的习题同样如此．课程标准中规定，有理数混合运算的步骤控制在三步以内，而实际上综合运算习题的数量还是比较多的．例如，计算：

(1) $\left[\dfrac{5}{4}-\left(-\dfrac{7}{8}\right)\right]\times(-7)\div(-2)$;

(2) $\left[\left(\dfrac{2}{3}-\dfrac{1}{2}\right)\div\dfrac{1}{30}\right]\times\left(-\dfrac{1}{5}\right)$;

(3) $\left[-\dfrac{1}{3}\times\left(-\dfrac{1}{2}\right)+\left(-\dfrac{1}{9}\div\dfrac{2}{3}\right)\right]\div(-2)^{3}$.

由于习题中涉及的运算比较多，对于七年级的学生来说，确实要求过高．为了达到教科书的要求，教师还会提高练习的难度，形成恶性循环．此外，对于简算的知识要求同样不宜过高，否则接下来的各种变式训练势必会给学生带来负担.

三、教科书习题中新型题的引入不宜过多

新修订的各版本教科书习题都十分注重题型的更新和变化，这一方面改变了传统教科书习题呆板的形象，但另一方面过多、过难的变化又给教科书习题的经典性带来了挑战．例如，某一版本的教科书在单元复习的最后接连出现下面的习题：

1. 如图 4 - 4 - 2 所示，有 3 个正方形，每个正方形的顶点处都有一个"○"．请将 -12，-10，-8，-6，-4，-2，1，3，5，7，9，11 这 12 个数填入恰当的位置，使每个正方形的 4 个顶点处"○"中的数的和都是 -2．如果将这 12 个数改为 -11，-9，-7，-5，-3，-1，2，4，6，8，10，12，还能满足要求吗？请与同学交流.

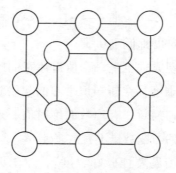

图 4 - 4 - 2

2. 在钟面上的 12 个数前面（图 4 - 4 - 3）恰当地添上正号或负号，使它们的和为 0. 你能做到吗？请与同学交流.

图 4 - 4 - 3

3. 桌子上有 3 只杯口朝上的茶杯，每次翻转 2 只，能否经过若干次翻转使这 3 只杯子的杯口全部朝下？ 7 只杯口朝上的茶杯，每次翻转 3 只，能否经过若干次翻转使这 7 只杯子的杯口全部朝下？如果用"＋1""－1"分别表示杯口"朝上""朝下"，你能用有理数的运算说明理由吗？

这些习题都是面对少数学生的益智类习题，大多数学生都接受不了，因此不太适合出现在初中数学教科书中．片面地求新求异会影响教科书的使用效果．

还有一些游戏类习题，由于具有较大的开放性，不宜操作，放在教科书中也需要商榷．例如，将 3，4，－6，10 进行加、减、乘、除四则运算（每个数字必须用且只能用一次），使其结果等于 24（只要求写出一个算式）．这样的习题如何呈现，需要进一步讨论．

四、习题背景过于陈旧，要求不清的习题还存在

尽管经过几次教材修订删除了大量繁杂、人为编造的习题，但教科书中仍然存在一些烦琐的习题和不受学生欢迎的习题，需要进一步更新．

【例 3】

一棵生长了 20 年的大树，仅能制成 5000 ~ 8000 双一次性筷子．如果每人每天用一双一次性筷子，调查你所在地区的人口数，估算一下一年我们要为此砍多少棵这样的大树（用科学计数法表示）．如果是一个 1000 万人口的城市呢？

此题无论从环保理念还是从生活实际看，都表现出人为编造的特点，激发不了学生的学习兴趣，甚至给学生带来负面影响．

【例 4】

从一批乒乓球中挑选 6 个球，编号后进行称重检查，结果见表 4 - 4 - 2

（超过标准质量的克数记为正数，不足的克数记为负数，单位：g）.

表 4 - 4 - 2

编号	1	2	3	4	5	6
检查结果	+0.02	-0.03	-0.05	+0.04	-0.01	+0.06

如果让你来挑选最接近标准质量的球，你将选择几号球?

【例 5】

小华家买了一辆轿车，他连续 10 天记录了他家轿车每天行驶的路程，以 30km 为标准，超过或不足分别用正数和负数表示，得到的数据分别如下（单位：km）：

+3， +1， -2， +9， -8， +2.5， -4， +5， -3， +2

（1）请你运用所学知识估计小华家轿车一个月（按 30 天计算）行驶的路程；

（2）若已知该轿车每行驶 100km 消耗汽油 7L，且汽油的价格为每升 7.26 元，试根据（1）题估计小华家一年（按 12 个月算）的汽油费用.

以上两题的习题背景也都过于陈旧，缺少问题解决的挑战性和新颖性，与学生的生活实际偏离较远．类似这样背景的习题在教科书中还大量存在，改变习题情境的任务还十分艰巨.

对于教科书的习题，科学性、经典性应是前提，但一些要求含糊、让学生不易理解的习题还存在，这在某种程度上降低了教科书的权威性.

【例 6】

死海——世界著名盐湖，它含有许多氯化物，据估计它的氯化物储量约为 420 亿吨，请将 420 亿吨换成以吨为单位后再用科学计数法表示出来.

【例 7】

（1）请测量一下你校体育课上所用篮球的圆周长，精确到 0.1cm，并用计算器算出此篮球的直径（π 取 3.14），精确到 1cm.

（2）根据规定，青少年比赛专用篮球的周长为 69—71cm，你所测篮球的圆周长是否符合这一标准?

学生理解和操作以上两题时，也表现出一定的迷茫，这两道题不具有很好的操作性.

总体而言，各版本"有理数"一章的习题能满足学生的学习需求，但也都存在许多需要完善的地方，特别是习题背景过于陈旧的现象比较突出，一些习题的典型性还有待商榷，急于标新立异的改革也时有出现.

第五节 中考试题与数学教科书 习题关联情况的调查

传统的考试评价与教科书之间存在着密切的关系，很多教师要求学生将教科书中的内容背得滚瓜烂熟，因为考试题目绝大多数出自教科书．随着课程改革的深入进行，教科书习题的内容、呈现方式等与考试试题的相关性越来越模糊．中考是对初中毕业升学考试的简称，是常模参照考试（选拔性考试），即以常模作为参照系进行解释的考试，它将初中毕业生每个人的分数与其他所有初中毕业生比较，注重评价其处于什么位置．实际上，中考集水平性考试、选拔性考试的功能于一身，以政府和教育行政部门为主体，在评价标准上执行"大一统"的评价标准．所以，命什么样的题，既关系到什么水平的人能通过考试，也关系到引导初中学生学什么，怎样学．中考命题中的基本题与教科书的习题有着千丝万缕的联系，以教科书的习题原型去设计中考习题的方法也是基本的命题方法．例如，辽宁省大连市使用的是人教版初中数学教科书，在九年级上册第 144 页，有这样一道题：

表 4－5－1 记录了一名球员在罚球线上投篮的结果：

表 4－5－1

投篮次数 n	50	100	150	200	250	300	500
投中次数 m	28	60	78	104	123	152	251
投中频率 m/n							

（1）计算表中的投中频率（精确到 0.01）；

（2）这名球员投篮一次，投中的概率约是多少（精确到 0.1）？

而 2012 年大连中考第 13 题是：

表 4－5－2 记录了一名球员在罚球线上投篮的结果．那么，这名球员投篮一次，投中的概率约是_____（精确到 0.1）．

表 4 – 5 – 2

投篮次数 n	50	100	150	200	250	300	500
投中次数 m	28	60	78	104	123	152	251
投中频率 m/n	0.56	0.60	0.52	0.52	0.49	0.51	0.50

可以说，这道题就是教科书中的原题，相似度是 100%.

再如，浙江省绍兴市使用的是浙教版教科书，2017 年绍兴市中考的第 23 题如下：

如图 4 – 5 – 1 所示，已知 $\triangle ABC$，$AB = AC$，D 为直线 BC 上一点，E 为直线 AC 上一点，$AD = AE$，设 $\angle BAD = \alpha$，$\angle CDE = \beta$.

（1）如图 4 – 5 – 1 所示，点 D 在线段 BC 上，点 E 在线段 AC 上.

①如果 $\angle ABC = 60°$，$\angle ADE = 70°$，那么 $\alpha =$ ＿＿＿＿＿°，$\beta =$ ＿＿＿＿＿°.②求 α，β 之间的关系式.

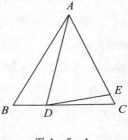

图 4 – 5 – 1

（2）是否存在不同于以上②中的 α，β 之间的关系式？若存在，请求出这个关系式（求出一个即可）；若不存在，说明理由.

本题总分值 12 分，属于较难题目，有比较高的区分度. 这道题是根据浙教版教科书配套作业中的两道习题改编而成的，原题如下：

习题 1：如图 4 – 5 – 2 所示，在等腰三角形 ABC 中，$AB = AC$，等边三角形 ADE 的顶点 D、E 分别落在 BC、AC 上，若 $AD = BD$，求 $\angle EDC$ 的度数.

习题 2：如图 4 – 5 – 3 所示，在 $\triangle ABC$ 中，$AB = AC$，AD 为 BC 边上的中线，$AD = AE$，$\angle BAD = 60°$，试求 $\angle EDC$ 的度数.

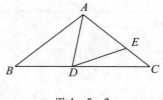

图 4 – 5 – 2

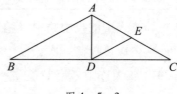

图 4 – 5 – 3

2017 年绍义市中考第 23 题的第（1）问用到的知识点与教材中习题完全一样，只是改变了问题的呈现方式，寻找的是两个角的数量关系．第（2）问必须在画出图形的基础上才能讨论，讨论过程中用到的方法基本没变．而本题 12 分，按照第（1）问 6 分，第（2）问 6 分计算，第（1）问完全相似，而第（2）问必须先画出图形，后面计算部分与教材习题类似．如果认为第（2）问与教材原题的相似度为 50%，那么整个试题与教材原题的相似度就为 9/12 = 75%．可以看出，这样的命题理念会引导师生高度重视教科书，实现课程标准要求的基本目标．

当然，除了试题的改编原型来自教科书，在试题内容、呈现方式、难度设计等很多方面，教科书的习题对中考试题都有指导作用．为了解我国各地中考试题的基本特点，现选择北京、上海、重庆、杭州、大连五个经济发达地区的 2012—2015 年的中考数学试卷，对"统计与概率"部分的试题和能体现区分度的最后三道题进行比较分析．

一、对"统计与概率"部分试题的分析

"统计与概率"的学习内容是 2002 年课程改革新增加的，"统计"部分的主要内容有收集、整理数据，描述、处理数据，从数据中提取信息并进行简单的推断等；"概率"部分的内容有简单随机事件及其发生概率的分析和判断．统计与概率的核心是数据分析观念，包括分析数据中蕴含的信息，根据问题的背景选择合适的统计和分析方法，通过数据分析体验随机性，这是统计与概率比较独特的思维方法．

五个城市中考数学试卷"统计与概率"部分的试题都是以填空题、选择题、简单解答题的形式出现的，总分值 256 分，约占总试卷分值的 12.4%．各部分的题数、分值如下（表 4 - 5 - 3）：

表 4 - 5 - 3

课标中列出的知识点	题数	分值（分）	比例（%）
理解平均数的意义，能计算加权平均数、众数、中位数，了解它们是数据集中趋势的描述	13	50	19.5
能用统计图直观、有效地描述数据，体会样本与总体的关系	13	94	36.7

续 表

课标中列出的知识点	题数	分值（分）	比例（%）
体会刻画数据离散程度的意义，会计算简单数据的方差	4	15	5.9
体会抽样的必要性，通过实例了解简单随机抽样	1	4	1.6
经历收集、整理、描述和分析数据的活动，了解数据处理的过程，能用计算器处理较复杂的数据	0	0	0
能通过表格、树状图等方法列出简单随机事件所有可能发生的结果，以及指定事件所有可能发生的结果，了解事件发生的概率	16	49	19.1
知道通过大量的重复试验，可以用频率来估计概率	2	6	2.3

在"统计"试题中，各部分内容的分值分配并不均衡，统计过程等知识没能设计出试题．在"概率"试题中，以摸球、抽取卡片、转盘等教材中出现过的形式为背景的试题有 10 道，总计 39 分，而以数学知识为背景在教科书中并没有出现的试题有 6 道，总计 40 分．可见，五个城市中考概率试题与教科书中概率习题的相似度为 50%．

我们知道，统计学与数学在立论基础、推理方法、判断原则等很多方面是不一样的．数学是建立在概念和符号的基础上的，而统计学是建立在数据的基础上的．数学的推理依赖的是公理和假设，推理过程在本质上是演绎法；而统计学推断依赖的是数据和数据产生的背景，推理过程的本质是归纳法．数学对结果的判断标准是"对错"，而统计学对结果的判断标准是"好坏"．可是中考试卷中的很多统计题都忽略了这其中的差别，都是按演绎思维的要求来考查学生的数据分析能力的，这主要是受科学制定评分标准、单位时间内完成试题等考试客观条件的影响．但是如果教科书中的习题设计方式长期被考试所忽略，势必对教学产生不良的影响．

习题设计对于随机思想的认识也存在很大偏差．在信息时代的今天，随机事件充斥在人类活动的各个领域，如人们的活动（包括上大学、找工作、生儿育女）、社会的发展（包括 GDP 的增长、物价指数的变化、证券期货）、现代科学研究（包括流行病的传播、遗传基因的表达、GPS 定位系统、物理学中的不确定性原理、化学中的分子行为、语言学中的词语分类、计算科学中的图形识别、军事科学中的反导弹系统、航天科学中的卫星回收）等，数不胜数，可中考中有关随机事件的试题，其背景却极为有限，甚至远远少于教科书中习题的背景类型．特别是很多题目不是以生活中的随机事件为背景的，而是以数学知识为背景的，这样的背景类型在教科书中并不存在，却在一些城市的中考试题中连续被采用．

二、对五城市试卷后三题的统计与分析（表4-5-4）

表4-5-4

年份	23题（7分）	24题（7分）	25题（8分）
2012年	试题给出了一个含字母系数的二次函数解析式，学生要从函数值相等入手，综合利用一次函数、一元二次方程、自变量取值范围以及二次函数图像、图像平移等知识解决问题，要求考生熟练掌握待定系数法，综合运用数形结合思想、分类讨论思想等数学思想方法	试题以等腰三角形为基本图形，综合考查了中垂线、等腰三角形、直角三角形、菱形、圆等图形的性质以及轴对称、旋转、中心对称等图形变换的性质，要求学生具有较强的推理能力和转化思想	试题以平面直角坐标系为载体，围绕新定义"非常距离"，综合考查了学生的阅读理解能力、分析能力和综合实践应用能力．在（2）中，考查了简单的相似三角形这一知识点
2013年	试题的已知条件依然是带有字母系数的二次函数解析式，通过求与坐标轴的交点坐标建立方程，进而综合利用待定系数法、二次函数性质、图形对称性质、数形结合思想等知识解决问题	试题从最一般的等腰三角形入手，以图形旋转为变化方式，在探究特殊的等边三角形变化的过程中，发现一般情况的规律．本题同样要求学生具有较强的推理能力，能很好地理解图像变换的性质	试题属于自定义类的创新题，与2012年相比，阅读量大幅下降，运算量也不大，但理解的难度还是较大的，在解决问题的过程中要综合运用一次函数、直线和圆的位置关系、特殊直角三角形等知识

续 表

年份	23 题（7 分）	24 题（7 分）	25 题（8 分）
2014 年	试题要求学生运用待定系数法，将已知点的坐标代入函数解析式求出 m、n 的值，得到抛物线的表达式，进而求出其对称轴；对于（2），先画出（1）中得到的抛物线图像，根据条件限制确定图像 G，根据直线 BC 确定 t 的取值范围的上限，根据点 C 和抛物线顶点坐标确定 t 的取值范围的下限	试题从最简单的正方形入手，综合考查了轴对称图形的性质、等腰三角形的性质与判定、正方形的性质以及勾股定理等知识，对学生的推理能力、几何直观要求较高	试题以反比例函数、一次函数和二次函数为素材，以新定义的形式考查了学生的阅读、理解以及应用能力，同时还考查了数形结合思想和分类讨论思想

通过比较不难发现，北京中考数学后三道试题三年以来表现出很强的稳定性，试题的分值、呈现方式、考查的知识点等方面都没有明显的起伏．其中第 25 题的题型是教科书中没有的．这一方面说明命题人员摸索出了比较适合北京地区教育实际情况的、被广大师生所认可的试题模式，另一方面也代表着当地引领者对课程目标水平的理解、把握程度．与北京类似，比较其他四个城市近三年中考试卷的后三道题，都可以发现这三道题的题型结构、内容素材、呈现方式等高度相似．同一个课标、不同的教材、不同的地区，在评价检测时的运行机制可以说基本相同．这样做最大的优点就是可以保持考试中试题的稳定性，大家都在这样一个比较认可的潜规则状态下前行．而带来的问题就是试题难度年年水涨船高，一个地区的考生只适应自己地区的考试导向，在其他地区的考卷面前，可能就会一筹莫展，这就让人们对一张试卷能否检验学生是否达到课标要求产生了怀疑．在关注同一地区试卷三年变化的同时，我们也来对比一下同一内容不同地区之间的标准要求是否存在较大的差异（表 4 - 5 - 5）．

表 4 - 5 - 5

年份	大连第 25 题	重庆第 24 题
2012 年	如图甲所示，梯形 $ABCD$ 中，$AD /\!/ BC$，$\angle ABC$ $= 2\angle BCD = 2\alpha$，点 E 在 AD 上，点 F 在 DC 上，且 $\angle BEF = \angle A$. (1) $\angle BEF =$ _____（用含 α 的代数式表示）； (2) 当 $AB = AD$ 时，猜想线段 EB、EF 的数量关系，并证明你的猜想； (3) 当 $AB \neq AD$ 时，将"点 E 在 AD 上"改为"点 E 在 AD 的延长线上，且 $AE > AB$，$AB = mDE$，$AD = nDE$"，其他条件不变（图乙），求 $EB : EF$ 的值（用含 m、n 的代数式表示）. 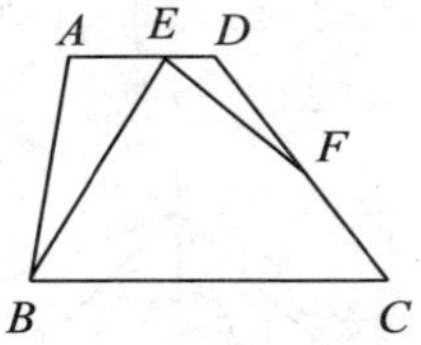 甲 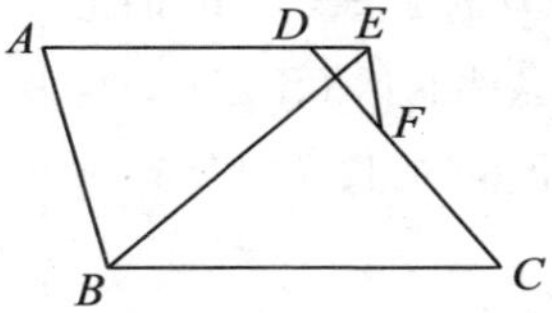　　　　　乙	已知：如下图所示，在菱形 $ABCD$ 中，F 为边 BC 的中点，DF 与对角线 AC 交于点 M，过 M 作 $ME \perp CD$ 于点 E，$\angle 1 = \angle 2$. (1) 若 $CE = 1$，求 BC 的长； (2) 求证：$AM = DF + ME$. 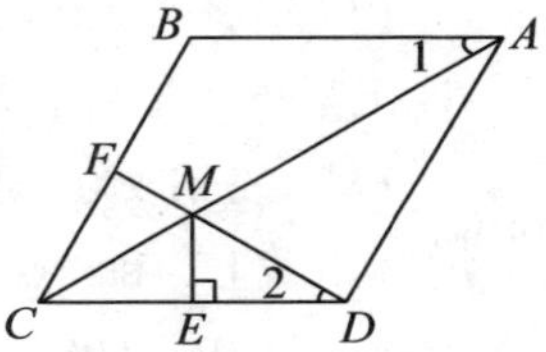
2013 年	将 $\triangle ABC$ 绕点 B 逆时针旋转 α 得到 $\triangle DBE$，DE 的延长线与 AC 相交于点 F，连接 DA、BF. (1) 如图甲所示，若 $\angle ABC = \alpha = 60°$，$BF = AF$. ①求证：$DA /\!/ BC$；②猜想线段 DF、AF 的数量关系，并证明你的猜想； (2) 如图乙所示，若 $\angle ABC < \alpha$，$BF = mAF$（m 为常数），求 $DF : AF$ 的值（用含 m、α 的式子表示）. 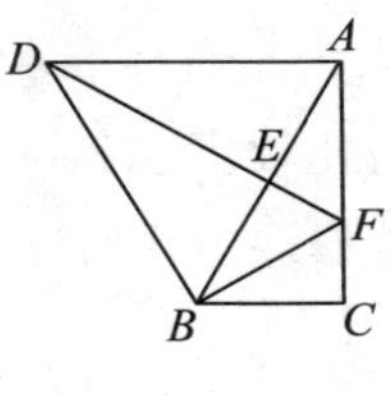 甲 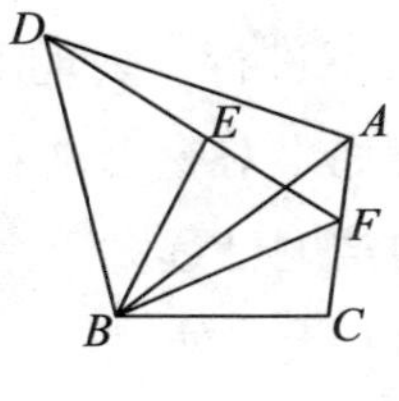　　　　　乙	如下图所示，在矩形 $ABCD$ 中，E、F 分别是 AB、CD 上的点，$AE = CF$，连接 EF、BF，EF 与对角线 AC 交于点 O，且 $BE = BF$，$\angle BEF = 2\angle BAC$. (1) 求证：$OE = OF$； (2) 若 $BC = 2\sqrt{3}$，求 AB 的长. 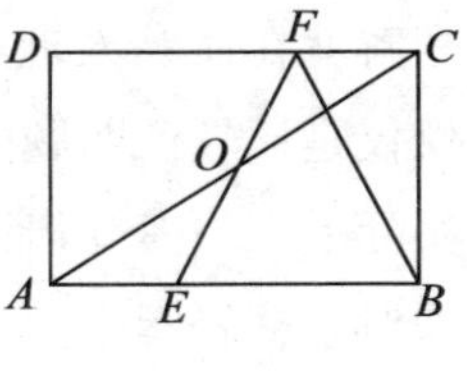

年份	大连第25题	重庆第24题
2014年	如图甲所示，△ABC 中，AB = AC，点 D 在 BA 的延长线上，点 E 在 BC 上，DE = DC，点 F 是 DE 与 AC 的交点，且 DF = FE． （1）图甲中是否存在与 ∠BDE 相等的角？若存在，请找出，并加以证明；若不存在，说明理由； （2）求证 BE = EC； （3）若将"点 D 在 BA 的延长线上，点 E 在 BC 上"和"点 F 是 DE 与 AC 的交点，且 DF = FE"，分别改为"点 D 在 AB 上，点 E 在 CB 的延长线上"和"点 F 是 ED 的延长线与 AC 的交点，且 DF = kFE"，其他条件不变（图乙）．当 AB = 1，∠ABC = α 时，求 BE 的长（用含 k、α 的式子表示）． 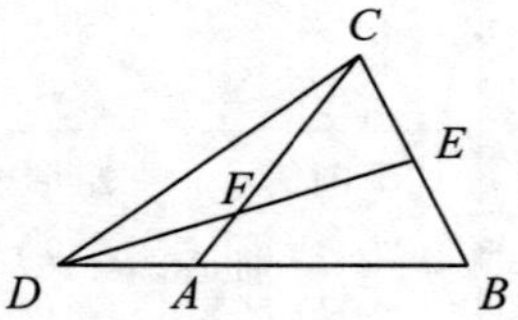	如下图所示，△ABC 中，∠BAC = 90°，AB = AC，AD⊥BC，垂足是 D，AE 平分 ∠BAD，交 BC 于点 E．在 △ABC 外有一点 F，使 FA⊥AE，FC⊥BC． （1）求证：BE = CF． （2）在 AB 上取一点 M，使 BM = 2DE，连接 MC，交 AD 于点 N，连接 ME． 求证：① ME⊥BC； ② DE = DN． 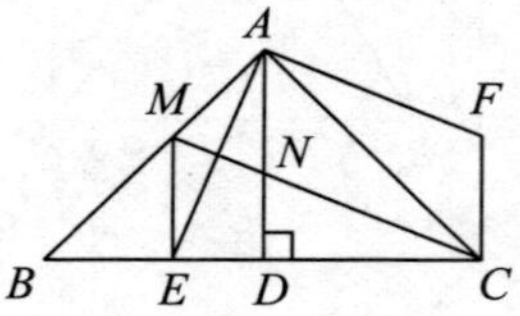

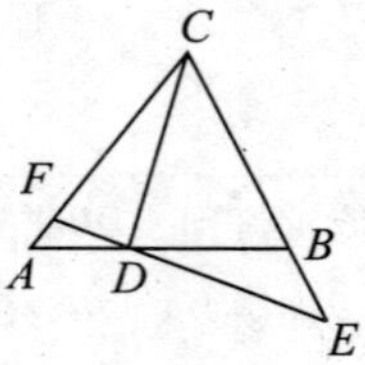

几何证明题在中考试卷中占有重要的地位，我们从图表的纵向比较中可以发现，两地的证明题在分值、呈现方式、考查知识点等方面都形成了各自的特色，表现出稳步发展的态势．但通过横向比较，又可以很明显地发现，两地对课程标准的理解存在较大的差异，只是这种理解一旦建立，当地师生对课程标准的理解就在命题人理解的框架下进行，表现出了人为左右标准水平的现象．这不仅仅是比较证明题的结论，如果对整个试卷进行比较，这个问题也十分明显．实际上，中考几何证明题的难度已远大于高中选修课中几何证明选讲的难度，这对于减轻学生的学习负担并无好处．

表 4 – 5 – 6 是 2014 年五个城市对数学试卷的要求和试卷结构，差异十分明显．

表 4 - 5 - 6

城市	分值	考试时间	题数	选择题数及分值	填空题数及分值	解答题数及分值
上海	150 分	100 分钟	25	6 题 24 分	12 题 48 分	7 题 78 分
杭州	120 分	100 分钟	23	10 题 30 分	6 题 24 分	7 题 66 分
北京	120 分	120 分钟	25	8 题 32 分	4 题 16 分	13 题 72 分
重庆	150 分	120 分钟	26	12 题 36 分	6 题 24 分	8 题 90 分
大连	150 分	120 分钟	26	8 题 24 分	8 题 24 分	10 题 102 分

　　我国是世界上第一考试大国，有着悠久的考试文化，2000 多年前汉武帝时期就有了文学贤良考试，1400 多年前隋代开始开科取士，科举教育的观念对中国教育影响深远．而从中国传统文化的层面上看，诸如苦读加考试的社会环境、熟能生巧的教育古训、长于计算的传统习惯等，都对中国数学教育产生了深刻的影响．如果在中考考试中，考试试题简单地参照教科书的习题，就会达不到考试的选拔目的，给上一级学校的录取带来难度；但如果抛弃教科书的习题，另辟蹊径，教师在日常的教学中就会抛弃教科书，教师就在这样的彼此矛盾中纠结．

　　从以上的比较中可以看出，各地中考数学的试题难度要比教科书的习题难度更高，特别是综合题的难度更高，内容也更加宽泛．中考综合题往往是问题之间环环相扣，各年度的试题在呈现方式、综合程度等方面不断发展．而教科书的习题由于受各种条件的限制，各版本之间的变化并不明显．另外，中考试题不可能像日常教学使用的习题那样目标单一，形式灵活、多变，内容面面俱到，而是在核心内容、重点内容上下足功夫．如果日常教学只是简单地应试，那些不易在考试中通过试题进行考查的内容就容易被忽视，学生发现问题、提出问题的环节就会被压缩，学校的教育功能就会被弱化，最终降低了学生的培养标准．

第五章　我国初中数学教科书习题的演变

　　我国初中数学教科书习题的现状与中学数学教科书的百年发展历程密不可分.我国初中数学教科书的编写曾先后借鉴过英国、日本、德国、美国、苏联等许多国家的经验，历经从编译、改编他国教材到独立编写统编教材，再到教材多样化的不断探索的过程，形成了"从问题出发，在解决问题的过程中形成概念和方法，建立一般性原理，形成理论体系"的基本思路.艰巨的任务、如此短暂的发展史和坎坷的发展历程，注定了教科书习题设计不能一蹴而就，而是一个不断发展完善的过程.分析改革开放以来教科书习题设计的发展演变过程，可以对其现状与未来发展有一个更清晰的认识.

第一节 课程标准（教学大纲）
对教科书习题的影响

国家课程标准（教学大纲）对教科书的习题设计有着十分重要的指导作用．不同时期的课程标准对习题设计的要求不尽相同，这是各时期教科书习题设计存在差异的主要原因．从 1949 年中华人民共和国成立至 2012 年，我国先后进行了 8 次教育改革，教育部前后共制定和修订了 18 个中学数学课程标准（教学大纲），这些数学课程标准（教学大纲）反映了国家不同历史时期的政治、经济和文化背景，因此各时期教科书习题具有各自不同的特点（表 5 - 1 - 1）．

表 5 - 1 - 1

文本	与习题设计相关的要求
1952 年教学大纲	在教学中应充分注意理论与实际的联系，首先是做好练习，其次是应用数学知识去解决实际问题，要照顾到学生的年龄特点，进行系统的复习
1963 年教学大纲	加强练习，培养学生正确而迅速的计算能力、逻辑推理能力，要适当联系实际
1978 年教学大纲	提高练习质量，注意复习巩固
1986 年教学大纲	练习是数学教学的有机组成部分，对于学生掌握基础知识和基本技能、培养能力是必不可少的，注意复习巩固
1988 年教学义教大纲	理论联系实际，正确组织练习
2001 年版课程标准（实验稿）	练习的安排等要尽可能让所有学生都能主动参与；书面考试要按照标准要求，避免出现偏题、怪题和死记硬背的题目
2011 年版课程标准	基本技能的形成需要一定量的训练，但要适度，不能依赖机械地重复操作，要注重训练的实效性

从表 5 - 1 - 1 中可以看出，解题训练一直被我国数学教学所重视，并将其看作掌握数学知识、发展"三大能力"的必由之路．我国教科书的习题设计也一直体现着各时期课程标准的要求，以 1965 年、1993 年、2002 年和 2012 年出版的四套教科书最具代表性．1965 年出版的第一套十二年制数学教科书加强了基础知识和基本训练，内容充实，理论严谨，编排科学，例题、习题充足，被许多教师反映是中华人民共和国成立以来编写的几套课本中最好的一套．但这套课本的主要缺点是在加强基本训练的同时，带进了一些烦琐、次要和无用的内容，如代数中的一些过于复杂的恒等变形、平面几何中较复杂的三角形的尺规作图等；有些例题和习题过多或繁难无用，如代数中"列出一元一次方程组解应用题"，举了 14 个例题，"有理数"一章安排了 691 个习题．根据《九年义务教育全日制初级中学数学教学大纲（初审稿）》编写的于 1992 年出版的初中数学教科书，从 1990 年秋季起在实验区进行实验，从 1993 年起在全国初中施行，对改革开放后初中数学教科书的发展做了总结．这期间，考试对课程实施的影响越来越大，考试试题与教科书习题之间的关系也越来越紧密，教科书习题成为考试试题的主要问题源．而从数学课程发展的不同阶段看，数学课程受考试的左右时就不能按照原来的设计实施．

2001 年，国家颁布了《基础教育课程改革纲要（试行）》，明确提出了教材要多样化，"实行国家基本要求指导下的教材多样化政策，鼓励有关机构、出版部门等依据国家课程标准组织编写中小学教材"．这一政策的实施促进了我国中小学教材市场的繁荣发展，北师大版、浙教版等一些不同于人教版编写特点的教科书纷纷走向市场．这些版本教科书的习题有的互相借鉴，也有的另辟蹊径，一些开放式习题、合作式习题、动手实践类习题的出现也给人们带来了思考．但也确实出现了一些问题，如重复编写同一水平、同一层次教材的现象，教材选用不规范的问题，教材价格过高的问题，等等．

2011 年版的课程标准较以往教学大纲对教科书的习题设计有了更明确的要求，《义务教育数学课程标准（2011 年版）解读》中指出，配置习题时应考虑其与相应内容之间的协调性：一方面要保证配备必要的习题，帮助学生巩固、理解所学的知识内容；另一方面又要避免配置的习题所涉及的知识超出相应的内容要求．同时指出，在习题部分介绍相关课程的弹性内容是常用的处理手法，可以将习题分为必做题、选做题，选做题仅供有进一步学习需求的学生使用．但这样处理也有明显的局限性，即相应的内容难以提供更多的介绍性信息或提示．《义务教育数学课程标准（2011 年版）解读》在"课程资源开发与利用"中指出，练习册等辅导材料的主要功能是帮助学生熟悉课程内容的基础知识和基本技能，适用对象是全体学生，要与教材相配，可以将习题的功能进行分类．

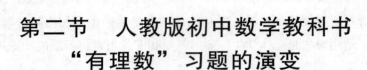

第二节　人教版初中数学教科书
"有理数"习题的演变

　　人民教育出版社是中华人民共和国成立后我国教科书编写的"航空母舰"，人教版教科书是很多学者研究我国教科书的选择对象，如吴立宝等人的《初中数学教科书习题国际比较研究》、徐玉庆等人的《初中数学教材习题综合难度的国际比较研究》、李海东的《初中数学课标教材使用情况调查与研究》等．这些研究在横向比较了人教版与其他国家的教科书之后，给出了一些修订建议，如需适当增加习题数量，特别是增加高认知水平的习题数量；增加实物图片并设计符合学生认知规律的学习方式；增设自主举例的习题，包括正例和反例，设计开放性题目，增加开放类问题的比例，让精通教材编写的人员编写高质量的习题，确保习题册等辅助资源的质量．但这些研究并未分析教科书习题设计现状产生的原因．

一、研究内容及问题

1. 教材的选取

　　人民教育出版社出版了多套数学教科书，近 30 年来以下四套最具代表性：1989 年出版的初级中学课本《代数》第一至四册，其前身是全日制十年制学校初中课本（试用本）《数学》中的代数分册，代表了改革开放初期我国初中数学教科书发展的状况．1992 年出版的九年义务教育三年制初级中学教科书《代数》第一至三册，经过了全国二十几个省份的数十万学生的试用，由国家教委中小学教材审定委员会审查通过，是我国实行九年义务教育后的第一版初中数学教科书．2004 年出版的《数学》，以《全日制义务教育数学课程标准（实验稿）》为依据，于 2003 年经全国中小学教材审定委员会审定通过后出版，是人民教育出版社根据课程标准编写的第一套初中数学教科书．而 2012 年版教科书是以《义务教育数学课程标准（2011 年版）》为依据，于 2012 年经教育部审定通过后出版发行的，在全国范围内占据主导地位.

2. 内容的选取

内容的选取同表 5 – 1 – 1 的说明，所研究的具体习题见表 5 – 2 – 1.

表 5 – 2 – 1

版本	1989 版	1992 版	2004 版	2012 年版
在教科书中的位置	P12 ~ 16 习题一等 6 个习题 P65 复习参考题	P50 ~ 51 习题 2.1 等 12 个习题 P133 复习参考题	P7 习题 1.1 等 5 个习题 P64 ~ 65 复习参考题	P5 习题 1.1 等 5 个习题 P51 ~ 52 复习参考题

3. 研究的问题

2012 年版初中数学教科书习题设计形成的原因，即对各版本教科书的习题从整体设计、习题数量、呈现方式、情境类型、知识要求水平、与例题的联系、解题策略、与上版教科书习题的重复情况等方面的变化进行分析. 具体内容见表 5 – 2 – 2.

表 5 – 2 – 2

研究要素	具体研究内容
结构设计	习题设计的位置与数量
情境类型	分无背景、个人生活背景、社会生活背景、科学背景四种
呈现方式	填空题、选择题、判断题、计算题、解答题、开放题等题型的运用情况，插图的运用情况
知识水平要求	分概念理解、执行常规程序、执行复杂程序、问题解决四个层级
与例题的联系	分模仿、变式、综合应用、开放拓展四种
解题策略	是个人还是小组合作，是推理计算还是调查实验
重复情况	与上一版本习题重复的数量及比例

二、结果分析

1. 习题结构设计呈二元相争之势

1989 年版教科书共安排了 6 个习题和 1 个复习参考题，分别安排在有理数及其概念、有理数的加法等小节的学习结束以及全章的小结之后．习题排列不分栏目，按学习内容的先后顺序编排题号．在每章的最后设有复习参考题，其中少量带有"＊"的题供学有余力的学生使用．

同样的学习内容，1992 年版教科书共安排了 12 个习题和 1 个复习参考题，在每一小节的学习之后，如有理数的概念之后、数轴之后、相反数之后等都安排了一个习题，每个习题又分为 A 组题和 B 组题，A 组题属于基本要求范围内的，B 组题带有一定的灵活性，供学有余力的学生选用．复习题是在全章的"小结和复习"之后，综合程度较高．每章最后还配有一套"自我测验题"，并附有部分习题的答案，用于学生自己检查学完一章后能否达到基本要求．

2004 年版教科书同 1989 年版类似，安排了 5 个习题和 1 个复习题．与 1989 年版、1982 年版不同的是，2004 年版每个习题分为"复习巩固""综合运用""拓广探索"三个不同的层次．2012 年版教科书的习题设置与 2004 年版基本相同，只是增删了小部分题目．

从整体设计结构上看，经过 1989 年版和 1992 年版教科书十几年的实践，2004 年版和 2012 年版教科书习题从两个层次调整为三个层次，并逐步稳定下来．习题位置的选择和 1989 年版类似，是在一个知识团的学习结束之后才安排一个习题，而不是像 1992 年版那样，在每一小节学习后安排一个习题．反而是北师大版、华师大版、浙教版、青岛版、冀教版等 2012 年新修订的其他版本初中数学教科书采用的是与 1992 年版类似的编排方式，即在每一小节的学习之后都安排一个习题，这样更便于教师、学生有针对性地使用．两种安排相比较各有千秋，安排在知识团学习之后更利于完整地呈现知识结构，体现相关知识的综合运用和知识之间的融通；安排在每一小节学习之后则更具有针对性，便于师生使用，更好地体现即时学习的特点．

2. 习题数量明显减少，呈现方式有所改变

从习题数量上看（图 5－2－1），1989 年版和 1992 年版教科书的题目较多，其中 1992 年版的数量最多，对于"有理数的加减法"等基本知识点，很多习题

的设计都是小步走、大密度，突出基本技能的训练．自 21 世纪开展课程改革以来，由于强调了三维目标的实现，2004 年版和 2012 年版教科书中删去了大量机械性练习的题目（图 5 - 2 - 2 ~ 图 5 - 2 - 5）．

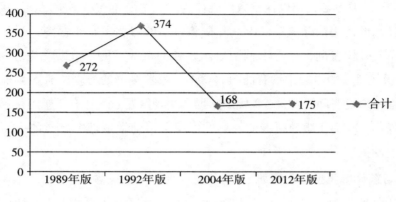

图 5 - 2 - 1

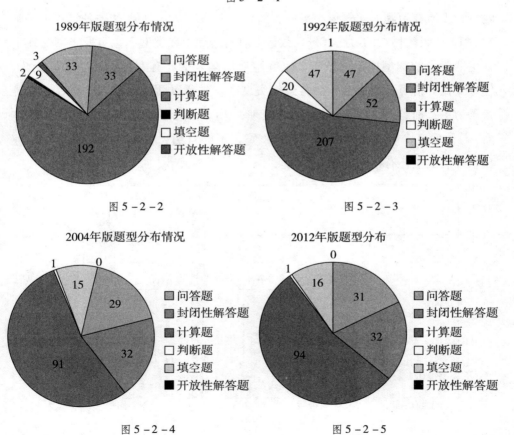

图 5 - 2 - 2   图 5 - 2 - 3

图 5 - 2 - 4   图 5 - 2 - 5

从呈现方式上看，计算题和封闭性解答题占主要题型的状况变化不大，除了 2004 年版教科书中有一道测量桌子边度的操作题，开放性、操作性等具有动手实践性的习题几乎没有．2004 年版和 2012 年版教科书的题型设计相同，其"拓广探索"类习题大都以探索数学规律为主，主要是与后继学习相连接．

从插图的使用情况来看，1989 年版教科书的习题中有 4 幅图，其中 3 幅图都是表示矿井位置的，还有 1 幅图表示零件的尺寸，用来帮助学生理解题意．1992 年版教科书的习题中没有插图．2004 年版教科书的习题中有 5 幅插图，其中有 1 幅用来说明问题背景，2 幅图帮助学生理解题意，还有 2 幅图是提出问题和示范操作．2012 年版教科书的习题中保留了帮助学生理解题意的插图，删掉了装饰类的插图．

3. 习题情境类型变化明显

总体来看（图 5 – 2 – 6），人教版初中数学教科书的习题中带有情境的习题较少，占所有习题的比例很小，仅有的背景又以个人生活背景居多．2004 年版和 2012 年版教科书的习题背景在数量上有所增加，在类型上也有所丰富．在个人生活背景的类型中，以学校、家庭生活居多，主要有商场购物、温度变化、位置变化等情境；在社会生活背景的类型中，主要以商品销售、行程、工程等背景为主；而科学背景主要集中在地理、天文和图形的面积、体积计算等方面．总体而言，情境比较陈旧，眼界不宽，不够自然，在提高学生的学习兴趣和思维层次上还有很大的提升空间．

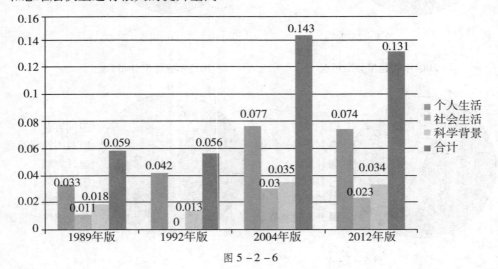

图 5 – 2 – 6

4. 知识水平要求程度明显提高，解题策略还不够丰富

从习题知识水平要求的情况看，人教版初中数学教科书的习题以解决常规程序性题目为主，特别是1989年版教科书，复杂程序性习题和问题解决类习题很少. 1992年版的教科书中复杂程序性习题较多，而2004年版和2012年版教科书则增加了问题解决类习题的数量，大幅度减少了常规程序性习题的数量（图5-2-7~图5-2-10）.

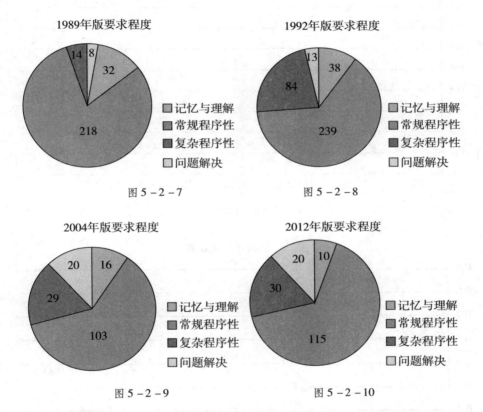

图 5 - 2 - 7

图 5 - 2 - 8

图 5 - 2 - 9

图 5 - 2 - 10

从解题策略上看，几乎所有习题都以推理计算为主，都要求个人独立完成任务. 即使2004年版和2012年版教科书中，也很少出现实验探究类题和要求与小组同学合作解决的问题.

5. 变式特点明显，和上一个版本习题重复度高

在知识团1和知识团2的学习中，教科书中的例题很少，所以习题与例题的关系不大. 对于有理数的加、减、乘、除运算，习题中都安排了较多的与例题的呈现方式、提问要求和难度相类似的题目，学生通过模仿练习可以巩

固新知. 其中，1989年版、1992年版教科书这类习题的数量较多，比例接近习题数的三分之二；2004年版和2012年版教科书则增加了例题的变式类和拓展类习题. 特别是"拓广探索"栏目中习题的难度远远超过了例题（图5-2-11~图5-2-13）.

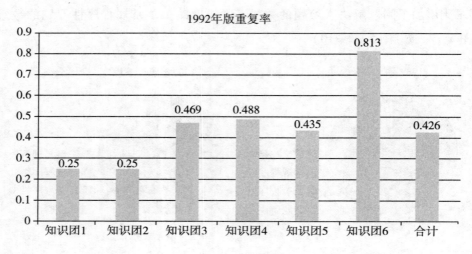

图5-2-11

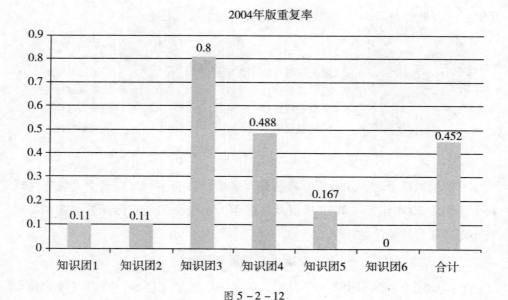

图5-2-12

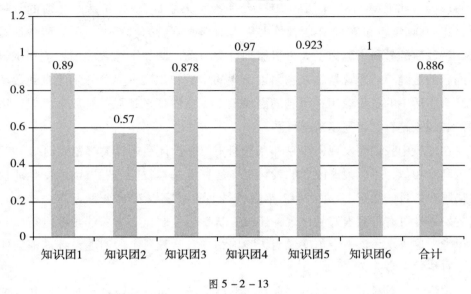

图 5－2－13

从图 5－2－11 至图 5－2－13 可以看出，每一次改版教科书的习题时，都会将前一版的习题中的经典题目保留下来，特别是 2012 年版教科书的习题，有近 90% 的习题取自 2004 年版教科书．比较各相邻版教科书的习题，发现概念类习题变化较大，计算类习题延续性更强．此外，比较 4 个版本的单元复习题，发现 1992 年版教科书中 41% 的习题取自 1989 年版教科书，而 2004 年版教科书的单元复习题是重新编写的，与 1992 年版教科书没有重复，2012 年版教科书的单元复习题则有 84.6% 的习题取自 2004 年版教科书．可以说，当下使用的2012 年出版的人教版数学教科书与 2004 年版教科书习题的水平相当．

三、进一步讨论

通过对人民教育出版社 1989 年、1992 年、2004 年、2012 年出版的教科书"有理数"一章的习题设计进行比较，可以发现，20 多年来，我国初中数学教科书在习题设计上的基本变化是：每一个新版本的习题都是在前一个版本习题的基础上不断发展而来的，继承与发展成为初中教科书习题设计的重要因素，即"双基"教育的特色得以保持和发扬，国际潮流逐渐融入了课程．在习题设计理念上，越来越注重知识的综合性特征．习题已不再是简单训练题的一个个罗列，而是注意引导学生深入理解数学概念、性质等，越来越关注所有学生的学习体验．如果将 1989 年版和 1992 年版教科书看成 2002 年课改之前的教科书，将 2004 年版和 2012 年版教科书称为课程改革后的教科书，可以清楚地看到，课改后的教科书删掉了大量机械训练类习题，增加了综合应用相关知识解决问题的习题；习题背景越来越贴近学生的生活和现实世界，开始注意到数学在社会生活中的各种应用；习题的层次性、探究性越来越强，对数学思想方法的渗透越来越有意识、越来越科学．

在比较中我们还发现，2004 年版教科书习题设计在运算类习题方面与 1992 年版高度相似，可以说课改后的教科书在运算等基本技能习题方面的变化还仅仅局限在题目的数量上．而 2012 年版教科书的习题与 2004 年版基本一样，时代的发展性没有得到很好的体现，还没有从学生发展核心素养的角度进行统领性思考．这也从另外一个角度说明了我国初中数学教科书的习题设计的框架体系还有待进一步完善．

实际上，教科书的习题不仅有其典型性特征，同时也应具有时代性和发展性特征．教育评价在新的形势下迅猛发展，无论是评价内容，还是评价方式、评价结果的运用等，其发展方向、发展轨迹和发展速度都应在教科书习题的发展过程中有所体现．现状是在中考等高利害的考试评价中，一些区分度较大的试题难度已远远超过教科书的习题水平，如果教科书的评价引领功能得不到很好的发挥，那么学生势必被无边无际的应试题海所吞没，也就无法实现发展学生素养的教育目标．

第三节 人教版初中数学教科书 "边角边定理" 习题的演变

平面几何内容因其基本概念的明确性和推理论证的严密性历来被看成培养学生理性思维和逻辑推理能力的最好载体，一直是初中数学的基本学习内容．我国初中几何教科书的发展也是从翻译其他国家、地区的教科书开始的，直到1950年人民教育出版社成立以后，颁布了《数学精简纲要（草案）》，由刘薰宇编著的平面几何课本上册于1951年正式出版，这是中华人民共和国成立后第一套全国通用的数学教科书．之后，人民教育出版社先后出版了12套初中几何教科书．现行教科书保留了欧氏几何公理体系的框架，采用"扩大公理"的做法，保留公理的相容性，不要求独立性和完备性．由于三角形是基本的直线图形，初中阶段所学习的其他几何图形大都可以通过转化为三角形来研究，所以"三角形全等的性质和判定"是必学的知识，判定定理中"边角边定理"的内容也始终得以保留，但时代的要求不同，教科书中"边角边定理"的设置与编排发生了很大的变化，其习题设计的变化也反映出我国初中教科书习题设计变化的基本特点．

不同时期的课程标准（教学大纲）对平面几何内容有着不同的要求．1952年版的大纲指出，"几何教学的目的在于系统地研究平面和空间物体图形的性质，并利用这些性质去解决计算题和作图题；在于发展学生的逻辑思维和对于空间的想象力……"1963年版的大纲指出，"中学的几何科应该以一些公理作为出发点，推导其他的定理"．1992年版的大纲指出，初中几何将逻辑性与直观性相结合，通过各种图形的概念、性质、作（画）图及运算等方面的教学，发展学生的逻辑思维能力、空间观念和运算能力，并使他们初步获得研究几何图形的基本方法．2001年版的课程标准指出，在教学中应注重所学内容与现实生活的联系，通过对基本图形的基本性质进行必要的论证，使学生体会证明的必要性，理解证明的基本过程，掌握用综合法证明的格式，初步感受公理化思

想 . 2011 年修订的课程标准则指出,在第三学段中,"证明"的教学应关注学生对证明必要性的感受,对证明基本方法的掌握和证明过程的体验 . 证明命题时,应要求证明过程及其表述符合逻辑,清晰而有条理 . 此外,还可以恰当地引导学生探索证明同一命题的不同思路和方法,进行比较和讨论,激发学生对数学证明的兴趣,发展学生思维的广阔性和灵活性 . 对于几何证明的认识,2011 年版课程标准和 2001 年版课程标准的要求有所变化 .

一、"边角边定理"例题、习题数量之变化

课程标准(教学大纲)对几何学习的理解与要求不同,在教科书中最直接的表现就是习题数量的变化 .

对于本节的习题(图 5 – 3 – 1),数量上呈现出"较少—增加—稳定—减少—稳定"的趋势,这与我国对欧氏几何公理体系的认识有关,特别是 21 世纪开始的课程改革,对于学生推理论证能力的要求在经过一段时间的讨论、实践之后,在 2011 年版课标中有了明确的表述:学生通过观察、实验、归纳、类比等方法获得数学猜想,能清晰、有条理地表达自己的思考过程,能运用数学语言合乎逻辑地进行讨论和质疑 . 习题不再单单追求客观题的数量,而是更加注重引导学生发现问题、提出问题,进而分析问题、解决问题 . 但是这一变化主要体现在 2001 年版与 2003 年版教科书之间,2003 年版和 2013 年版教科书的习题数量并没有变化,都是在对 2001 年版教科书做了较大的调整之后而稳定下来的 .

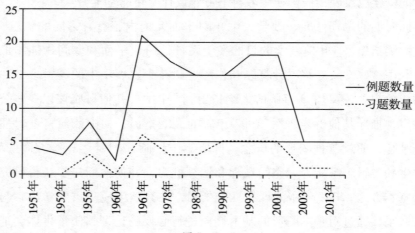

图 5 – 3 – 1

二、"边角边定理"习题内容之变化（表5-3-1）

表 5-3-1

2003 年版、2013 年版的习题		1993 年版、2001 年版的习题		变化情况
位置	内容	位置	内容	—
P43-2	如下图所示，$AB = AC$，$AD = AE$. 求证：$\angle B = \angle C$. 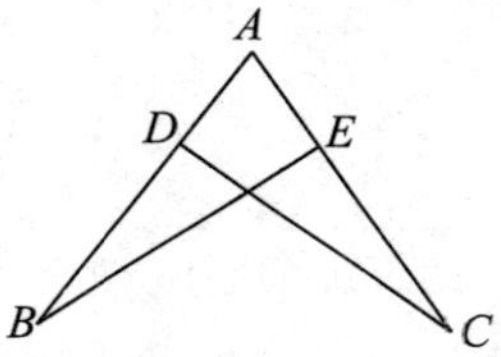 	P27-练习2	如下图所示，$AB = AC$，$AD = AE$. 求证：$\triangle ABC \cong \triangle ACD$. 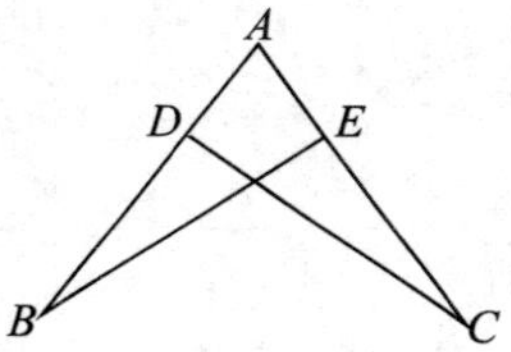 	2013 年版比 2001 年版增加了一步推理
P43-3	如下图所示，把两根钢条的中点连在一起，可以做成一个测量工件内槽宽的工具（卡钳）. 在图中，要测量工件内槽 AB 的宽，只要测量哪些量？为什么？ 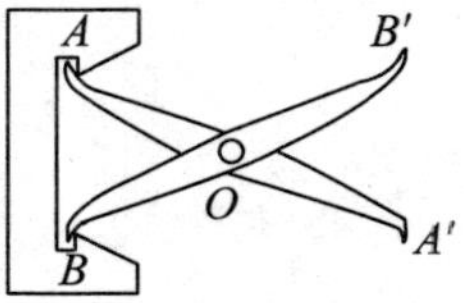 	P33-11	原题 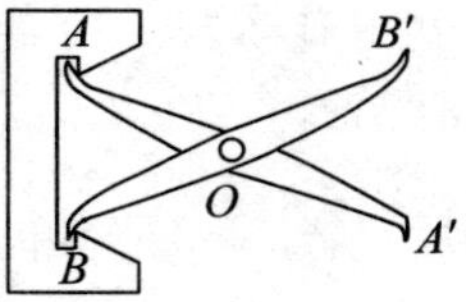 	2013 年版和 2001 年版完全一样
P44-10	如下图所示，AC 和 BD 相交于点 O，$OA = OC$，$OB = OD$. 求证：$DC /\!/ AB$. 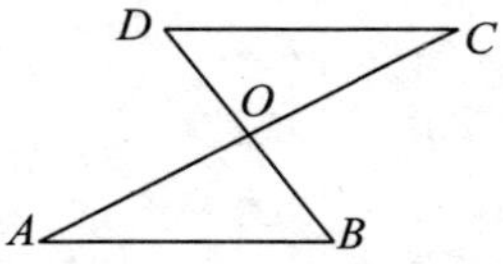 	P33-9	原题 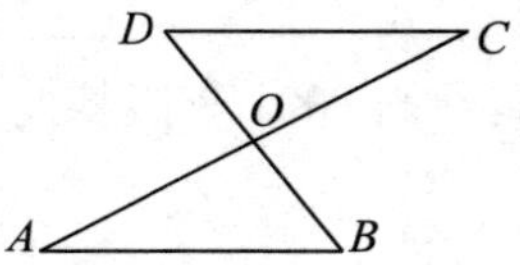 	2013 年版和 2001 年版完全一样

续 表

2003 年版、2013 年版的习题		1993 年版、2001 年版的习题		变化情况
位置	内容	位置	内容	—
P55 – 3	如下图所示，$CA = CD$，$\angle 1 = \angle 2$，$BC = EC$. 求证：$AB = DE$. 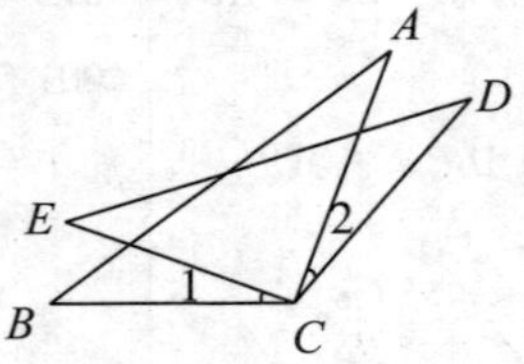	P29 – 例4	如下图所示，$AB = AC$，$AD = AE$，$\angle 1 = \angle 2$. 求证：$\triangle ABD \cong \triangle ACE$. 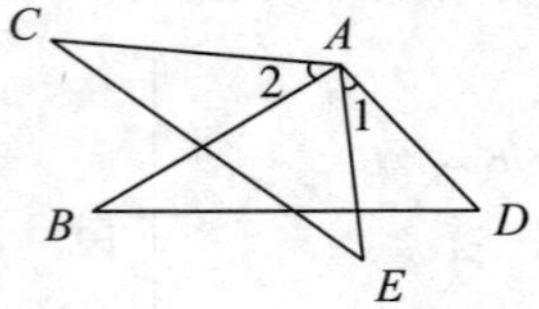	图形不同，2013 年版比 2001 年版增加了一步推理
P56 – 11	如下图所示，$\triangle ABC \cong \triangle A'B'C'$，$AD$、$A'D'$ 分别是两三角形对应边上的中线，AD、$A'D'$ 有什么关系？证明你的结论. 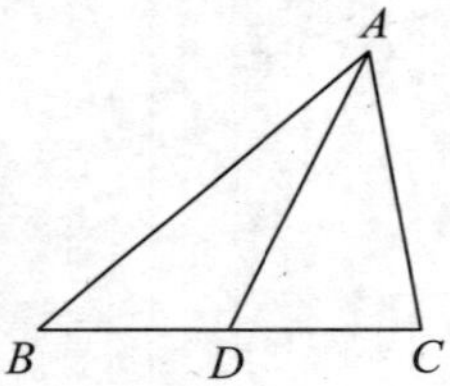 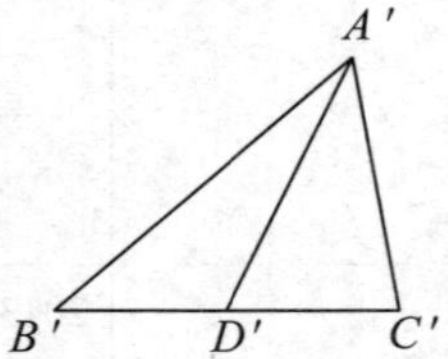	P47 – 3	求证：如果两个三角形有两条边和其中一边上的中线相等，那么这两个三角形全等.（提示：首先分清题设和结论，画出图形，再结合图形写出已知、求证和证明）	改变了问题的呈现方式，先给出结论，再进行证明

　　2003 年版教科书与 2001 年版相比，减少的习题有以下 A 组题中的 4 道和 B 组题中的 3 道.

　　A 组：

　　P32 – 1（4）阅读课文，思考"边角边公理"的内容是什么？

　　P32 – 5 用刻度尺和量角器画 $\triangle ABC$，使 $\angle A = 40°$，$AB = 5\text{cm}$，$AC = 3\text{cm}$，再量出 BC 边的长.

P33－6 如图 5－3－2 所示，AB、CD 相交于点 O，$AO = BO$，$CO = DO$. 求证：$\triangle AOC \cong \triangle BOD$.

P33－7 如图 5－3－3 所示，$\angle CAB = \angle DBA$，$AC = BD$. 求证：$\triangle CAB \cong \triangle DBA$.

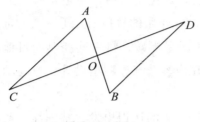

图 5－3－2

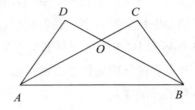

图 5－3－3

减少的 A 组题中的 4 道题都是比较简单的题目，第 1 题思考定理的内容什么没有意义，第 2 题是测量题，属于新知学习中知识探索的过程，第 3 题和第 4 题是两道证明题，都是直接应用定理就可以解决的，属于程序性解答题.

2001 年人教版教科书 B 组题中有 3 道题，其中第 1 题需要证明两次全等，第 2 题需要学生自己画图之后再证明，对证明的要求比较高. 第 3 题是实地测量，不易操作. 这组题在 2003 版教科书中都被删除了.

B 组：

P34－1 已知：如图 5－3－4 所示，在 AB、AC 上各取一点 E、D，使 $AE = AD$. 连接 BD、CE，相交于点 O，连接 AO，$\angle 1 = \angle 2$. 求证：$\angle B = \angle C$.

P34－2 在 $\triangle ABC$ 中，$\angle ACB = 90°$，延长 BC 至 B'，使 $CB' = BC$，连接 AB'，那么 $\triangle ABB'$ 是等腰三角形，画出图形，写出已知和求证，并且进行证明.

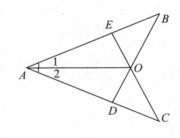

图 5－3－4

P34－3 在室外找一个中间有障碍物的地方，用例 5 的方法测量障碍物两边某两点的距离.

由此可以看出，2003 年版和 2013 年版教科书的习题完全相同，而 2001 年版和 1993 年版教科书的习题完全相同. 实际上，2013 年版教科书的几何习题主要是对 1993 年版教科书的习题做了精简，而不是重构. 1993 年版教科书习题中对"边角边公理"的应用做了比较全面的复习，如通过几何作图强化学生对定理的理解；对寻找应用定理的条件做了比较全面的展示，各种类型基本都涉及了．而 2013 年版教科书则不再面面俱到，每种应用只选择一道题进行说明．对于 2001 年版教科书中的几何证明综合题，2003 年版教科书都做了删除，这也与 2002 年版课程标准中降低对几何证明的难度要求相适应．

总之，对于人教版初中数学教科书而言，无论是代数，还是几何，2012 年修订的初中数学教科书，在习题设计上与 2003 年版的教科书几乎一致，都是对 2003 年版和 1993 年版教科书的习题进行了大量删减，将一些经典题目保留下来，并没有进行脱胎换骨式的改造，因而在内容选择、题型设计、习题功能上并没有明显的变化．

从教学内容的变化上看，从对数学课程性质的认识出发，基础性、普及性和发展性是基本的原则，即学生学习数学，要为未来参加工作或升学打好数学基础，要为提高学生的思维能力服务，要培养学生适应未来生活和社会的关键能力和品格．当然这些也都应该是习题设计的基本原则．1993—2018 年的教科书习题设计，数量上的减少体现出了保留经典内容、减轻学生负担的导向，但对于数学知识在社会生活等各领域的应用、对学生学习能力发展的影响等方面还没有体现出来．

第六章　核心素养理念下初中数学教科书习题的改进

　　学生学习完一个章节的知识，通过及时地习作数学题，在尝试运用这些知识解决问题的过程中，可以精炼知识结构、强化组织应用，实现对知识的真正理解和掌握．我国现行的教科书的习题设计在呈现方式、内容之间的逻辑结构等方面已经比较成熟，但由于时代发展迅速，站在发展学生核心素养的层面上去考量，还存在改进的空间．

第一节 核心素养理念下初中数学
教科书的习题设计框架

进入 21 世纪后，我国数学教育的理念正从"精英教育"向"大众教育"转变，教学目标更关注学生的全面发展，学习内容的选择经过不断调整，一些与时代发展不适应的繁、难、偏、旧的内容被删减，中学数学最基本的数学知识相对稳定下来，与实际生活的联系也更加紧密．但如何平衡提高数学学习质量与减轻学生学习负担，理论如何联系实际，如何将传统的数学知识内容与现代化社会相融合等问题，也一直难以解决．

与此同时，核心素养的提出给教育人带来了新的思考．世界各国基于不同的国情和社会发展需要，有不同的教育目标，对核心素养内涵的理解也就各不相同．2016 年，由中国教育学会公布的《中国学生发展核心素养（征求意见稿）》将核心素养的内涵界定为"适应个人终身发展和社会发展需要的必备品格与关键能力"，提出了学生发展核心素养是以培养"全面发展的人"为核心，分为文化基础、自主发展、社会参与三个方面，综合表现为人文底蕴、科学精神、学会学习、健康生活、责任担当、实践创新六大素养，具体细化为国家认同等十八个基本要点．而对于数学学科而言，同样也存在着对数学学科核心素养内涵的探讨问题．2012 年颁布的高中数学课程标准将数学抽象、逻辑推理、数学建模、直观想象、数学运算和数据分析界定为数学学科的核心素养．这对于界定初中数学学科的核心素养有着重要的借鉴作用．史宁中教授形象地指出，用数学的眼光看世界，用数学的思维思考世界，用数学的语言表达世界，更是对数学素养的精妙概括．这些观点的提出为教科书的习题设计提出了新的视角．因此，教科书的习题设计必须科学构建框架，深入研究核心知识的发展和对学生的教育作用，把握好习题的难度和广度，保证学生掌握和具备适应未来社会和终身发展的数学知识与数学能力．

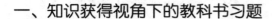

一、知识获得视角下的教科书习题

对于初中数学学科核心素养的培养，没有基本知识和基本技能的获得，一切素养的培养就成了空中楼阁．教科书中习题最基本的功能是巩固新知、发展学生的思维能力．充分发挥教科书习题的知识功能是教科书习题设计必须重点解决的问题．

1. 知识获得视角下的习题必须解决好内容选择精准和内容要求水平适当的问题

从宏观角度看，习题所涉及的内容必须符合课程标准的要求，体现学科价值．具体而言，包括各部分的习题数量、内容含量应与课程标准的要求水平、教科书的教学时数大体相当．同时，知识内容在空间上应既体现本土化、生活化，又体现全球化；时间上既要有时代性，又要有前瞻性．总体上努力保证习题内容的多元化，极力避免对青少年有不利影响的内容出现．

2. 知识获得视角下的习题设计必须重视习题的变式

无论是哪一种数学知识，无论从学习的哪一个特性去看，学生在学习之初都需要在不同的情境中对同一问题进行辨析、归纳，此时，归纳变式的运用就显得十分重要．而当概念、法则形成之后，对这些知识的熟悉则需要通过较为系统的演练来完成．无论是数字、字母上的变化，还是呈现方式的改变，只要不涉及新的技巧，这种一定程度上的广度变式对认知技能的获得也是必需的．在一些技能、技巧掌握牢固之后，又需要通过数学习题内容、形式的变化，引入与之相联系的其他技巧或方法，引起知识的迁移，引导思维的拓展，这就需要在习题设计中关注深度变式．最后，还要将习得的概念、法则、原理等知识应用到实践中去解决问题，变式的运用就显得十分重要．

教科书中的习题较其他课程资源中的习题应该具有很强的典型性，为习题的变式提供了广阔的空间．对于数学概念和原理，要根据课程标准的要求水平，考虑有助于概念形成与理解的概念性变式题和促进学生多角度理解概念的过程性变式题，引导学生对概念的关键词进行辨析，排除非本质特征的非概念性变式题．对于提高数学技能和领悟数学思想方法，要为促进数学概念、原理转化为解决问题所需的数学技能，为学生掌握数学思想方法提供变式的情境、题型．

3. 知识获得视角下的习题还应注意发挥习题的总结引领功能

通过图表、思维导图等对重要的概念、原理等知识进行整理和比较，帮助学生学会归纳，形成知识结构．通过设置引导学生自我反思、合作互助，体现学生个性理解和质疑能力的开放性习题，实现知识归纳与知识重构的功能．同时，开设文化橱窗，通过提供互联网链接地址等方式，介绍与学习内容相关的数学文化史料、生活使用链接等知识，开阔学生的知识视野．

4. 知识获得视角下，教科书习题必须重视练习的合理强度

在认知技能获得的过程中，随着练习次数的增加，大部分任务完成的正确率将提高，所需时间将缩短，即公认的常识是练习越多，迁移也越多．但当练习超过某一界限以后，练习越多，迁移量也可能越少．因此，无论是低认知的问题，还是高认知的问题，习题的强度都必须是恰当的，防止"熟能生笨"和"思维僵化"现象的发生．同时，由于材料加工是在工作记忆中进行的，练习材料的变式设计应符合认知负荷的有关理论．由材料本身所产生的内源性认知负荷是教学表征策略难以改变的，练习指导旨在减小因练习材料而引发的外源性认知负荷，将学习者的全部注意引向材料加工本身，从而提高相关性认知负荷．练习阶段的主要任务是促进图示的自动化，即陈述性规则向产生式规则的转化并实现规则的程序化．习题设计自然应遵循不同阶段的特点，各有突破．在呈现方式上，既要考虑以封闭形式呈现的传统习题（主要是纯数学型和文字型）又要考虑开放性习题和探索性习题．

二、改善学习方式视角下的教科书习题

当下，注重学生的个性差异是世界各国课程改革的重点，荷兰、瑞典、新加坡等国家的数学课程很早就开始实行分流型课程了；日本则提倡选择性学习，增加了选修课的设计．习题既是教科书正文内容的延续，又是一个相对独立的整体系统，对学生学会学习和个性发展起着不可估量的作用．强调改善学生的学习方式，革除"填鸭式"教学的弊端，真正从重视和引导学生个体差异的角度去设计教科书的习题，已成为发展学生核心素养的必然选择．

然而当前，人们承认学生在数学学习时，由于天分、兴趣、学习基础等方面的差异，会表现出不同的水平，但在实施教学时，却还是希望实现统一的标准．如果说当前有所考虑，也大多是在认知水平的不同程度上做出了探索．比

如，很多版本的教科书将习题分为 A、B 两组，其中 B 组题目较难，供学有余力的学生选择．在具体实施时，会有很多教师简单地、武断地、指令式地让不同的学生习作不同水平的习题，实际上这本身也是教育歧视的一种表现，会极大地阻碍部分学生学习数学的积极性，给学生的心理带来伤害．教科书习题设计的层次性不应仅仅从认知水平和题型特点的角度去思考，更应采用类似必修课程和选修课程的设计方式，考虑学生个性差异特点等因素，综合地统整设计．

通过教科书的习题设计引导学生的自主发展，一个重要的方面就是激发和维持学生的学习动机．而动机是在需要的基础上产生的，根据学生的成长规律和时代发展特点，知晓并引导学生的需要是在设计习题时不可忽视的．人本主义心理学家马斯洛给出了人的需要层次模型，为满足不同的需要就会产生不同的行为．同样，在教科书的习题设计过程中，仅从认知能力水平对习题进行分类，学生的自尊需要、自我实现的需要就得不到满足．从学生经验获得的角度看，美国教育家杜威曾说过，"只有当客观条件从属于获得经验的个人内心活动时，经验才是真实的经验"．习题设计应努力使学生的"原始经验"发展成真正的"后来经验"，并实现经验的提升，而不落入应试教育的窠臼．

现代认知心理学的研究已经表明，学生的学习不仅是对所学材料的识别、加工和理解，而且也是一个自我调节和自我控制的过程．除了在认知方面，学生的自主发展还包括元认知能力的发展．元认知是学生个体对自我认知的认识和对认知过程的控制、监测和调节．认知过程的有效性在很大程度上取决于元认知的运行水平．学生的数学学习应该重视元认知活动的设计和运用．比如，让学生自己画概念的思维导图，学完一段知识后进行自我检测等做法，有利于引导学生实现自主发展．

基于学生自主发展的习题还应为所有学生提供自主选择的机会，引导学生发现自我、认识自我、建立自信、发展潜能．比如，同样是商品销售问题，日常生活中针对不同的顾客需要，商店会有不同的促销方式，如何确定哪种销售方式最合适，就不一定仅仅从单价最低这一角度去衡量，在设计时可增加注释和反思栏目，这样便于学生记录个人的理解．教科书还应提供及时的小测验及反馈评价，帮助学生及时评量自己对所学知识内容的理解；提供有针对性的学习资源，如与学科学习相关的影片、视频，拓展学生的学习空间，满足学生的不同需求，及时解决学生学习过程中发现的各种问题；提供即时的资讯，以帮助学生了解该领域最新的研究成果；提供配套的网上学习资源和在线答疑加以辅助，给学生学习相关内容提供不同的视角，让学生接触相关领域不同专家教师的经验和思想；提供游戏、动画等媒体资源，与学生进行互动式的练习；等等．

合作学习是以交往为中介的一种学习，交往技能是开展合作学习的关键，包括如何倾听，如何表达，如何纠正他人的错误，如何学习他人的长处，如何归纳众人的意见，等等．这些要素都是学生终身发展不可缺少的，而这些能力的培养，不仅仅是课堂学习的任务，更应渗透到学校教育的每一个环节．教科书利用习题来引导和开展合作学习，同样是一条有效的途径．例如，设计单元学习任务，要求学生通过合作，在任务解决的过程中促进学生之间互相学习、互相帮助，实现互补．

从创新型社会对创新人才的需求出发，数学课程内容的呈现应从知识的学术形态还原成教育形态，把习题作为培养学生创新精神和实践能力的平台，为学生提供创新和实践的时间和空间，促进学生的主动学习和主动发展．数学知识的学术形态是指数学家所采用的思考形式（严密地演绎，逻辑地推理，呈现出简洁的、冰冷的形式化的美丽）；教育形态则是指通过教师的加工，将知识的创生过程还原，还原出数学家创造性的思考过程．这样的过程势必融有创新的要素，而探究是创新的起点．对于数学习题而言，没有习作探究的意味，只能说是一种训练题．因此设置开放性习题、综合实践类习题、元认知类习题，是对未来习题设计的挑战．

三、引领教学与素养评价视角下的教科书习题

从教科书的习题出发编制变式题，经过变式训练达到举一反三、触类旁通的目的，是中国数学教学的特色之一．中国数学教师关于变式教学的研究主要是立足教科书谈变式．因而教科书的习题设计必须考虑如何引领教学．我国教师队伍十分庞大，各地教育发展参差不齐，教师对教科书理解的差异十分明显．新课改中"用教科书去教，而不是教教科书"的口号喊了许久，但真正成为行动还需要教师做出艰苦的努力．教科书对教学的引领和指导成为教科书建设必须思考的问题．

同时还必须注意到，当今的中考等高利害的考试试题与教科书的习题渐行渐远，特别是最后一些区分度较大的试题，其难度、呈现方式等都远远超出了教科书中的习题，以至于很多学校在中考复习时热衷于带领学生"刷"历届的中考真题．长此以往，教科书将被各种复习参考资料所代替．与其让各种参考资料在课堂上泛滥，不如由教科书的编写者统一编制引领考试方向的学生习题．同时，在一个章节结束之后都为学生提供自我诊断的习题，一方面可以培养学生的自我反思能力，另一方面也可以实现引领考试的功能．

教科书习题与创新任重道远，可以通过对习题的材料、呈现方式、组织形式等多个环节的创新来展开：要将习题作为教科书的一个整体，而不仅仅是对新知识的习得和熟悉，努力保持与新课程理念的一致性，充分发挥其教育功能．

基于以上分析和我国数学教科书习题的现状，现提出改进教科书习题的设计框架，见表 6 - 1 - 1.

表 6 - 1 - 1

维度	主要关注点			
知识获得	题目数量	要求水平	变式设计	总结归纳
改善学习方式	内容背景	题型设计	资源提供	社会实践
引领教学与评价	综合程度	工具使用	学科整合	元认知评价

该框架从知识获得、改善学习方式、引领教学与评价三个维度综合地进行考虑．每个维度又分别设有四个不同的方面．从知识获得的维度，需要考虑题目的数量要适中，涉及单个知识点的题目控制在 6~8 道题，要对课标中要求较高的知识点有所侧重，对每个重点知识点都要设计 2~3 道不同形式的变式习题，要设计 1~2 道引导学生及时总结归纳、能进行自我反思的习题．

从有利于改善学生的学习方式的维度，要注意习题具有丰富的情境，既有数学知识内部的发生、发展、变化，又有能与学生生活密切联系、与社会发展密切相关的应用类习题；增加开放性习题和探究类习题，适时提供适合学生自主发展的学习资源．

从引导教学和考试评价的维度，要及时提供综合类试题，包括数学内部知识的综合以及与社会生活、与其他学科相联系的综合习题，同时注意引导学生

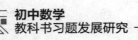
多动手，增强实践能力，并能引导学生及时反思自己．教科书习题设计从中考真题中及时汲取营养，可以保证教科书习题的动态发展和不断更新．

　　教科书习题设计的这三个维度不是孤立存在的，虽然每道习题可以在某一个维度上有所侧重，但总体上在三个维度上是相互联系、互相渗透的．在实践的过程中，这一框架还会不断完善和更新．

第二节　对人教版七年级下册
"5.1 相交线"习题的改进

一、对人教版七年级下"5.1 相交线"习题的设计

人教版七年级下册第五章第一节的题目是相交线，共分三课时完成：第一课时学习的是相交线，学生要理解对顶角、邻补角的概念，理解对顶角的性质；第二课时学习垂线，理解垂直的概念及其性质，会过已知点画一条直线的垂线；第三课时学习同位角、内错角、同旁内角的概念．人教版 2012 年版教科书的习题分为三个层次，"复习巩固"栏目安排了 6 道习题，"综合运用"栏目安排了 5 道习题，"拓广探索"栏目安排了 2 道习题．为了更好地培养学生发展的核心素养，进行了下面的改编（表 6 – 2 – 1）．

表 6 – 2 – 1

维度		第一课时目标 理解对顶角、邻补角的概念，理解对顶角的性质	第二课时目标 理解垂线的概念，理解垂线的性质	第三课时目标 理解同位角、内错角、同旁内角的概念
知识获得	题目数量	3 + 2 + 1	4 + 3 + 4	3 + 2 + 2
	要求水平	会判断、会计算	会表示、会画图	会判断、能识别
	变式设计	纵向	纵向	横向
	总结归纳	表格	表格	表格
改善学习方式	内容背景	纯数学	纯数学	纯数学
	题型设计	封闭性、开放性	画图、交流	画图、交流
	资源提供	网络提供	网络提供	网络提供
	社会实践	交流讨论	交流讨论	交流讨论

续 表

维度		第一课时目标	第二课时目标	第三课时目标
		理解对顶角、邻补角的概念，理解对顶角的性质	理解垂线的概念，理解垂线的性质	理解同位角、内错角、同旁内角的概念
引领教学与评价	综合程度	与角平分线综合	计算、推理	对比归纳
	工具使用	无	折纸	测量
	学科整合	无	无	体育、美术
	元认知评价	写反思	写反思	写反思

具体设计如下.

第一课时

夯实双基：

1. 图 6 - 2 - 1 ~ 图 6 - 2 - 4 中，∠1 与 ∠2 若是对顶角，请在括号内画"√"；若不是，请在括号内画"×".

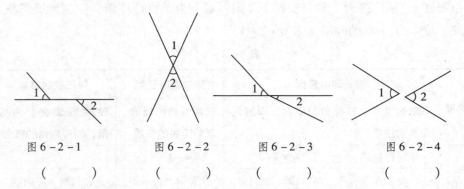

图 6 - 2 - 1　　　图 6 - 2 - 2　　　图 6 - 2 - 3　　　图 6 - 2 - 4

（　　　）　　（　　　）　　（　　　）　　（　　　）

2. 如图 6 - 2 - 5 所示，直线 a、b 相交，∠2 = 140°，求 ∠1、∠3、∠4 的度数.

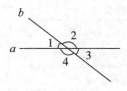

图 6 - 2 - 5

3. 下面是对"对顶角相等"这一事实的说明过程（图 6 - 2 - 6），请在横线上写出理由．

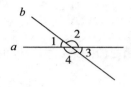

图 6 - 2 - 6

因为∠1 与∠2，∠2 与∠3 是邻补角，根据_____，可以得到∠1 与∠2 互补，∠2 与∠3 互补；又根据_____，可以得到∠1 + ∠2 = 180°，∠2 + ∠3 = 180°；再根据_____，可以得到∠1 = 180° - ∠2，∠3 = 180° - ∠2；最后根据等量代换，就可以得到∠1 = ∠3，即对顶角相等．

自主发展：

4. 如图 6 - 2 - 7 所示，直线 AB、CD、EF 相交于点 O.

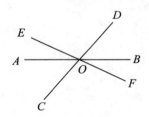

图 6 - 2 - 7

（1）填空：∠AOC 的对顶角是_____；∠AOE 的对顶角是_____，邻补角是_____；

（2）如果∠AOC = 50°，图中三个锐角中可求出大小的角是_____，其它两个锐角的大小关系是_____．和你的同伴交流，看看是否一样．

5. 如图 6 - 2 - 8 所示，直线 AB、CD 相交于点 O，OA 平分∠EOC. 根据下面提供的条件，或者自己添加一个条件，求∠BOD 的度数．

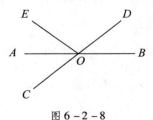

图 6 - 2 - 8

（1）如果 $\angle EOC = 70°$；

（2）如果 $\angle EOC : \angle EOD = 2 : 3$；

（3）和同伴交流，看看都添加了什么条件，有什么不同的结果．

活动探究：

6. 先画出三条直线两两相交的图形，再与你的同学说说图中的哪些角是对顶角，一共有多少对对顶角．

第二课时

夯实双基：

7. 找出图 6 – 2 – 9 中可能互相垂直的线段，先用符号表示结果，再用三角尺进行检验．

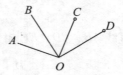

图 6 – 2 – 9

8. 用三角尺画图：

（1）经过点 A 画出直线 BC 的垂线（图 6 – 2 – 10）；

（2）经过点 B 画出直线 AC 的垂线（图 6 – 2 – 10）；

（3）画 $AE \perp BC$，$CF \perp AD$，垂足分别为 E、F（图 6 – 2 – 11）．

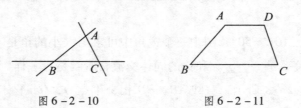

图 6 – 2 – 10   图 6 – 2 – 11

9. 如图 6 – 2 – 12 所示，点 C 在直线 AB 上，$\angle ACD = 23°$，$\angle BCE = 68°$，CD 与 CE 垂直吗？请说明理由．

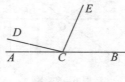

图 6 – 2 – 12

10. 如图 6-2-13 所示，直线 AB、CD 相交于点 O，$OE\perp AB$，已知 $\angle BOD = 45°$，求 $\angle COE$ 的度数.

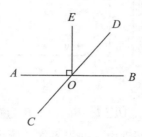

图 6-2-13

自主发展：

11. $\angle ACD$ 与 $\angle BCD$ 互余，$\angle CDA$ 与 $\angle CDB$ 相等且互补，看看都能画出怎样的图形，找出图中互相垂直的直线，并用符号表示. 和你的同伴交流，看看画出的图形是否一样.

12. （1）如图 6-2-14 所示，已知直线 a、b，点 P 在直线 a 上，过点 P 分别画直线 a、b 的垂线.

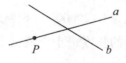

图 6-2-14

（2）（1）中的直线 a、b 互相垂直时，猜想两条垂线的位置关系.

13. 如图 6-2-15 所示，$OA\perp OC$，$OB\perp OD$，$\angle BOC = 48°$，看看你都能求出图中哪些角的度数.

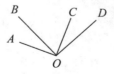

图 6-2-15

14. （1）找几个同学进行立定跳远的比赛，测量并记录大家的成绩；

（2）如图 6-2-16 所示，这是小明同学在体育课上跳远后留下的脚印，请计算他的跳远成绩.（比例尺为 1:150）

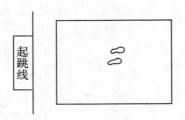

图 6－2－16

15. 如图 6－2－17 所示，$AB \perp l$，$BC \perp l$，B 为垂足，那么 A、B、C 三点在一条直线上吗？如果在，说明理由；如果不在，画出反例的图形.

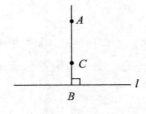

图 6－2－17

16. 如图 6－2－18、图 6－2－19 所示，直线 l 表示一段河道，点 A 表示集镇，图上距离与实际距离之比为 1：2000000. 现要从河边向集镇引水. 问沿怎样的线路开挖水渠，才能使水渠的长度最小？请画出水渠的开挖路线，算出水渠的最小长度.

图 6－2－18

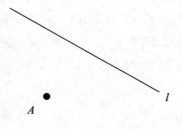

图 6－2－19

活动探究：

17. 任意画一个 $\angle AOB$，用量角器画出它的平分线 OC，在 OC 上任取一点 P，过点 P 分别画 $PQ \perp OA$，$PR \perp OB$，通过观察与测量，看看你能得到什么结论. 和你的同学交流，看看大家得到的结论是否相同，试着用语言概括你们的发现.

第三课时

夯实双基：

18. 如图 6 - 2 - 20 所示，直线 AB、CD 被直线 l 所截，图中所有的同位角、内错角、同旁内角各有多少对？分别写出两对来，填入表 6 - 2 - 2.

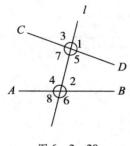

图 6 - 2 - 20

表 6 - 2 - 2

名称	对数	举例
同位角		
内错角		
同旁内角		

19. 看图 6 - 2 - 21 填空：

（1）若 ED、BF 被 AB 所截，则 $\angle 1$ 与 _____ 是同位角；

（2）若 ED、BC 被 AF 所截，则 $\angle 3$ 与 _____ 是内错角；

（3）$\angle 1$ 与 $\angle 3$ 是 AB 和 AF 被 _____ 所截构成的 _____ 角；

（4）$\angle 2$ 与 $\angle 4$ 是 _____ 和 _____ 被 BC 所截构成的 _____ 角.

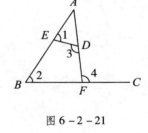

图 6 - 2 - 21

20. 如图 6 - 2 - 22 所示，直线 a、b 被直线 c 所截，找出图中的同位角、内错角、同旁内角各一对. 若 $\angle 1 = \angle 5 = 108°$，求其他角的度数.

自主发展：

21. 如图 6 - 2 - 23 所示，直线 DE 交 $\angle ABC$ 的边 BA 于点 F. 如果内错角 $\angle 1$ 与 $\angle 2$ 相等，判断同位角 $\angle 1$ 与 $\angle 4$ 是否相等，同旁内角 $\angle 1$ 与 $\angle 3$ 又具有怎样的数量关系，请说明理由.

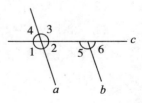

图 6 - 2 - 22

22. 把图 6 - 2 - 24 中所有的同位角、内错角、同旁内角都找出来，填入表 6 - 2 - 3.

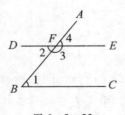

图 6 – 2 – 23

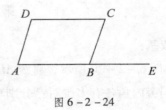

图 6 – 2 – 24

表 6 – 2 – 3

名称	表示	被截线	截线
同位角			
内错角			
同旁内角			

活动探究：

23. 如图 6 – 2 – 25 所示，取一张长方形纸片，先按下列方式折纸，再回答问题．

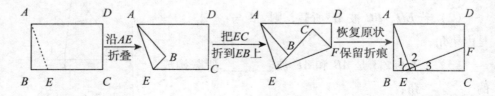

图 6 – 2 – 25

（1）$AE \perp EF$ 吗？为什么？

（2）∠1 与∠3 有什么关系？为什么？

24. 如图 6 – 2 – 26 所示，两只手的食指和拇指在同一平面内，它们构成的一对角给你一种什么形象？类似地，你还能利用两只手的手指构成具有其他特点的手势吗？

图 6 – 2 – 26

二、对学生试作人教版七年级下《5.1 相交线》的习题的调查

为了检查以上习题设计的有效性，笔者对某所学校三位不同任教教师的三个班级的 164 名学生进行了测试和访谈，并对每一份试卷进行了认真的批阅和数据统计．

1. **总体成绩和习作时间（表 6 - 2 - 4）**

表 6 - 2 - 4

课时	平均分（分）	得分率（%）	平均用时（min）
第一课时	23.59509	78.65	12.7684
第二课时	30.25767	75.64	14.87265
第三课时	30.85976	77.15	13.9665

考虑到当前学生的课后作业负担情况，学生完成课后作业的时间应控制在 30 min 以内．由于这部分知识是概念性知识，知识要求水平以理解为主，因此不需要做反复的巩固练习．从测试结果看，学生完成每一节习题的时间都在 15 min以内，而且大多数习题学生都能够独立完成，平均得分率也都在 75% 以上，可以说以上习题设计总体上是合适的．

2. **对得分率不高的题目的分析**

本节的习题共有 24 道，各题的得分率见表 6 - 2 - 5 至表 6 - 2 - 7.

表 6 - 2 - 5

题号	1	2	3	4	5	6
平均分（分）	3.938	5.736	1.221	4.638	5.393	2.669
得分率（%）	98.45	95.6	40.7	92.76	89.89	44.48

对于第一课时，第 3 题和第 6 题得分率较低，第 3 题是填写每一步推理的依据，有一定的考试导向，对学生的推理能力要求较高；而第 6 题是要画出三条直线两两相交的情况，有一定的开放性．第 3 题学生得分低的原因一是课堂上教师的强调不够，知识本身又与学生先前的学习经验有所不同，学生需要在日后的学习中反复练习．而第 6 题则要求学生对图形具有很好的认识，题目本

身具有一定的难度.

表 6 - 2 - 6

题号	7	8	9	10	11	12
平均分（分）	1.613	3.620	3.288	3.883	1.626	2.245
得分率（%）	80.85	60.33	82.2	97.08	81.3	56.13
题号	13	14	15	16	17	—
平均分（分）	4.669	2.166	1.460	2.583	3.583	—
得分率（%）	93.38	72.2	73	86.1	71.66	—

对于第二课时而言，第 8、12 题都是画图题，并且与当前考试要求一样，这对初学几何的学生来说具有一定的难度．目前学生作图和叙述的规范性都很欠缺，教科书应该通过例题对如何作答给出标准．而第 15 题是数学说理题，这样的习题涉及知识在生活中和数学上的应用，不是一蹴而就的，需要学生积累学习经验．

表 6 - 2 - 7

题号	18	19	20	21	22	23	24
平均分（分）	5.530	3.787	6.201	3.415	4.762	3.171	3.994
得分率（%）	92.17	94.68	88.59	85.38	79.3	52.85	66.57

第三课时要求学生利用表格对知识进行归纳，这类习题学生答得较好，而像第 23 题、第 24 题这样的题都是解决实际问题的题，需要学生具有很好的创新能力，对促进学生更全面的发展具有重要的作用．

3. 对学生认可度的调查

由表 6 - 2 - 8 可以看出，学生对封闭性计算题、解答题的认可度较高，而对画图题、说理题、运用数学知识解决实际问题的题以及跨学科的综合类题目不太认可，这也恰恰说明当前的习题设计对学生的影响很深，简单的知识巩固类习题便于评价，学生有路可循，而一些综合类试题、实践类试题，在日常考试中出现不多，通过纸笔测试的形式不便于评价，因而在应试的背景下不受学生欢迎．但从教育的长远目标来看，改变习题的甄别功能，增加习题的教育功能刻不容缓．教师可以引导学生更好地体会知识的应用价值，引导学生体验知识探索过程中的乐趣，这样才能从根本上改变学生的习题观．

表 6 – 2 – 8

题号	1	2	3	4	5	6	7	8	9	10	11	12
非常赞同	96	96	71	94	104	78	68	73	104	104	86	73
赞同	49	52	52	50	44	57	48	49	45	49	39	54
说不清	9	13	20	15	10	16	22	10	7	5	23	24
不赞同	10	3	21	5	6	13	26	32	8	6	16	13
题号	13	14	15	16	17	18	19	20	21	22	23	24
非常赞同	101	67	77	72	61	79	84	91	86	80	75	67
赞同	50	59	59	60	38	56	56	41	55	50	46	38
说不清	7	19	15	16	36	15	12	12	8	17	21	21
不赞同	6	19	13	16	29	14	12	20	15	17	22	38

三、教师满意度情况的调查

在对学生试做情况进行调查的基础上，我们还对某区的 51 名教师进行了问卷调查，其中有 10 年以上教龄的教师占到了 49.02%；区级以上骨干教师占到了 17.45%；使用过人教版 2012 年版教科书 2 次以上的教师占到了 62.74%．有 34 人认为改进后的习题很好，6 人认为习题数偏多，11 人认为还需要补充．

对于各道习题的功能，调查结果如下（图 6 – 2 – 27、图 6 – 2 – 28）：

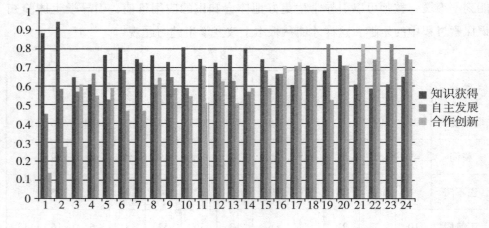

图 6 – 2 – 27

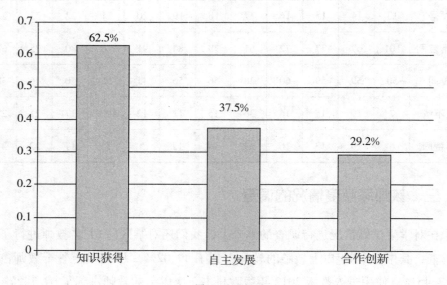

图 6 – 2 – 28

由上面两图可以清楚地看到，教师对本节的习题设计比较认可，特别是在认可知识获得的前提下，发现了习题在自主发展和合作创新两个维度上的变化，也希望多一些这样的习题．通过对习题满意度的访谈还了解到，教师对于利用表格引导学生进行归纳整理的试题还是比较认可的，对一些开放性试题和解决生活实际问题的习题也能够接受．当然，对于教科书习题进行改进是一个综合的系统工程，不是一朝一夕就能完成的事，也绝非个人的直观想象，需要教育专家、广大师生等各方面共同努力，需要在教育教学实践中不断积累经验，及时调整更新，并与教育的时代发展相结合．

◆◆ 结 束 语 ◆◆

中华人民共和国成立 70 年来，基础教育的发展经历了一个曲折前进的过程，初中数学教科书习题设计的发展与数学教科书的发展与演变相伴随，也是一个渐进的过程，表现出一定的规律性．由于我国数学学科课程设计的依据是数学学科的科学体系，因此初中数学教科书常常由从定义出发的逻辑链条构建而成，教学目标十分明确，习题设计的目标自然而然地围绕这些知识链条而展开，更多地指向学科知识的获得，习题组织更多地体现知识应用的复杂程度，特别重视学科内部知识之间的联系和发展，这也是 20 世纪我国初中数学教科书习题设计的基本特点．

对于现阶段的初中数学教科书的习题，使学生获得数学技能是主要的目的，因而习题大都以基本概念、公式法则、图形性质等为基本内容，从设置与原来学习情境相似的问题情境开始，逐渐变化问题类型，最终变为与原来学习情境完全不同的新情境，引导学生在变化中形成运用数学概念、原理解决问题的技能．教科书提供的变式素材比较零散，没有形成连续变化的结构性变式，因此可能会削弱技能训练效果．实际上，对课堂学习知识的巩固和运用，更是需要对探索知识的经验进行更深层次的感悟，一些在课堂上认识得不够深刻，来不及自我反思的知识与过程，都需要在课后的作业中延续和发展．仅仅将习题设计停留在复习巩固的层面上是远远不够的．做不好习题设计与课堂教学设计的呼应，"见分不见人"等应试教育的弊端势必在课堂教学中出现．

另外，我国启发式教学、变式教学等教学研究的成果十分突出，与此相比，教科书习题设计的启发性、变式方法等研究还亟待提高．建构主义、人本主义等现代教育理论对教科书习题设计的影响还不够明显，现代信息技术的迅猛发展对学习的挑战所带来的变化也都还没有表现出来，选题的生活化、呈现的开放化、学科的综合化、工具的现代化等各方面的改变都不够迅速．

随着时代的发展和人才竞争的日趋激烈，中高考的试题发展变化远远快于教科书的习题设计变化，现在的中考题试题与几年前、十几年前、几十年前相比已经面目皆非，但教科书的习题变化却十分有限．2012 年实施的、经过改版的教科书习题也借鉴了很多中考试题的特点，表现出一定的时代特征，但总体上还十分滞后．另外，我国的数学考试命题受标准化考试的影响太深，很多基础性题目的考法几十年不变，全国各地的中考数学试卷的模式几乎都一样，可以说已经八股化了．这又从一个侧面说明教科书习题设计对考试评价试题的直接影响．因此，利用数学教科书的习题设计影响大规模数学测评的改革和发展，是发挥教科书功能的重要体现．

当前，信息化、数字化、网络化的时代潮流势不可挡，慕课、微课等新的教学形式蓬勃发展，科学技术的改变正引发人们生活方式、认知方式的改变．在教育领域，相应的教学方式、学习方式、课程设计等都必将受到一定的影响，对教科书的习题进行变革也势在必行．经验课程依托的是学生的经验，以此为支撑的教科书必然要考虑知识产生的具体情境，如学生生活的真情实景、学生已有的数学知识的积累等．做好学科课程与经验课程的融合，成为新时代初中数学教科书习题设计的发展方向．

1. 既传承"双基"特色又注重培养核心素养是我国初中数学教科书习题发展的基本方向

从中华人民共和国成立初期教学大纲中的注重"双基"和思想教育，到运算能力、逻辑推理能力、空间想象能力的提出，到 2011 年版课程标准中"四基"的提出，到高中课程标准中六大学科核心素养的提出，注重"双基"始终是最重要的内容．抽象、归纳和模型的数学思想成为整个数学教学的主线，也左右着数学教科书的习题设计，因为只有深邃的思想才能使学生终身受益．同时，新时代又对数学教育提出了新的要求，把握好"双基"的度，把握好核心素养的内涵与评价方式，将成为未来教科书习题设计的主要指导方向．

我国地域辽阔，教科书的版本比较多，针对各地学情的复杂性，提供有针对性的、适合不同发展需求的习题供学生选择，可以更科学地夯实"双基"，发展"四基"，突破"千军万马过独木桥"的现状，形成百花齐放的新局面．

2. 注重与生活实践的融合是教科书习题发展的主要趋势

知识、能力和情境是紧密相连、不可分割的，把对知识与能力的学习与提高置于情境化的习题中，需要学生提取情境中相关的数学信息，将情境中所蕴含的学科知识与自己已有的经验进行整合，需要学生运用分析、推理、抽象等高阶思维，形成简单的数学模型，通过逻辑思维解决问题，甚至需要创造性地提出并解决新问题. 这与机械性的、呆板枯燥的传统习题相比,可以展示出学生"活用"知识的能力,实现个体创造性的发挥、个性化的表达与自我评价,符合数学学科学习的本质规律与意义. 因此,未来习题设计的情境背景必须扩大视野,与时代发展的步伐相适应,而不是简单地集中在传统的购物、销售、行程等情境中. 另外,素养并非知识、能力和态度的简单堆砌,它是学科知识、能力、态度在情境中的整合与组织. 以情境串联知识和能力,可以体现出素养测评的意义,但这里的情境绝非单一的、千篇一律的,而应是现代的、与时俱进的、丰富多彩的.

实现教科书习题设计与社会生活发展的融合,可以吸引更多职业领域的科学家加入教科书的编写队伍,实现编写人员学科背景的多样化. 借鉴 PISA 测试试题编制人员的选取经验,让现代科学成果尽快进入教科书,才能使教科书更具时代性.

3. 引领教学与考试评价是我国初中数学教科书习题的重要功能

培养学生的核心素养是 21 世纪世界各国教育研究与实践探索所面临的核心问题,而有效开展核心素养的评价依旧是教育改革的瓶颈. 在明确核心素养内涵的基础上,探索数学核心素养指标体系和表现样例,并以此指导数学教科书的习题设计,就可以很好地发挥教科书引领考试评价的功能. 同时,由于核心素养有别于传统的学习结果,评价方法也必然与传统的评价方法存在冲突,如个人的、社会的、职业的或科学的情境将会大量融入数学试题,势必引起试题的呈现方式、阅读量等方面的变化. 如果教科书的习题依然采用传统的方式,改革的阻力和成效可想而知. 此外,对指向学会学习、自我调控、学习态度等无法通过标准化测试进行的评价,都需要通过教科书的习题进行探索,并实现对改变教师评价理念和方法的培训. 未来的教科书习题设计,将其与课程目标的确定与实现、基于评价监控的课程实施纳入统一的框架将成为必然. 为了体现教科书习题设计对教学与考试评价的引领性,在每一节学习之后,要设置自我评估试题并提供参考答案;在每一章学习之后,要设置自我检测试题并提供评分标准. 在重要内容学习之后开辟知识窗,介绍相关研究的历史任务、成果发展及应用等,甚至可以介绍世界上其他国家的相关学习资料等,以期开阔学生的视野.

下

篇

第七章 对教科书中不同类型习题的使用

教科书的重要性不仅在于它固有的属性特征，更在于它是否能够被师生有效使用，师生主体是否能够与教材发展一种积极的、动态的意义关系．教科书习题研究属于教科书使用研究的范畴，对教学实践具有重要的指导作用．孔凡哲教授曾从教师理解、研究教科书的水平，诠释整合教科书，运用教科书和评判教科书四个维度建构了教师使用教科书水平的评价模型．其中理解、研究教科书是指教师对课程标准等上位材料中教科书所涉及的课程内容、要求的熟悉程度、评判的水平，对本教科书的结构、编排、特色等的熟悉程度．诠释、整合教科书主要是指教师利用教科书资源进行教学设计（备课）的适切程度、有效程度．而运用教科书包括教师对教科书优点、缺点的教学处理，把握的适切程度，如对教科书中的具体内容具体分析，增加、替换、重组等具体处理的情况，以及课程教学目标的达成实效；还包括教师对教科书功能的发挥程度，如有效利用教科书给学生的学、教师的教所提供的范例作用，以及教师对教科书的配套课程资源有效利用的合适程度．评价教科书主要是指结合教科书的使用效果，对教科书进行评价的自觉意识和水平；同时，利用教科书的信息，收集、整理教科书的评判信息，积累进一步使用教科书的资源．

　　教科书中的习题是同类事物按照一定的关系组成的统一整体，具有完整的系统性；是根据学科特点、心理学、教育学，特别是学生的认知规律而设计的由易到难的问题系统，兼顾了科学性和学生的年龄特征，以巩固学生所学到的基础知识为主要目的．随着时代的发展，教科书习题的功能也在与时俱进地发展．与教科书正文呼应和互补，发展学生的核心素养和关键能力正成为教科书习题设计的主流趋势．教师要想有效地使用教科书的习题，必须明确教科书习题设计的思路、特点及习题的功能，明确学生获得基本学习经验的原则和途径．而学生所获得的某一个学科的基本活动经验，其实质在于围绕特定的课程教学目标，在经历了与学科相关的各类活动过程之后，学生所留下的直接感受、体验和感悟，包含体验性内容，策略性内容和模式性、方法性内容．学生获得必要的学科活动经验和与学科学习有关的生活经验，是进行科学建构、实现在学科上全面发展和实现情感态度与价值观目标的基本前提．一般而言，学生在学科内容和学习活动上的学习安排需要有比较清晰的由易到难、由简到繁的递进结构，以及明显的从基础到提高的逻辑结构．因此，学习经验的组织应遵循顺序性、连续性、统整性、关联性、均衡性等原则．

中国数学教科书强调利用学生熟悉的素材，并以循序渐进的变化方式加以安排，引导学生拾级而上地开展数学学习活动，在有序变化的情境中，用比较、类比、归纳、抽象等方法，认识相关材料的共性和差异性，从而得出具体事例的数学本质，并迁移到同类事物中去，最终理解和掌握数学知识．在此基础上，通过安排变化情境中的知识运用，使学生学会应用数学知识灵活解决问题．与数学教科书的整体设计相呼应，把握使用教科书习题的维度、教科书习题设计的特点、学科知识发生发展的规律以及所蕴含的关键能力和核心素养、学生学习经验积累的规律，才可能科学地使用教科书的习题．

教科书中的习题都是伴随着数学知识的学习过程而展开的，数学知识本身具有多种类型，不同类型的知识有着不同的学习路径，布卢姆在教育目标分类中对数学知识进行了如下分类：

主类别及其亚类	例子
A. 事实性知识——数学教科书中所包含的数学基本事实、数学概念的要素	
A1. 术语知识	数学名词、符号
A2. 具体细节和要素知识	三角形的组成要素
B. 概念性知识——在一个更大体系内共同产生作用的基本要素之间的关系	
B1. 分类和类别的知识	三角形分为锐角三角形、直角三角形、钝角三角形
B2. 原理和通则的知识	勾股定理、有理数的运算法则
B3. 理论、模型和结构的知识	数、式、方程、不等式和函数的相互关系

续 表

主类别及其亚类	例子
C. 程序性知识——做某事的方法、研究方法和运用技能、算法、技术的准则	
C1. 数学技能和算法的知识	整式的运算法则和步骤
C2. 数学方法的知识	配方法、换元法、待定系数法、数学归纳法
C3. 决定何时运用适当程序的知识	决定用哪种函数模型变式一个变化过程
D. 元认知知识——关于认知的知识，对自身认知的意识和知识	
D1. 策略性知识	列举法、特殊值法、考虑简单情形、尝试错误法等
D2. 关于认知任务的知识	用哪些统计量解释日常生活中的某类问题
D3. 自我认识	知道自己的长项、短项和认知风格

基于以上分类，习题应用可以从事实性知识、概念性知识、程序性知识和元认知知识的应用四个维度去考虑；也可以从传统的数学概念、数学原理、数学技能、数学思想方法四个维度去考虑，因为这四个维度涵盖了数学教科书中的所有核心知识类型，与心理学家对数学知识的分类并不矛盾．其中，数学概念和数学原理是事实性知识和概念性知识，数学原理包括数学性质、法则、公式、定理等；数学技能是程序性知识，包括按一定的程序与步骤进行运算，按逻辑规则进行推理，以及作图、绘制图表、处理数据等；数学思想方法是一种策略性知识．下面针对初中数学教科书中几种常见的习题类型进行分析．

第一节　对数学概念类习题的使用

数学概念是人脑对现实对象的数量关系和空间形式本质特征的一种反映形式，即一种数学的思维形式，是进行数学推理、判断、论证的基础，是数学学科培养学生关键能力和发展核心素养的起点．数学习题对促进学生理解概念具有重要的作用．通过习题可以帮助学生进一步明确概念的形成过程，明确概念的内涵与外延以及概念之间的关系．教科书中对理解不同类型的概念所设计的习题在数量、呈现方式等方面不尽相同，教师应该首先明确初中数学教科书中的概念都可以怎样进行分类．

根据概念形成过程和表述方式的不同，有学者将数学概念归类为描述性定义、形式化定义、发生式定义、关系式定义等几种方式．现将人教版七年级上册教科书中的基本概念按照定义方式分类列表（表 7 – 1 – 1）．

表 7 – 1 – 1

定义方式	方式说明	概念名称
原始概念	不定义	几何体、平面、点、线
描述性定义	像……，通过具体例子描述	正数、负数、相反数、幂、底数、指数、科学计数法、近似数、几何图形、立体图形、立体图形的展开图
形式化定义	具有固定的结构、明确的内涵与外延	数轴，绝对值，乘方，单项式，单项式的系数、次数，多项式的系数、次数、常数项，整式，同类项，一元一次方程，方程的解，线段，射线，角，角的顶点、边
发生式定义	以概念的发生或形成的本质属性作为种差	合并同类项、解方程、移项、去括号、去分母、相交、交点
关系式定义	以概念的关系作为种差	有理数，线段的中点，角的平分线，互为余角，互为补角，度、分、秒

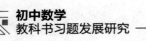

把握不同定义方式概念的特点，在合理使用教科书习题的前提下，可以对教科书中的习题进行适当的补充和拓展.

一、学习之后，及时设置自主反思类习题是促进学生理解概念的重要方式

1. 在知识的生长点设置反思环节，强化与已有学习经验的冲突

例如，在学习有理数的概念之后，可以设置下面的问题引导学生进行自我反思，重建基于个性理解的知识结构：

（1）$-a$ 一定是负数吗？最大的有理数、最小的有理数存在吗？举例说明什么是非负整数，等等.

（2）从小学开始，我们已经在不同的情形中多次使用"$-$"号，如 $5-3$、-3、$-(-5)$ 等. 你能分别说出这几个"$-$"号的意义吗？

2. 在知识的连接点设置反思环节，引导学生进行总结归纳

例如，在学习完有理数的概念和运算之后，可以设置这样的习题，以促使学生尽快构建知识链接：

（1）结合具体实例说说如何利用数轴解释一个数的相反数和绝对值.

（2）说说有理数的加法与减法、乘法与除法、乘法与乘方有怎样的关系. 与小学学过的四则运算相比较，有理数的混合运算可以最终转化成哪些运算？

（3）有理数有哪些运算律？举例说明运算律在有理数运算中的作用.

在学习完"因式分解"的概念之后，可以提出如下问题，引导学生将新知有效地纳入已有的知识结构：

（1）举例说明因式分解与整式乘法之间的关系.

（2）举例说明你都学习了哪几种因式分解的方法.

3. 在单元知识结束时，及时设计思维导图或表格引导学生总结归纳

例如，在学习了"中点"等基本概念之后，利用表格引导学生总结学习程序（表 7-1-2），比较、理解相似问题的基本结构.

表 7 - 1 - 2

图形名称	图形	定义	判定	性质	典型错例
中点					
角平分线					
线段的垂直平分线					
……					

在学习完"垂直""平行"等基本概念之后，及时从三方面整理说理依据（表 7 - 1 - 3）.

表 7 - 1 - 3

依据名称	文字语言	图形语言	符号语言
垂直的定义			
平行的判定			
平行的性质			
……			

对一些专有名词、数学专用语言进行及时总结，渗透分类讨论的思想（表 7 - 1 - 4）.

表 7 - 1 - 4

当我们读到（看到）	应意识到需要分类为	举例、例题
非负数（整数、完全平方数……）		
点在射线（直线、坐标轴、平面……）		
方程、函数解析式中含字母		
是否存在等腰三角形、平行四边形、全等三角形、相似三角形……		
……		

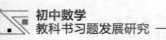
二、通过题组设计突破抽象性强、易混淆概念的理解难关

现有的教科书习题并没有标明习题目标，为了增强习题的针对性，可以提示学生做习题时要考虑哪些知识点．对于像二次根式、分式等易混淆、抽象性较强的概念，要通过题组设计引导学生拾级而上、层层深入．

例如，在学习完"二次根式""最简二次根式"的概念之后，可设置下面的习题，引导学生理解不同形式的二次根式有意义的条件，熟悉不同类型二次根式的化简方法．

（1）完成下列填空．

二次根式	$\sqrt{-x}$	$\sqrt{x^2}$	$\sqrt{x^2+1}$	$\sqrt{(x-1)^2}$	$\sqrt{\dfrac{1}{x}}$
实数范围内有意义的条件					

（2）判断下列根式是否为最简二次根式，不是的进行化简．

A. $\sqrt{7}$ B. $\sqrt{0.4}$ C. $\sqrt{\dfrac{1}{2}}$ D. $\sqrt{20}$

又如，在学习完"平行四边形"一章后，针对特殊四边形边、角、对角线的性质，苏教版八年级下册教科书中设有下面的习题，使学生对特殊四边形的性质进行巩固．

（1）根据图形所具有的性质，在下表相应的空格中打"√"．

性质	平行四边形	矩形	菱形	正方形
对边平行且相等				
四条边相等				
四个角都是直角				
对角线互相平分				
对角线互相垂直				
对角线相等				

（2）下列判断是否正确？

① 对角线相等的四边形是矩形；

② 对角线相等且互相平分的四边形是矩形；

③ 对角线互相垂直的四边形是菱形；

④ 对角线互相垂直平分的四边形是菱形．

三、设置开放性习题，引导学生从不同角度理解概念的内涵

开放性习题包括条件开放、结论开放、条件结论同时开放、答案开放等多种形式，此类习题在教科书中并不多见．对于那些需要学生灵活掌握的关键性概念，设置开放性习题是十分必要的．例如，苏教版八年级上册教科书第 29 页有这样一道题：

如图 7 - 1 - 1 所示，$AC \perp CB$，$AD \perp DB$，要证明 △$ABC \cong$ △ABD，还需要什么条件？

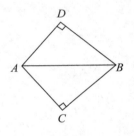

此类题目给出结论，让学生寻求满足结论的部分条件，而这种条件往往又是不唯一的，它要求学生善于分析，从题目的结论出发，按图索骥，执果索因，寻找答案．

再如，在学习完整式的概念之后，可以设计这样的开放题：

图 7 - 1 - 1

写出一个含有字母 a 的代数式，使字母 a 不论取什么值，这个代数式的值总是正数．

本题学生要明确怎样的代数式的值是非负数，由此不难得到满足条件的代数式有 $a^2 + 1$，$|a| + 2$，$a^2 - a + 1$ 等不同的答案．此类题目属于结论开放的习题，与上一类题目的结构设置刚好相反，需要学生进行大胆而合理的猜想．

在学生八年级学过"平行四边形"之后，可以设计这样的习题：

四边形 $ABCD$ 的对角线 AC、BD 相交于点 O，请从下列 6 个条件中选取 3 个，使四边形 $ABCD$ 成为矩形，并说明理由．

①$AB // DC$；②$AB = DC$；③$AC = BD$；④$\angle ABC = 90°$；⑤$OA = OC$；
⑥$OB = OD$.

在解答此题时，首先要让学生回顾一个四边形是矩形的条件，同时要教学

生怎样进行 6 个条件的组合，这是一种方法也是一种策略．综上所述可以这样组合：①②③；①②④；③⑤⑥；④⑤⑥；等等．此类题目能有效提升学生的主体意识，激发学生创新潜能的发挥．题目的条件与结论都不确定，需要学生进行认真分析，把符合题目要求的条件进行排列与组合，再进行解答或论证．

　　总之，在数学教科书中，呈现数学概念一般要经历"现实问题数学化""数学内部规律化""数学内容现实化"三部曲，而其中的"数学内部规律化"的核心和要害在于归纳推理和演绎推理，这是数学内部得以发展的关键．"数学内容现实化"具体表现为"数学概念的类化"．基于以上特点，要对概念类的习题进行分析和分类，对教科书习题进行补充和拓展，以实现教学目标的要求．

第二节 对运算类习题的使用

数学运算是数学学习的"童子功",《义务教育数学课程标准（2011 年版）解读》中，将根据一定的数学概念、法则和定理，由一些已知量通过计算得出确定结果的过程称为运算．而《义务教育数学课程标准（2011 年版）》中指出，运算能力主要是指能够根据法则和运算律正确地进行运算的能力，培养运算能力有助于学生理解运算的算理，寻求合理简洁的运算途径解决问题．数学运算能力是数学能力的重要组成部分，不仅是一种数学的操作能力，而且是一种数学的思维能力．章建跃认为运算能力的结构包括对运算基础知识的概括化记忆能力，确定题目信息中基本数量关系的能力，对问题的类型等最初定向的能力，有效缩减运算过程、合理简化运算步骤的能力，巧妙、灵活使用运算方法的能力等．影响数学运算能力的因素很多，既包含非智力因素，如学生的思维品质、心理因素、重视程度等，又包含智力因素，如运算基础、计算器的使用、解题技能等．

数学运算水平的高低直接反映数学能力的高低．初中数学运算的对象具有不同的抽象层次，包括数的运算、代数式的运算、方程与函数运算以及解析几何中的运算等，每一种运算都具有明确的对象和特定的运算法则．对运算对象的变式以及不同对象进行关联和转换，是提高运算素养水平的重要途径．同时，对于运算法则的深入理解表现为对算理的认识，也具有逻辑推理能力要求上的不同层次．比如，根据公式、法则进行运算，强调对象的准确性、运算程序的规范性，这是最基础的层次，属于数学技能层面；根据数学概念性质进行运算，涉及对相关概念的理解，属于数学理解与数学方法的综合，需要有一定的数学概念理解上的要求，但对算法的创造性要求并不高；根据数学方法进行运算，如利用恒等变换法、配方法、换元法、构造函数等进行运算，这是针对一些综合多种对象与数学方法进行运算的问题，数学思维层次要求比较高，它需要综合地根据问题中数学对象的特点和规律，选用一定的数学方法，甚至创造一定的算法，经过一定的逻辑推理才能解决．所以说，运算能力并非一种单一的、孤立的数学能力，而是运算技能与逻辑思维等的有机结合．在实施运算分析和解决问题的过程中，力求做到善于分析运算条件、探究运算方向、选择运算方法、设计运算程序，使运算符合算理，合理简洁．

2017 年发布的《普通高中数学课程标准（2017 年版）》不再沿用运算能力的说法，而是提出了运算素养的概念．数学运算素养是指"在明晰运算对象的基础上，依据运算法则解决数学问题的素养"．理解运算对象、掌握运算法则、探究运算思路和求得运算结果是考量学生运算素养的基本维度，"熟能生巧"等传统的对数学运算的认识正逐渐被"深度理解"所取代．

数学运算素养的提出是顺应时代发展要求和人才培养需求的结果．一方面，数学运算素养是数学运算能力的继承，它包含了数学运算能力，在弄清和理解运算对象、深刻理解运算法则的基础上，选择合适的算法解决问题．另一方面，数学运算素养又是数学运算能力的延伸（除了能力之外，它还包括思维品质以及情感、态度和价值观，是这三者的综合体，对实现课程目标发挥着重要的支撑作用）．因此，教师根据数学运算素养的成分和不同的表现水平，对传统的数学教科书中的运算类习题做出评判、选择和调整，就显得十分重要．运算素养的成分见表 7 - 2 - 1，运算素养的水平见表 7 - 2 - 2.

表 7 - 2 - 1

运算素养成分	具体描述
理解运算对象	包括对运算问题的最初定向及对具体运算问题的抽象和概括能力．主要指能够通过阅读题目，充分挖掘已知条件或已知结论所隐含的信息，为后面寻求与设计合理的运算方法及简化运算过程提供必要条件
掌握运算法则	能够做出运用哪些定义、公式或法则进行运算的判断，并且能够运用相应的定义、公式或法则对题目进行准确的运算
选择运算方法	能够通过对题目特点的分析与思考，从多个解决方案中选择出最佳的解决方案
简化运算过程	能够在合理方法的指导下，使题目运算过程、程序变得更简洁
估算	更简捷快速地得到结果或无法精确计算的情况下，能够对尾数进行忽略而得到近似结果，或利用双侧逼近的形式快速获得解的范围

表 7 - 2 - 2

运算素养的维度	水平一	水平二	水平三
情境与问题	能够在熟悉的数学情境中了解运算对象，提出运算问题	能够在关联的情境中了解运算对象，提出运算问题	能够在综合的情境中把情境问题转化为运算问题，确定运算对象和运算法则，明确运算方向
知识与技能	能够了解运算法则及其适用范围，并正确进行运算；能在熟悉的数学情境中，根据问题的特征运用合适的运算思想解决问题	能够针对运算问题，合理选择运算方法，设计运算程序，解决问题	能够针对运算问题，构造运算程序，解决问题
思维与表达	在运算过程中，能够体会运算法则的意义和作用，能够运用运算验证简单的数学结论	能够理解运算是一种演绎推理，能在综合运用运算方法解决问题的过程中，体会程序思想的意义和作用	能够用程序思想理解与表达问题，理解程序思想与计算机解决问题的联系
交流与反思	在交流过程中，能够用运算结果来说明问题	在交流过程中，能够借助运算探讨问题	在交流过程中，能够用程序思想理解和解释问题

初中阶段学生运算能力的形成与发展要经历不同的阶段，从七年级的有理数运算，整式的加减运算，解一元一次方程、二元一次方程组，到八年级的整式的乘除、因式分解、分式运算、二次根式运算、一次函数，最后到九年级的解一元二次方程、二次函数和反比例函数、锐角三角函数的运算，表现出由具体到抽象，由法则到算理，由常量到变量，由单向思维到多向思维、逆向思维的螺旋上升的特点．根据不同阶段的学习内容和学习目的，创造性地使用教科书习题，使学生真正理解运算对象、运算法则和算理，才能切实提高学生的运算素养．

一、通过辨析、改错、阅读等题型加强对运算所涉及的基本概念、基本原理的理解

学生很多运算问题的存在是因为对核心概念的理解不到位．例如，要进行整式的加减运算，就必须清楚同类项和合并同类项的概念；要进行因式分解，就必须知道因式分解与整式乘法的关系．为此，在要求学生完成教科书中相关习题的前提下，要增加概念辨析类习题．例如，对同类项和因式分解的概念进行下列不同形式的强化．

（1）回答下列问题：

① $5xy$ 与 $135yx$ 是不是同类项？

答：是，所含字母相同，相同字母的指数也相同，可以利用乘法交换律进行转换．

② $5xy + 135xy$ 为什么可以化简为 $140xy$？

答：因为可以将乘法分配律逆向使用．［若学生水平较高，可以告诉学生：这就是提取公因式（可以与提取公因数类比）．］

（2）判断下列式子是不是同类项：

① $3ac$ 与 $3abc$（否）字母不同；

② $2a^2b$ 与 $3ab^2$（否）相同字母的指数不同；

③ $2ab^2$ 与 $5ab^2$（是）只是系数不同；

④ $5xy$ 与 $135yx$（是）只是字母的顺序不同；

⑤ 125 与 2（是）几个数字也可以看作同类项．

（3）辨析：以下变形哪些是因式分解？

① $4a(a+2b)=4a^2+8ab$；② $6ax-3ax^2=3ax(2-x)$；

③ $a^2-4=(a+2)(a-2)$；④ $x^2-3x+2=x(x-3)+2$.

数学运算具有严格的程序性，每一步运算都有其运算依据，对运算依据的深刻理解是保证正确运算的有力措施．在学习完数、式、方程等知识之后，教科书中提供了很多要求学生直接运算的习题，但还缺少针对解法依据的习题，可设置判断题、辨析题、改错题、阅读理解题等，对教科书习题进行有效的补充．

例如，在学习了有理数运算之后可补充下题：

先阅读下列材料，阅读后回答问题．

计算 $\left(-\dfrac{5}{2}\right) \div (-15) \times \left(-\dfrac{1}{15}\right)$．

解： 原式 $= -\dfrac{5}{2} \div \left[(-15) \times \left(-\dfrac{1}{15}\right)\right]$　　①

$\qquad = -\dfrac{5}{2} \div 1$　　　　　　②

$\qquad = -\dfrac{5}{2}$　　　　　　　③

（1）上述解法是否正确？答：_____ ．

若有错误，在哪一步？答：_____ ．（填代号）

错误的原因是：_____

_____．

（2）这个计算题的正确答案应该是_____ ．

例如，在学习了分式的运算之后，可补充：

阅读下面题目的运算过程．

$\dfrac{x-3}{x^2-1} - \dfrac{2}{1+x} = \dfrac{x-3}{(x+1)(x-1)} - \dfrac{2(x-1)}{(x+1)(x-1)}$　　①

$\qquad\qquad = x - 3 - 2(x+1)$　　　　　②

$\qquad\qquad = x - 3 - 2x + 2$　　　　　③

$\qquad\qquad = -x - 1$　　　　　　　④

上述计算过程，从哪一步开始出现错误，写出该步代号_____ ．

（1）错误的原因是：_____ ．

（2）请你写出本题正确的计算过程．

例如，在学习了二次根式的运算之后，可补充：

化简 $\dfrac{1}{\sqrt{2}+\sqrt{3}}$ 时，甲、乙两同学的解法分别如下．

甲：$\dfrac{1}{\sqrt{2}+\sqrt{3}} = \dfrac{3-2}{\sqrt{2}+\sqrt{3}} = \dfrac{(\sqrt{3}+\sqrt{2})(\sqrt{3}-\sqrt{2})}{\sqrt{2}+\sqrt{3}} = \sqrt{3}-\sqrt{2}$．

乙：$\dfrac{1}{\sqrt{2}+\sqrt{3}} = \dfrac{1 \cdot (\sqrt{2}-\sqrt{3})}{(\sqrt{2}+\sqrt{3})(\sqrt{2}-\sqrt{3})} = \dfrac{\sqrt{2}-\sqrt{3}}{-1} = \sqrt{3}-\sqrt{2}$．

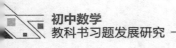

下面请解答：

（1）两位同学的解法是否正确？

（2）请用上述两种方法化简 $\dfrac{2}{\sqrt{5}-\sqrt{3}}$；

（3）计算 $\dfrac{1}{1+\sqrt{2}}+\dfrac{1}{\sqrt{2}+\sqrt{3}}+\dfrac{1}{\sqrt{3}+\sqrt{4}}+\dfrac{1}{\sqrt{4}+\sqrt{5}}+\cdots+\dfrac{1}{\sqrt{2014}+\sqrt{2015}}$.

例如，在学习了分式方程的解法之后，可补充：

思考： 观察下列解方程的方法有何不同？两种解法的依据分别是什么？

解方程：$\dfrac{x-1}{3}-\dfrac{x+2}{6}=\dfrac{4-x}{2}$.

解法 1： $\dfrac{2\,(x-1)}{6}-\dfrac{x+2}{6}=\dfrac{3\,(4-x)}{6}$

$\dfrac{2\,(x-1)-(x+2)}{6}=\dfrac{3\,(4-x)}{6}$

$\dfrac{x-4}{6}=\dfrac{12-3x}{6}$

$x-4=12-3x$

$4x=16$

$x=4$

解法 2： $6\times\dfrac{(x-1)}{3}-6\times\dfrac{x+2}{6}=\dfrac{(4-x)}{2}\times 6$

$2\,(x-1)-(x+2)=3\,(4-x)$

$x-4=12-3x$

$4x=16$

$x=4$

例如，在学习了一元二次方程的解法之后，可补充：

（1）小颖、小明、小亮在解方程 $x^{2}=3x$ 时，解法各不相同，请你回答下列问题：

① 简要分析一下三位同学的解法是否正确．如果正确，分别指出他们运用了哪种解一元二次方程的方法．如果错误，错误的原因是什么？你能否从中体会到解一元二次方程的数学思想是什么？

② 请你选择一种你熟练的方法尝试解一元二次方程 $4x\,(2x+1)=3\,(2x+1)$．

  由方程 $x^2 = 3x$，得 $x^2 - 3x = 0$ 因此 $x_1 = 0$，$x_2 = 3$ 所以这个数是 0 或 3	 方程 $x^2 = 3x$ 两边同时约去 x， 得 $x = 3$，所以这个数是 3
	  由方程 $x^2 = 3x$，得 $x^2 - 3x = 0$ 即 $x(x - 3) = 0$. 于是 $x = 0$ 或 $x - 3 = 0$. 因此 $x_1 = 0$，$x_2 = 3$ 所以这个数是 0 或 3

（2）判断下列方程的解法是否正确，如若不对，请改正.

解方程 $\frac{2}{3}x^2 + x = 2$.

解：原方程可化为 $2x^2 + 3x - 6 = 0$，这里 $a = 2$，$b = 3$，$c = -6$

则 $b^2 - 4ac = 3^2 - 4 \times 2 \times (-6) = 9 + 48 = 57$

所以 $x_1 = \dfrac{-3 + \sqrt{57}}{2}$，$x_2 = \dfrac{-3 - \sqrt{57}}{2}$.

（3）小红、小亮两位同学一起解方程 $x(2x - 5) + 4(5 - 2x) = 0$.

小红是这样解的：先将方程变为 $x(2x - 5) - 4(2x - 5) = 0$，移项得 $x(2x - 5) = 4(2x - 5)$，方程两边都除以 $(2x - 5)$ 得 $x = 4$.

小亮看后说小红的解法不对，请你判断小红的解法是否正确. 若不正确，请给出正确解法及答案.

二、设计阅读理解题，提炼运算技巧，简化运算程序

追求运算的简捷性是数学运算的特点之一，虽然现如今计算机的使用使人们对运算速度的要求降低了，但运算本身具有的简捷性特点却是提高学生思维能力的重要载体. 教科书中也有很多利用运算律进行简单运算的习题，教师需

要引起足够的重视．除此之外，需要通过设计阅读理解类题目，及时对一些运算技巧进行强化．

【例1】

（1）计算：$\left(-\dfrac{2}{9}+\dfrac{3}{4}-\dfrac{7}{18}\right)\times36$.

（2）认真阅读材料，解决问题．

计算：$\dfrac{1}{30}\div\left(\dfrac{2}{3}-\dfrac{1}{10}+\dfrac{1}{6}-\dfrac{2}{5}\right)$.

分析：除法没有分配律，无法运用简便运算．但可以先交换除数与被除数的位置，求出原式的倒数．

解：原式的倒数是：

$$\left(\dfrac{2}{3}-\dfrac{1}{10}+\dfrac{1}{6}-\dfrac{2}{5}\right)\div\dfrac{1}{30}$$

$$=\left(\dfrac{2}{3}-\dfrac{1}{10}+\dfrac{1}{6}-\dfrac{2}{5}\right)\times30$$

$$=\dfrac{2}{3}\times30-\dfrac{1}{10}\times30+\dfrac{1}{6}\times30-\dfrac{2}{5}\times30=20-3+5-12=10，故原式=\dfrac{1}{10}.$$

请你根据对（2）题的理解，按照"先求倒数"的方法计算：$-\dfrac{1}{24}\div\left(\dfrac{1}{4}-\dfrac{5}{12}-\dfrac{1}{6}\right)$.（不是按"先求倒数"计算的不给分）

本题介绍了"求倒数法"在一类有理数运算中的应用，通过此题学生既学习了运算技巧，又深刻理解了乘法与除法的关系，熟练掌握了求倒数这一基本技能，达到了事半功倍的效果．

【例2】

我们学过乘法的分配律，有时候逆用乘法的分配律会使运算过程简单．例如：

$$\left(-\dfrac{6}{5}\right)\times\left(-\dfrac{2}{3}\right)+\left(-\dfrac{6}{5}\right)\times\dfrac{17}{3}=\left(-\dfrac{6}{5}\right)\times\left[\left(-\dfrac{2}{3}\right)+\dfrac{17}{3}\right]=\left(-\dfrac{6}{5}\right)\times5=-6$$

请用这种方法解决下列问题．

计算：（1）$7\dfrac{1}{3}\times(-5)+7\times\left(-7\dfrac{1}{3}\right)-12\times7\dfrac{1}{3}$；

(2) $\left(19\dfrac{4}{9}+9\dfrac{4}{19}\right)\div\left(-2\dfrac{7}{9}-1\dfrac{6}{19}\right)$.

【例3】

利用所学知识进行简便运算：

(1) 99.8^2；(2) $47^2-94\times27+27^2$；(3) $-8^{2010}\times(-0.125)^{2011}$.

【例4】

观察下列运算过程，计算：$1+2+2^2+\cdots+2^{10}$.

解： 设 $S=1+2+2^2+\cdots+2^{10}$ ①

① $\times2$ 得 $2S=2+2^2+2^3+\cdots+2^{11}$ ②

② $-$ ①得 $S=2^{11}-1$

所以，$1+2+2^2+\cdots+2^{10}=2^{11}-1$.

运用上面的计算方法计算：$1+3+3^2+\cdots+3^{2018}=$ _____.

【例5】

阅读下列运算的推理过程，并解答问题.

① $\because(\sqrt{2}+1)(\sqrt{2}-1)=(\sqrt{2})^2-1^2=1$，$\therefore\dfrac{1}{\sqrt{2}+1}=\sqrt{2}-1$

② $\because(\sqrt{3}+\sqrt{2})(\sqrt{3}-\sqrt{2})=(\sqrt{3})^2-(\sqrt{2})^2=1$，$\therefore\dfrac{1}{\sqrt{3}+\sqrt{2}}=\sqrt{3}-\sqrt{2}$

③ $\because(\sqrt{4}+\sqrt{3})(\sqrt{4}-\sqrt{3})=(\sqrt{4})^2-(\sqrt{3})^2=1$，$\therefore\dfrac{1}{\sqrt{4}+\sqrt{3}}=\sqrt{4}-\sqrt{3}$

……

(1) 依以上规律写出第④个运算的推理过程；

(2) 用含字母 n（n 表示大于 0 的自然数）的式子表示出题中运算的推理过程；

(3) 利用题中规律计算下列式子的值：

$$\left(\dfrac{1}{\sqrt{2}+\sqrt{1}}+\dfrac{1}{\sqrt{3}+\sqrt{2}}+\dfrac{1}{\sqrt{4}+\sqrt{3}}+\cdots+\dfrac{1}{\sqrt{2007}+\sqrt{2006}}\right)(\sqrt{2007}+1).$$

以上几道题从不同侧面强调了运算推理和运算程序的重要性，与传统的封闭性计算题相比，综合性更强，对学生思维的广阔性、深刻性、敏捷性等方面的要求更高.

三、挖掘数学运算中蕴含的数学思想方法

数学思想往往是观念的、全面的、普遍的、深刻的、一般的、内在的、概括的；而数学方法往往是操作的、局部的、特殊的、表象的、程序的、技巧的．数学思想常常通过数学方法去体现，数学方法又常常反映了某种数学思想．在数学运算中，转换与化归、联想与类比、整体代换等数学思想方法都体现得十分充分，而教科书中的习题都是以知识分类为主线的，这就需要教师根据知识内容及时强化和调整．

从特殊到一般，对特例的不完全归纳是发现数学命题的重要途径，除了在新知识的学习过程中要给予高度重视，在学生习作习题时，同样要关注．下题就是引导学生通过对特例的计算发现数学结论的．

【例6】

（1）判断下列各式是否成立，你认为成立的，请在横线上打"√"，不成立的，请在横线上打"×"．

①$\sqrt{2+\dfrac{2}{3}}=2\sqrt{\dfrac{2}{3}}$＿＿＿；　　②$\sqrt{3+\dfrac{3}{8}}=3\sqrt{\dfrac{3}{8}}$＿＿＿；

③$\sqrt{4+\dfrac{4}{15}}=4\sqrt{\dfrac{4}{15}}$＿＿＿；　　④$\sqrt{5+\dfrac{5}{24}}=5\sqrt{\dfrac{5}{24}}$＿＿＿．

（2）判断完以上各题之后，从正确的各式中你发现了什么规律？请用含有n（n为大于等于2的自然数）的式子将规律表示出来，并写出运算过程．

整体代入求值是代数式计算的一种基本方法，在学习了"求代数式的值"的知识之后，可做如下题组设计：

【例7】

（1）已知$3a-7=0$，求代数式$(3a-5)^2+1.5a$的值．

（2）当$\dfrac{a-b}{a+b}=4$时，求代数式$\dfrac{2a-2b}{a+b}-\dfrac{4a+4b}{3a-3b}$的值．

（3）已知当$x=2008$时，代数式ax^4+bx^2-3的值为1，求当$x=-2008$时，此代数式的值．

（4）已知$a=b+5$，求代数式$3(a-b)^2-2(a-b)^3-5(b-a)^2+4(b-a)^3$的值．

（5）已知$x^2-3x+2=0$，求代数式$(x^2-3x)^2-2x^2+6x+1$的值．

数形结合和符号意识也是蕴含在数学运算中的数学思想，开发应用此类习

题也有很多实践.

【例8】

图 7-2-1 是"分数三角形"数表,记第 i 行从左往右数第 j 个数为 $a_{i,j}$（其中 i、j 均为正整数且 $j \le i$），如 $a_{5,2} = \dfrac{1}{20}$，$a_{7,6} = \dfrac{1}{42}$. 请认真观察此数表的规律并完成下列各题.

（1）第 10 行的第一个数是多少？第 10 行的第二个数是多少？

（2）我发现了此数表有以下规律：

① 第 i 行的第一个数与最后一个数均为_____（用字母 i 来表示）；

② 请仔细观察每行相邻两个数与它们头顶上的那个数的关系，并完成下面填空：$a_{i,2} + a_{i,3} = $ _____；

（3）请利用第（2）问②的规律计算：$\dfrac{1}{3} + \dfrac{1}{12} + \dfrac{1}{30} + \dfrac{1}{60} + \dfrac{1}{105}$. （请给出运算过程）

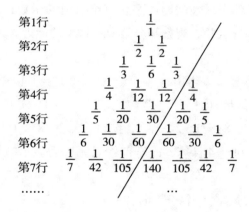

图 7-2-1

本题属于数字变化规律类问题,发现规律、运用规律是解答此题的关键,而认真观察、仔细思考、善用联想是解决这类问题的方法.

【例9】

如图 7-2-2 所示,射线 OC 是 $\angle AOB$ 的平分线,射线 OE、OF 是 $\angle AOB$ 的三等分线,即 OE、OF 将 $\angle AOB$ 分成三个相等的角.

（1）如果 $\angle AOB = 60°$,求 $\angle EOC$ 的度数；

（2）如果 $\angle AOB = 90°$,求 $\angle EOC$ 的度数；

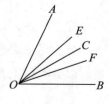

图 7-2-2

（3）如果∠$AOB = x$，请用 x 表示∠EOC 的度数，并把你的运算过程写出来.

本题主要考查角的计算，要求学生学会计算角的和、差、倍、分，同时也考查了角平分线的定义，很好地将数和形结合起来了.

【例 10】

有一台单功能计算器，对任意两个整数只能完成求差后再取绝对值的运算，其运算过程是：输入第一个整数 x_1，只显示不运算，接着再输入整数 x_2，则显示 $|x_1 - x_2|$ 的结果. 比如，依次输入 1，2，则输出的结果是 $|1 - 2| = 1$；此后每输入一个整数都是与前次显示的结果求差后再取绝对值.

（1）若小明依次输入 3，4，5，则最后输出的结果是多少？

（2）若将 1，2，3，4 这 4 个整数任意一个一个地输入，全部输入完毕后显示的结果的最大值是多少？最小值是多少？

（3）若随意一个一个地输入 3 个互不相等的正整数 2，a，b，全部输入完毕后显示的最后结果设为 k，k 的最大值为 10，求 k 的最小值.

此题考查了整数的奇偶性问题以及含有绝对值的函数最值问题，虽然以计算为载体，但首先要有试验、观察和分情况并讨论的能力.

具体解题过程如下：

解：（1）根据题意可以得出：$||3 - 4| - 5| = |1 - 5| = 4$.

（2）根据题意可以得出：$|1 - 2| = |-1| = 1$，$|1 - 3| = |-2| = 2$，$|2 - 4| = |-2| = 2$. 对于 1，2，3，4，按如下次序 $|||1 - 3| - 4| - 2| = 0$，$|||1 - 3| - 2| - 4| = 4$ 计算，故全部输入完毕后显示的结果的最大值是 4，最小值是 0.

（3）设 b 为较大数字，当 $a = 1$ 时，$|b - |a - 2|| = |b - 1| = 10$，解得 $b = 11$，故此时任意输入后得到的最小数为 $|2 - |11 - 1|| = 8$；

设 b 为较大数字，当 $b > a > 2$ 时，$|b - |a - 2|| = |b - a + 2| = 10$，则 $b - a + 2 = 10$，即 $b - a = 8$，则 $a - b = -8$，故此时任意输入后得到的最小数为 $|a - |b - 2|| = |a - b + 2| = 6$.

综上所述，k 的最小值为 6.

分类讨论思想在运算类习题中也大量存在，下例是以定义"新运算"为背景，以分类讨论为对象的运算题.

【例 11】

定义一种对正整数 n 的"F 运算": ①当 n 为奇数时, 结果为 $3n+5$; ②当 n 为偶数时, 结果为 $\dfrac{n}{2k}$ (其中 k 是使 $\dfrac{n}{2k}$ 为奇数的最小正整数), 并且运算重复进行. 例如, 取 $n=26$, 则运算过程如图 $7-2-3$ 所示.

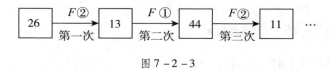

图 $7-2-3$

那么当 $n=9$ 时, 第 2019 次"F 运算"的结果是_____.

学生需要按新定义的运算法则, 分别计算出当 $n=9$ 时, 第一、二、三、四、五次运算的结果, 发现循环规律即可解答.

四、突破技能训练的窘境, 凸显运算的工具性

北师大版七年级上册数学教科书中有这样一道题:

按图 $7-2-4$ 的方式摆放餐桌和椅子:

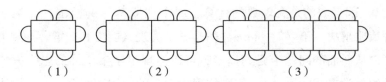

（1） （2） （3）

图 $7-2-4$

照这样的方式继续排列餐桌, 摆 4 张桌子可坐多少人? 摆 5 张桌子呢? 摆 n 张餐桌呢?

这是一道以计算为背景的归纳推理题, 学生首先利用数形结合等方法计算（1）（2）简单图形中椅子的个数, 找出规律后再推广到任意的情形. 此时从数到式的计算, 发展了学生的符号意识, 学生对计算的认识也不再是传统的加、减、乘、除四则运算了.

每学习完一种运算, 教科书中都会提供大量提高学生运算能力的习题, 以"又快又准"为目标的技能性训练成为作业设计的主角. 实际上, 应控制技能性习题的数量和复杂程度, 设计更多使用运算、理解运算对象的习题. 例如, 学生在学习完有理数的运算之后, 除了要完成基本的、直接的计算类习题, 还应补充以计算为基础的探究类习题.

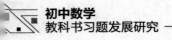
【例 12】

（1）填空：

$-\dfrac{1}{3} \times (1 \times 2 \times 3 - 0 \times 1 \times 2) = $_____；

$-\dfrac{1}{3} \times (2 \times 3 \times 4 - 1 \times 2 \times 3) = $_____；

$-\dfrac{1}{3} \times (3 \times 4 \times 5 - 2 \times 3 \times 4) = $_____．

（2）请按以上规律，写出一个新的算式并求出结果；

（3）请从以下两个问题中任选一个解答，选择①解答正确得 4 分，选择②解答正确得 2 分：

① $-1 \times 2 + (-2) \times 3 + (-3) \times 4 + \cdots + (-n) \times (n+1) = $
_____．（用含有 n 的式子表示）

② $-\dfrac{1}{3} \times (1 \times 2 \times 3 - 0 \times 1 \times 2) + \left(-\dfrac{1}{3}\right) \times (2 \times 3 \times 4 - 1 \times 2 \times 3) + \cdots +$

$\left(-\dfrac{1}{3}\right) \times (7 \times 8 \times 9 - 6 \times 7 \times 8) = $_____．

第（1）问考查的是有理数的计算，属于"双基"的范围，并且学生可以采用多种策略解决．第（2）问关注的是学生的观察能力和归纳、抽象能力．学生甚至可以从后面的问题中得到提示，可以体现出学生个性的思维方式，也引导了教师的教学方式．第（3）问则体现出知识的应用和综合，为不同水平的学生搭建不同的评价舞台．

在学习完一元一次不等式之后，可结合真实的问题情境，让学生进一步理解运算对象．

【例 13】

小明的爸爸在距离公司 90km 的高速公路上接到老总通知，必须在不到 1h 内回到公司，他开车的时速必须满足什么条件？

【例 14】

一辆匀速行驶的汽车在 11：20 时距离 A 地 50km，要在 12：00 之前驶过 A 地，车速应满足什么条件？

【例 15】

在高速公路行驶时，小明注意到道路边竖立着行驶的限速标志，用不等式怎样表示呢?

五、一题多变，提高运算思维的深刻性

在人教版九年级下册第 58 页习题的拓广探索栏目中的第 11 题如下:

如图 7-2-5 所示，一块材料的形状是锐角三角形 ABC，边 $BC=120$mm，高 $AD=80$mm，把它加工成正方形零件，使正方形的一边在 BC 上，其余两个顶点分别在 AB、AC 上，这个正方形零件的边长是多少?

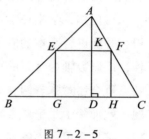

图 7-2-5

本题是一道实际应用的题目，需要学生利用正方形对边平行的性质得到相似三角形，再利用正方形和相似三角形的性质得到含正方形边长的方程，进而解决问题。本题的难度不大，可以放在综合运用栏目，如果放到拓广探索栏目，可以应用下面的题目:

如图 7-2-6 所示，在 △ABC 中，AD 是高，矩形 $PQMN$ 的顶点 M、N 分别在 AC、AB 上，P、Q 在边 BC 上，若 $BC=a$，$AD=h$，且 $PQ=2PN$，求矩形 $PQMN$ 的长和宽（用 a、h 的代数式表示）.

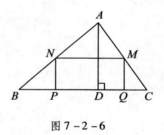

图 7-2-6

本题将上题中的正方形改成了矩形，将具体的线段长改成了用字母表示，解题思路没变，但抽象程度更高，挑战性更大，可以供学习程度较好的学生使用。同时，本题还可以设计成"一题多变"的题组，为不同的学生提供理解和运用相似三角形性质的平台。

变式1:

原题中若 $BC=4$，$AD=3$，设 $PN=x$，矩形 $PQMN$ 的面积为 y，

①求 y 与 x 的函数关系式;②当 x 为多少时，面积 y 有最大值.

学生可以利用相似三角形的性质建立 y 与 x 的函数关系式，再结合二次函数的相关知识进行求解，可以降低字母运算给学生带来的思维难度. 在学生对运算原理有了认识之后，再解决教科书中的习题，就可以进一步提高学生的运算能力. 之后，还可以对问题进行进一步的拓展.

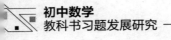

变式 2:

如何在 $\triangle ABC$ 中画内接矩形 $PQMN$，使顶点 M、N 分别在 AC、AB 上，P、Q 在边 BC 上？（要求用位似法）

画图方法的实质是画出以点 B 为位似中心的位似图形，这样的设计突破了以运算技能为目标的限制，加强了学生对相似变换的理解.

再比如，学生在学习完七年级上册的数学知识之后，已经会解一元一次方程，并能进行基本的应用. 常规的相遇问题是利用路程之间的相等关系建立方程，但以数轴为背景的相遇问题又增加了"数形结合"的发展空间，在数轴上两点重合还意味着两点表示同一个数，让学生从数和形两个角度理解同一个问题，就加深了学生对数轴与方程的进一步理解. 同时，学生刚学习完整式的加减，符号意识还不够强，将数轴上任一点表示的数用字母表示，再研究点的运动，通过整式的加减运算表示线段的长，进而通过线段之间的相等关系建立方程解决问题，学生的理解能力就可以通过数学知识的联系和深入而不断发展. 为此，可以设计以下"一题多问"的习题来提高学生的运算素养.

（1）在一条不完整的数轴上，从左到右有 A、B、C 三个点，其中 $AB = 2$，$BC = 1$. 设 A、B、C 三点所对应的数的和是 m.

① 若以 B 为原点，写出 A、C 所对应的数，并求 m 的值；若以 C 为原点呢？

② 若原点在点 C 的右侧，且 $CO = 20$，求 m 的值.

③ 若 $AB = a$，$BC = b$，其他条件不变，解决②中的问题.

（2）数轴上表示 -2 和 4 的两点是 A、B，A、B 两点同时出发，A 的运动速度是每秒 2 个单位长度，B 的运动速度是每秒 1 个单位长度.

① 相遇地点表示的数是几？

② A、B 同时同向出发，t 秒后，A 运动到 M 点（对应的数为 m），此时 B 所在的位置表示的数是几？

第三节　对推理证明类习题的使用

推理是数学的基本思维方式，一般包括合情推理和演绎推理．合情推理一般用于发现结论，演绎推理一般用于证明结论．初中阶段几何课程的首要目标是使学生更好地理解人们赖以生存的空间，发展学生的空间观念与几何直觉，同时通过对图形基本性质的探索和证明，发展学生的合情推理能力和演绎推理能力，使他们理解证明的意义和过程，体会推理和证明的力量．

一、重视合情推理，培养学生发现和提出问题的能力

我国传统的数学教学一直把培养逻辑思维置于主导地位，注重体现数学的严谨性和抽象性，习题也主要针对演绎推理，即通过大量的练习，使学生学会运用演绎推理证明结论的正确性．但在重视演绎推理训练的同时，不能忽视合情推理在数学活动中的重要性，要重视实验、归纳、类比、猜测等发现问题的基本方法的训练，要特别重视这类习题的使用．

例如，人教版教科书七年级上册第 130 页第 12 题如下：

两条直线相交有一个交点，三条直线相交最多有多少个交点？四条直线呢？你能发现有什么规律吗？

七年级上册第 141 页第 15 题如下：

图 7 - 3 - 1 中，射线 AB、BE、CF 构成 $\angle 1$、$\angle 2$、$\angle 3$，量出 $\angle 1$、$\angle 2$、$\angle 3$，并计算 $\angle 1 + \angle 2 + \angle 3$，画出几个类似的图，计算相应的三个内角的和，你有什么发现？

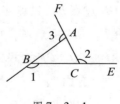

图 7 - 3 - 1

类似地，量出图 7 - 3 - 2 中 $\angle 1$、$\angle 2$、$\angle 3$、$\angle 4$，计算 $\angle 1 + \angle 2 + \angle 3 + \angle 4$，再换几个类似的图试试，你有什么发现？

综合你得到的发现,你还能进一步得到什么猜想?

人教版教科书八年级下册,第 84 页第 15 题如下:

四边形有两条对角线,五边形、六边形分别有多少条
对角线? n 边形呢? 多边形对角线的条数是边数的函数吗?

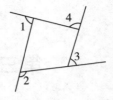

以上几题都是要求学生先对问题的简单情况进行操作,
然后运用类比的方法,从简单到复杂,进行不完全归纳,
猜想问题的结论.

图 7 – 3 – 2

除了类比推理,广泛应用归纳推理、设置开放性习题也是培养学生发现、提出
问题能力的有效途径. 各版本教科书中有很多封闭性解答题,将封闭性问题改为各
类开放性问题,引导学生主动发现,亲身经历观察、测量等数学活动过程,运用类
比、归纳等合情推理手段去猜想问题的结论,应会取得令人满意的效果.

例如,人教版教科书八年级下册第 62 页第 15 题如下:

如图 7 – 3 – 3 所示,四边形 $ABCD$ 是正方形,G 是 BC
上的任意一点,$DE \perp AG$ 于点 E,$BF /\!/ DE$,且交 AG 于点
F,求证:$AF - BF = EF$.

将此题的问题改为"探索 AF、BF、EF 之间的数量关
系,并证明",就对学生观察、发现、提出问题的能力有
了更高的要求. 对图形的全面认识、猜想方法的合理使用
以及正确地猜想结论,都成为解题的关键. 在学习了初中
几何的所有知识之后,此题还可以进行如下变式和拓展.

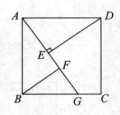

图 7 – 3 – 3

变式 1:

如图 7 – 3 – 4 所示,已知正方形 $ABCD$,直线
GH 过点 B,过点 A、C、D 分别作 $AE \perp GH$ 于点 E,
$CF \perp GH$ 于点 F,$DQ \perp GH$ 于点 Q,试判断线段
AE、DQ、CF 之间的关系.

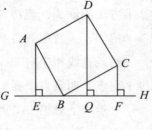

图 7 – 3 – 4

变式 2:

如图 7 – 3 – 5 至图 7 – 3 – 7 所示,已知正方形 $ABCD$,过点 A、B、C、D 分
别作 $AE \perp GH$ 于点 E,$BR \perp GH$ 于点 R,$CF \perp GH$ 于点 F,$DQ \perp GH$ 于点 Q,试判
断线段 AE、BR、CF、DQ 之间的关系.

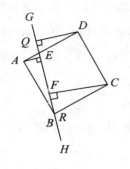

图 7-3-5

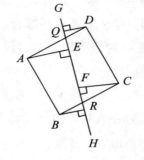

图 7-3-6

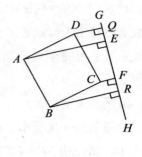

图 7-3-7

变式 3：

如图 7-3-8 所示，已知正方形 $ABCD$ 的边长为 2，E 是线段 AB 上一点（含端点），作射线 DE，分别过点 A、B、C 作 DE 的垂线，垂足分别为 F、G、H，求 $AF + BG + CH$ 的最值.

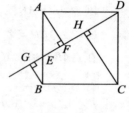

图 7-3-8

由此可以看出，对同一背景下问题的合理变式，是培养学生逻辑推理能力的有效方式.

二、注重运用分析法和综合法分析问题，帮助学生理解逻辑推理的思维方式

演绎是一种获得新知识、验证知识正确性的可靠方式，这一点无论是对于数学家还是对于学生来说都是一样的. 运用演绎推理解决问题的能力主要体现在做证明题上. 林崇德将中学生论证推理能力划分为四个水平，包括直接推理水平、间接推理水平、迂回推理水平、按照一定数理逻辑格式进行综合性推理的水平. 而综合法和分析法是中学阶段获得证明思路的基本方法. 所谓分析法，就是从结论出发，逆溯其能成立的条件，再分别研究这些条件，看它的成立又需要什么条件，继续逐步逆溯直至达到已知条件，称为"执果索因". 而综合法正好与之相反，它是从题设出发，以已确立的定理、定义、公理为依据，逐步推理直到要证明的结论，称为"由因导果". 两种方法是几何证明最基本的方法，分析法有利于思考，综合法易于表达，二者各有优点，在实际解题时往往合并使用. 教学时要充分利用教科书中的习题，用分析法寻求证明的途径，用综合法做条理的叙述.

在学生学习几何证明的不同阶段,分析法与综合法发挥着各自不同的作用,各版本教科书中都设置了引导学生熟悉利用综合法呈现证明过程,例如,在八年级上册学习完全等三角形的判定方法之后,设置填空题引导学生理解证明过程.

阅读并填空:

如图 7-3-9 所示,已知在 $\triangle ABC$ 中,$AB = AC$,点 D、E 在边 BC 上,且 $AD = AE$. 试说明 $BD = CE$ 的理由.

解:因为 $AB = AC$,

所以 $\angle B = \angle C$(等边对等角).

因为 $AD = AE$,

所以 $\angle AED = \angle ADE$(等边对等角).

在 $\triangle ABE$ 和 $\triangle ACD$ 中,

$$\begin{cases} \underline{\hspace{3cm}}, \\ \angle AED = \angle ADE, \\ AB = AC. \end{cases}$$

所以 $\triangle ABE \cong \triangle ACD$(_____).

所以 _____ (_____).

所以 _____(等式性质).

所以 _____(等式性质).

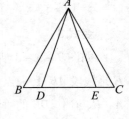

图 7-3-9

在学生掌握了基本的表达证明过程的方法之后,对于同样的习题,可以设置开放性习题引导学生理解解题思路.

如图 7-3-10 所示,点 D、E 在 $\triangle ABC$ 的边 BC 上,连接 AD、AE. ①$AB = AC$;②$AD = AE$;③$BD = CE$. 请在以上三个等式中选择两个作为条件,另一个作为结论并进行证明.(写出已知、试说明及证明过程)

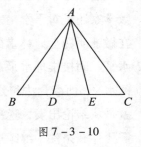

图 7-3-10

本题任选其中的两个条件作为已知,都可以推理出第三个结论,每一种情况虽然思维方式基本相同,但用到的依据不同,有助于学生深刻理解综合法在推理证明中的作用.

对于理解运用分析法寻找解题思路,教科书中的习题并不多,但正文中有很多"云图"或"旁白"，引导学生"怎么想"，类似的习题还需要进一步开发.

如图 7-3-11 所示，已知在 △ABC 中，AB = AC，点 D 在 BC 上，且 AD = BD.

求证：∠ADB = ∠BAC.

课本旁边有这样的"思考与表述"：

"怎样想"：要证 ∠ADB = ∠BAC，由于 ∠BAC = ∠1 + ∠2，∠ADB = ∠C + ∠2，只要证 ∠1 = ∠C.

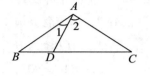

图 7-3-11

只要找与 ∠1 相等且与 ∠C 也相等的角.

猜想 ∠1 = ∠B，∠C = ∠B. 而已知 AD = BD，AB = AC.

这种思考方法称为分析法，就是从结论出发，要证什么，需要证什么，一步步倒推上去，直到和已知条件吻合.

试仿照上面的"怎么想"用分析法写出下面这道题的分析过程.

如图 7-3-12 所示，已知 ∠ABC = 90°，D 是直线 AB 上的点，AD = BC，过点 A 作 AF⊥AB，并截取 AF = BD，连接 DC、DF、CF. 求证：△CDF 是等腰直角三角形.

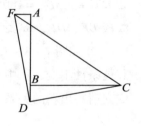

例如，旋转变换是全等变换的一种形式，我们在解题实践中经常用旋转变换的方法来构造全等三角形从而解决问题. 下面一道题就是引导学生来学习这种基本方法.

图 7-3-12

方法探究：

如图 7-3-13，在 △ABC 中，∠BAC = 90°，AB = AC，点 D、E 在边 BC 上，∠DAE = 45°，试探究线段 BD、CE、DE 可以组成什么样的三角形.

分析：问题中的线段 BD、DE、CE 在一条直线上，将它们转化到一个三角形中是思考的方向。因为已知 AB = AC，∠BAC = 90°，可以将 AB 看成是线段 AC 绕点 A 逆时针旋转 90° 得到的，如果将 △AEC 绕点 A 逆时针旋转 90°，可以得到 △AFB，又因为 ∠DAE = 45°，所以可得 ∠DAF = 45°，所以 △DAF ≌ △DAE，进而 DF = DE，

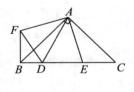

图 7-3-13

这样就将三条线段置于一个三角形中了，可见，将 △AEC 绕点 A 逆时针旋转 90° 是解决问题的关键。为了叙述的方便，我们可以利用旋转后的图形特征来叙

述辅助线，即过点 B 作 $BF \perp BC$，截取 $BF = EC$，连接 AF、DF，易得 $\angle AFB = 45°$，进而得到 $\triangle AFB \cong \triangle AEC$，就相当于把 $\triangle AEC$ 绕点 A 逆时针旋转 $90°$ 到 $\triangle AFB$，请接着完成下面的推理过程：

$\because \triangle AFB \cong \triangle AEC$，$\therefore \angle BAF = \underline{\hspace{2cm}}$，$AF = AE$。

$\because \angle BAC = 90°$，$\angle DAE = 45°$，$\therefore \angle BAD + \angle CAE = \underline{\hspace{2cm}}$，

$\therefore \angle BAF + \angle BAD = 45°$，

$\therefore \angle DAF = 45° = \underline{\hspace{2cm}}$。

在 $\triangle DAF$ 与 $\triangle DAE$ 中，$AF = AE$，$\angle DAF = \angle DAE$，$AD = AD$，

$\therefore \triangle DAF \cong \triangle DAE$，$\therefore DF = \underline{\hspace{2cm}}$

$\because BD$、BF、DF 组成直角三角形，$\therefore BD$、CE、DE 组成直角三角形

方法运用：

① 如图 $7 - 3 - 14$，在四边形 $ABCD$ 中，$AB = AD$，$\angle BAD = \angle BCD = 90°$，$\angle ABC + \angle ADC = 180°$，点 E 在边 BC 上，点 F 在边 CD 上，$\angle EAF = 45°$ 试判断线段 BE、DF、EF 之间的数量关系，并说明理由．

② 如图 $7 - 3 - 15$，在①的基础上，若点 E、F 分别在 BC 和 CD 的延长线，其他条件不变，①中的关系在图③中是否仍然成立？若成立请说明理由；若不成立请写出新的关系，并说明理由．

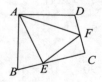
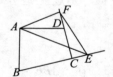

图 $7 - 3 - 14$ 图 $7 - 3 - 15$

在学习了"三角形中位线定理"之后，可以设置如下习题：

阅读下面材料：

在数学课上，老师请同学思考如下问题：如图 $7 - 3 - 16$ 所示，我们把一个四边形 $ABCD$ 的四条边的中点 E、F、G、H 依次连接起来得到的四边形 $EFGH$ 是平行四边形吗？

小敏在思考问题时，思路如图 $7 - 3 - 17$ 所示．

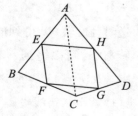

图 $7 - 3 - 16$

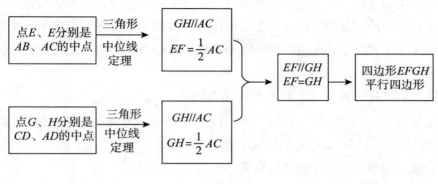

图 7 - 3 - 17

结合小敏的思路，解决下面问题．

（1）若只改变题中四边形 ABCD 的形状（如图 7 - 3 - 16），则四边形 EFGH 还是平行四边形吗？说明理由；

（2）如图 7 - 3 - 18，在（1）的条件下，若连接 AC，BD．

① 当 AC 与 BD 满足什么条件时，四边形 EFGH 是矩形，写出结论并证明；

② 当 AC 与 BD 满足_____时，四边形 EFGH 是正方形．

本题主要考查学生的演绎推理能力，在解决问题（1）时，由三角形中位线定理，可以得出 EF、GH 与 AC 的数量关系与位置关系，再利用等量代换与平行线的传递性，就可以得出 EF 与 GH 的数量关系与位置关系，从而得到结论．

对于问题（2），由于（1）中已经证得四边形 EFGH 是平行四边形，要证明是菱形，

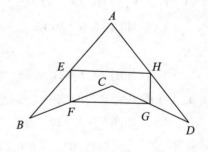

图 7 - 3 - 18

只需证明邻边相等即可。由三角形中位线定理，可得 FG 等于 BD 的一半，EF 等于 AC 的一半，所以只需 BD = AC 这一条件，就可以得出四边形 EFGH 是菱形这一结论。同样道理，要证明四边形 EFGH 是矩形，只需 AC 与 BD 垂直这一条件即可．

三、用好图形变式，发展直观想象素养

直观想象和数学抽象是数学思维的两种基本形式，培养学生的直观想象和

数学抽象能力就是培养学生的数学眼光．心理学家卢仲衡通过教学实验，深入探讨了几何中的标准图形和变式图形的作用，肯定了变式图形在学生最初掌握平面几何基本概念中的价值，即消除非本质因素的消极影响，提高学生解题的正确性．

人教版八年级教科书中83页的第14题如下：

如图7－3－19所示，已知△ABC是等边三角形，D是AC边的中点，延长BC到点E，使CE = CD. 求证：DB = DE.

分析：图形由一个等边三角形和一个等腰三角形构成，要证明△DBE是等腰三角形，需要学生灵活运用等边三角形、等腰三角形的性质和判定定理，方法比较多．

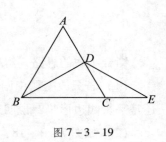

图7－3－19

实际上，"D是AC边的中点"只是问题的一种特殊情况，变换D点的位置，发现图形内在的规律，可以很好地培养学生的直观想象素养．本题的变化如下：

已知△ABC是等边三角形，E是AC边上一点，F是BC边延长线上一点，且CF = AE，连接BE、EF.

（1）如图7－3－20所示，若E是AC边的中点，猜想BE与EF的数量关系为_____．

（2）如图7－3－21所示，若E是线段AC上的任意一点，其他条件不变，上述线段BE、EF的数量关系是否发生变化，写出你的猜想并加以证明．

（3）如图7－3－22所示，若E是线段AC延长线上的任意一点，其他条件不变，上述线段BE、EF的数量关系是否发生变化，写出你的猜想并加以证明．

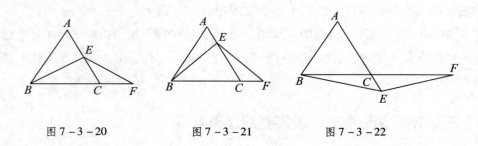

图7－3－20　　　　图7－3－21　　　　图7－3－22

问题（1）对基本问题的已知条件做了变化，学生通过解答问题（1），进一步加强对等边三角形性质的理解．问题（2）中点 E 的位置由线段的中点改变为 AC 上任意一点，图形中没有两个三角形全等，就需要构造全等三角形来解决问题，当然就有了构造与△ECF 全等或与△ABE 全等两种解决问题的思路，每一种方法的得出都需要学生先进行直观想象，再进行逻辑推理．而问题（3）中点 E 的位置由"线段上的点"变成了 AC 延长线上的点，直观上可以看出结论并没有发生变化．学生既可以类比问题（2），也可以直接通过构造法作出辅助线求解．

想象是对表象的加工创造，直观想象离不开丰富的数学表象．练习题是教科书的重要组成部分，成为学生解决新问题的数学表象．例如，在复习轴对称图形的性质时，以阅读理解的方式将基本图形进行组合，引导学生发现轴对称图形的共性和对称轴的作用，并通过直观想象发现解决问题的路径，做到复习时不"炒冷饭"，不断提升学生的直观想象素养．具体习题如下．

情境回忆：

等腰（边）三角形是常见的轴对称图形．利用图形的对称性，我们可以发现很多结论，也可以得到解决问题的思路，如：

问题 1：如图 7−3−23 所示，在△ABC 中，$AB = AC$，D、E 分别在 AC、AB 上，且 $AD = AE$，容易发现△ABD 和△ACE 关于△ABC 的对称轴对称，并且容易证得 $BD = CE$.

问题 2：如图 7−3−24 所示，在△ABC 中，$AB = AC$，D、E 是边 BC 上的点，且 $AD = AE$，也容易发现△ABD 和△ACE 关于△ABC 的对称轴对称，进而容易证得 $BD = CE$.

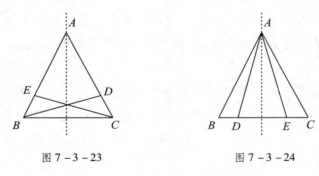

图 7−3−23　　　　　　　　图 7−3−24

问题探究：

问题 3：如图 7−3−25 所示，△ABC 中，点 D、F 在边 AB 上，点 E 在 BC

上，$BD = BE$，$\angle ADC = \alpha$，$\angle BEF = 180° - 2\alpha$，延长 CA、EF 交于点 G，且 $GA = GF$. 求证：$AD = EF$.

提升拓展：

问题 4： 如图 7-3-26 所示，等边 $\triangle ABC$ 中，D 是 AC 上一点，连接 BD，E 为 BD 上一点，$AE = AD$，过点 C 作 $CF \perp BD$ 交 BD 的延长线于 F，$\angle ECF = 60°$，若 $BE = a$，$DF = b$，求 DE 的长（用含 a、b 的式子表示）.

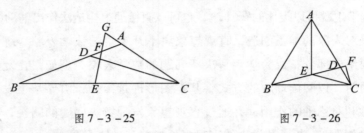

图 7-3-25   图 7-3-26

阅读材料将两个典型图通过强调对称轴的作用而巧妙地联系起来，并分别为后两个问题的解决提供了图形想象的基础和思考方向. 学生如果发现图 7-3-25 与图 7-3-26 存在着密切的联系，将条件"$BD = BE$"与问题 1 中的"$AD = AE$"进行比较，就可以构造等腰三角形，即要么在 BC 上取一点 H，使 $BH = BF$，容易证得 $EF = DH$；要么在 BA 的延长线上取一点 H，使 $BH = BC$，容易证得 $EH = DC$，进而发现解决问题的路径. 而问题 4 的图形又与问题 2 的图形联系紧密，构造与 $\triangle ABE$ 对称的三角形成为解题的关键. 可见，学生在复杂的图形中能否发现基本图形的"影子"，成为能否解题的关键. 上面的复习设计，既加强了学生对基本图形的认识，又发展了学生的直观想象素养. 正可谓抓住了培养直观想象素养这一灵魂，才抓住了中考复习的关键.

例如，在学习完"相似三角形"之后，可引导学生对基本图形进行归纳，并通过在不同的问题情境中的应用，提高学生对图形的理解能力.

阅读理解：

问题： 我们在研究"等腰三角形底边上的任意一点到两腰的距离和为定值"时，如图 7-3-27 所示，在 $\triangle ABC$ 中，$AB = AC$，点 P 为底边 BC 上任意一点，$PD \perp AB$ 于点 D，$PE \perp AC$ 于点 E，求证：$PD + PE$ 是定值. 在这个问题中，我们是如何找到这一定值的呢？

思路： 我们可以将底边 BC 上的任意一点 P 移动到特殊的位置，如图 7-3-28 所示，将点 P 移到底边端点 B 处，这样，点 P、D 都与点 B 重合，此时 $PD = 0$，PE

= BE，这样求证 $PD + PE$ 是定值就是求证 BE 是定值．因此，在证明这一命题时，我们可以过点 B 作 AC 边上的高 BF（图 7 – 3 – 29），证明 $PD + PE = BF$ 即可．

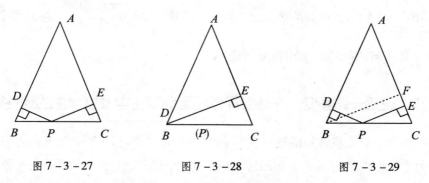

图 7 – 3 – 27　　　　图 7 – 3 – 28　　　　图 7 – 3 – 29

请利用上述探索定值问题的思路，解决下列问题：

（1）如图 7 – 3 – 30 所示，将直角三角板的直角顶点放在正方形 $ABCD$ 上，使直角顶点 E 与正方形 $ABCD$ 的顶点 D 重合，直角的一边交 CB 于点 F，另一边交 BA 的延长线于点 $G.$ 请你直接回答 EF 和 EG 的数量关系．

类比探究：

（2）如图 7 – 3 – 31 所示，当三角板的直角顶点 E 在正方形 $ABCD$ 的对角线 BD 上运动时，其余条件不变，（1）中的结论还成立吗？并说明理由．

拓展延伸：

（3）如图 7 – 3 – 32 所示，将"正方形 $ABCD$"改成"矩形 $ABCD$"，当直角顶点移动到图中所示位置时，若 $AD = 2$，$DC = 3$，求 $\dfrac{EF}{EG}$ 的值．

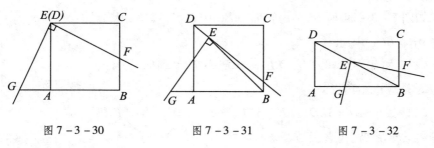

图 7 – 3 – 30　　　　图 7 – 3 – 31　　　　图 7 – 3 – 32

此题的解题思路如下：

（1）先构造出图形，过点 E 作 $EN \perp BC$ 于点 N，$EM \perp AB$ 于点 M，判断出 $\angle NEF = \angle MEG$，进而判断出 $\triangle NEF \cong \triangle MEG$，即可得出 $EF = EG$.

（2）先判断出 $\angle CDF = \angle ADG$，进而判断出 $\triangle CDF \cong \triangle ADG$，即可得出 $DF =$

DG，结论得证.

（3）类比问题（1），过点 *E* 作 *EN* ⊥ *BC* 于点 *N*，*EM* ⊥ *AB* 于点 *M*，先判断出 ∠*NEF* = ∠*MEG*，进而判断出 △*ENF* ∽ △*EMG*，得出 $\frac{EF}{EG} = \frac{EN}{EM}$，再证明 $\frac{EN}{EM} = \frac{CD}{AD} = \frac{3}{2}$ 即可解决问题，从而得出结论.

四、设置一题多变，在动手操作和运动变化中发展学生的理性思维

教科书中有大量常规的推理证明训练题，对这些习题进行变式和适当的组合，为学生创造在运动、变化的情境中去思考问题的机会，让学生在比较、反思中不断积累解题经验.

例如，在学习完等腰三角形的知识之后，可以将等腰三角形的知识与直角三角形、锐角三角形、钝角三角形联系起来，促进学生对等腰三角形的深入理解.

如图 7 – 3 – 33 所示，已知：*OA* = 10，点 *P* 是射线 *ON* 上一动点，*AP* ⊥ *ON*，*AP* = 5√3.

（1）当 *OP* 等于多少时，△*AOP* 为等腰三角形？当 *OP* 等于多少时，△*AOP* 为等边三角形？

（2）当 *OP* 在什么范围时，△*AOP* 为锐角三角形？*OP* 在什么范围时，△*AOP* 为钝角三角形？

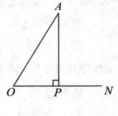

图 7 – 3 – 33

还可以对基本问题中的条件进行系列变化，由简单到复杂、由特殊到一般，引导学生发现题目背后的规律.

如图 7 – 3 – 34 所示，在等边 △*ABC* 中，点 *D*、*E*、*F* 分别在 *AB*、*BC*、*AC* 上.

（1）如果 *AD* = 2*BD*，*BE* = 2*CE*，*CF* = 2*AF*，求证：△*DEF* 是等边三角形.

（2）如果 *AD* = 3*BD*，*BE* = 3*CE*，*CF* = 3*AF*，△*DEF* 仍是等边三角形吗？（直接写答案）

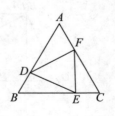

图 7 – 3 – 34

（3）直接写出 *D*、*E*、*F* 三点满足什么条件时，△*DEF* 是等边三角形.

在动手操作和运动变化的情境中应用等腰三角形的有关知识解决问题，是提高学生理性思维的另一种形式，学生只有运用分类讨论的思想，具有较强的

直观想象能力，才能正确地解答问题．设置的习题如下：

1．在劳技课上，老师请同学们在一张长为 17cm，宽为 16cm 的长方形纸板上剪下一个腰长为 10cm 的等腰三角形（要求等腰三角形的一个顶点与长方形的一个顶点重合，其余两个顶点在长方形的边上）．请你帮助同学们设计出不同类型的、你认为符合条件的等腰三角形（分别在图 7－3－35 的矩形中画出示意图），并分别计算剪下的等腰三角形的面积．（位置不同，形状全等的将视为一种结果）

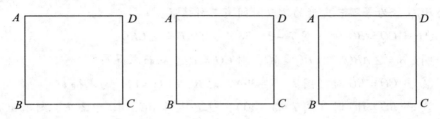

图 7－3－35

本题的解题过程如下，有如图 7－3－36 所示的三种情况：

（1）在 BA、BC 上分别截取 $BE = BF = 10$cm；$\therefore S = 10 \times 10 \div 2 = 50$（cm^2）．

（2）在 BA 上截取 $BE = 10$cm，以 E 为圆心，10cm 长为半径作弧，交 AD 于 F，$\therefore AE = 16 - 10 = 6$（cm），$\therefore AF = \sqrt{10^2 - 6^2} = 8$（cm），$\therefore S = 10 \times 8 \div 2 = 40$（cm^2）．

（3）在 BC 上截取 $BF = 10$，以 F 为圆心 10 为半径作弧，交 CD 于 E．$\therefore CF = 17 - 10 = 7$（cm），$\therefore EC = \sqrt{10^2 - 7^2} = \sqrt{51}$（cm），$\therefore S = 10 \times \sqrt{51} \div 2 = 5\sqrt{51}$（cm^2）．

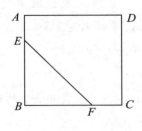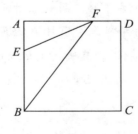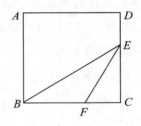

图 7－3－36

2．如图 7－3－37 所示，已知 $\triangle ABC$ 中，$\angle B = 90°$，$AB = 8$cm，$BC = 6$cm，P、Q 是 $\triangle ABC$ 边上的两个动点，其中点 P 从点 A 开始沿 $A \to B$ 方向运动，且速度为每秒 1cm，点 Q 从点 B 开始沿 $B \to C \to A$ 方向运动，且速度为每秒 2cm，它们同时出发，设出发的时间为 t 秒．

（1）出发几秒钟后，$\triangle PQB$ 第一次能形成等腰三角形？

（2）当点 Q 在边 CA 上运动时，求能使 $\triangle BCQ$ 成为等腰三角形的运动时间．

此题解决第（1）问的思路如下：设出发 t 秒钟后，$\triangle PQB$ 能形成等腰三角形，由于 $\angle B = 90°$，只能是 $BP = BQ$ 一种情况，由 $BQ = 2t$，$BP = 8 - t$，列式求得 t 即可．

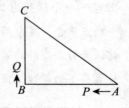

图 7 – 3 – 37

在解决第（2）问时，由于点 Q 在边 CA 上运动，能使 $\triangle BCQ$ 成为等腰三角形的运动时间有三种情况：

① 当 $CQ = BQ$ 时（图 7 – 3 – 38），则 $\angle C = \angle CBQ$，可证明 $\angle A = \angle ABQ$，则 $BQ = AQ$，则 $CQ = AQ$，从而求得 t；

② 当 $CQ = BC$ 时（图 7 – 3 – 39），则 $BC + CQ = 12$，易求得 t；

③ 当 $BC = BQ$ 时（图 7 – 3 – 40），过 B 点作 $BE \perp AC$ 于点 E，则求出 BE、CE，即可得出 t.

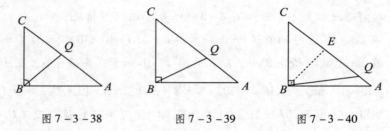

图 7 – 3 – 38　　　　图 7 – 3 – 39　　　　图 7 – 3 – 40

3. 如图 7 – 3 – 41，直线 l_1：$y = -x + 8$ 与 x 轴、y 轴分别交于点 A 和点 B，直线 l_2：$y = x$ 与直线 l_1 交于点 C，平行于 y 轴的直线 m 从原点 O 出发，以每秒 1 个单位长度的速度沿 x 轴向右平移，到 C 点时停止．直线 m 交线段 BC、OC 于点 D、E，以 DE 为斜边向左侧作等腰 $Rt\triangle DEF$，设等腰 $Rt\triangle DEF$ 与 $\triangle BCO$ 重叠部分的面积为 S（平方单位），直线 m 的运动时间为 t（秒）．

（1）填空：$OA = $ _____ ，$\angle OAB = $ _____ ；

（2）填空：动点 E 的坐标为（t，_____），$DE = $ _____ （用含 t 的代数式表示）．

（3）求 S 与 t 的函数关系式并写出自变量的取值范围．

（4）设直线 m 与 OA 交于点 P，是否存在这样的点 P，使得以 P、O、F 为顶点的三角形为等腰三角形？若存在，请求出 t 的值；若不存在，请说明理由．

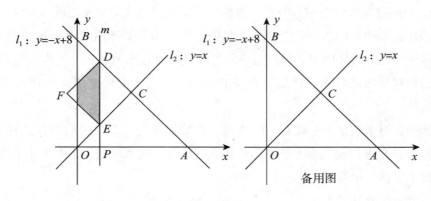

图 7 – 3 – 41

本题将等腰三角形与一次函数的知识相结合，将运动变化与数形结合相结合，在一个复杂的问题情境中对学生的计算与推理能力提出了更高的要求. 本题的解题思路如下：

（1）由于 l_1 与 x 轴交于 A 点，令 $y = 0$，求得 x 的值，可得 OA；l_1 与 y 轴交于 B 点，令 $x = 0$，求得 y 的值，可得 OB；再根据等腰直角三角形的性质可得 $\angle OAB$ 的度数.

（2）根据等腰直角三角形的性质可得动点 E 的坐标；$DE = DP - EP = DP - t$，求出 $DP = PA = 8 - t$，从而得到 DE 的长.

（3）F 点的位置有三种可能：①点 F 在 y 轴左侧（$0 \leqslant t < 2$）；②点 F 在 y 轴上（$t = 2$）；③点 F 在 y 轴右侧（$2 < t < 4$）；求出 S 与 t 的函数关系式.

（4）$\triangle POF$ 为等腰三角形，那么只可能是 $PO = FO$，可得 $t^2 = \left[(1 + \sqrt{3}) \, t - 4\sqrt{3} \right]^2 + 4^2$，解方程求解即可.

五、把握图形变换的实质，积累利用辅助线证明问题的经验

添加辅助线是几何证明的重要手段，也是解决几何证明题的难点，是学生分析问题、解决问题能力的重要表现. 添加辅助线的目的是使题目中隐含的条件显现出来. 其中一个基本思路就是分析问题中的不和谐因素，发现和建立已知几何量与未知几何量之间的和谐统一关系. 而学生感到困难的一个主要原因就是不能将题目中的信息与已学知识恰当地联系起来，缺乏对典型图形的深刻认识和图形变换方面的解题经验.

1. 归纳整理教科书中与基本图形相关的添加辅助线的典型习题.

添加辅助线，构造全等三角形，利用全等三角形的性质证明边角关系是初中几何证明题的重要内容. 教科书中的习题是伴随着知识的学习过程而安排的，表现出相对分散的状态，这就需要及时归纳、整理，以使学生形成比较全面、深刻的认识.

例如，对于与角平分线有关的辅助线的添加就是一个渐进的过程. 在学习了"边边边公理"证明两个三角形全等之后，人教版八年级上册教科书在第 37页安排了这样一道习题：

工人师傅常用角尺平分一个任意角，做法如下：如图 7 - 3 - 42 所示，已知 ∠AOB 是任意一个角，在边 OA、OB 上分别截取 OM = ON，移动角尺，使角尺两边相同的刻度分别与 M、N 重合，过角尺顶点 P 作射线 OP，则 OP 是 ∠AOB 的平分线，为什么？

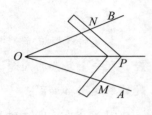

图 7 - 3 - 42

这种方法实际上就是在角的两边截取相等的线段，构造三角形全等的基本应用. 而在教科书第 51页，又有下面的基本操作：

用三角尺可按图 7 - 3 - 43 的方法画角平分线，在已知的 ∠AOB 的两边上，分别取 OM = ON，再分别过点 M、N 作 OA、OB 的垂线，交点为 P，画射线 OP，则 OP 平分 ∠AOB，为什么？

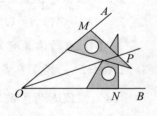

图 7 - 3 - 43

这实际上是直接利用角平分线上的点到角两边的距离相等去直接证明问题，简化了证明三角形全等的过程. 在后续的应用中，应引导学生注意比较和区分，并不断积累具体应用的经验.

同样，移动图形的位置要么可以使已知条件和求证的结论相对集中，要么可以使过分集中的已知条件和求证结论相对分散，这也是添加辅助线的常用策略. 而平移、旋转和轴对称等图形变换方式是图形变化的基本方式，不断积累利用基本变换添加辅助线的经验同样十分重要.

例如，整理教科书习题中旋转型、轴对称型、平移型全等三角形的典型图，可以进一步增加构造全等三角形的经验.

教科书中轴对称型全等三角形的典型图如图 7-3-44 所示.

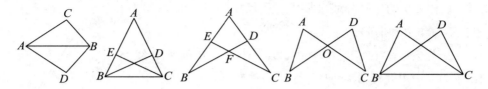

图 7-3-44

教科书中旋转型全等三角形的典型图如图 7-3-45 所示.

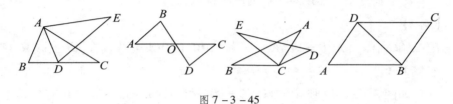

图 7-3-45

教科书中平移型全等三角形的典型图如图 7-3-46 所示.

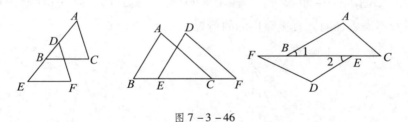

图 7-3-46

2. 通过"动手操作""一题多解"等途径，不断积累在具体情境中灵活添加辅助线的经验. 以下两题是以角平分线为关注点的认识辅助线的习题.

【例1】

(1) 如图 7-3-47 所示，先将一张长方形的纸沿虚线对折，再对折，然后按图中虚线剪下，将剪下的纸①展开，一定可以得到一个菱形，其理论依据是

_____ .

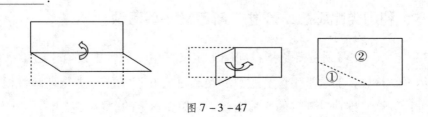

图 7-3-47

（2）如图 7－3－48 所示，已知△ABC，

① 作∠B 的角平分线（要求：用尺规作图、保留作图痕迹，不写作法和证明）；

② 若∠C ＝ 90°，∠B ＝ 60°，BC ＝ 4，∠B 的平分线交 AC 于 D，求出线段 BD 的长．

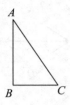

上题是通过动手操作的过程突出角平分线的对称性，从折叠纸片，到动手画图，再到推理计算，引导学生从感性到理性，从简单到复杂，实现对图形的深刻认识．

图 7－3－48

【例 2】

在△ABC 中，∠ACB ＝2∠B，AD 为△ABC 的角平分线，在 AB 上截取 AE ＝ AC，连接 DE．

（1）如图 7－3－49 所示，当∠C ＝ 90°时，线段 AB、AC、CD 有怎样的数量关系？请给出证明．

（2）如图 7－3－50 所示，当∠C ≠ 90°时，线段 AB、AC、CD 有怎样的数量关系？不需要证明，直接写出你的猜想．

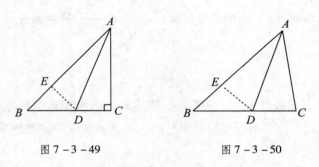

图 7－3－49　　　　　　　　　图 7－3－50

此题从特殊到一般，引导学生体会辅助线的作用，学生也可以在尝试多种解法的过程中，体会殊途同归的效果．

六、利用类比思想，开发"新定义"型习题

"新定义"型习题主要是指在问题中定义了中学数学中没有学过的一些概念、运算、符号，要求学生读懂题意并结合已有知识、能力进行理解，根据新定义进行运算、推理、迁移的一种题型，对提高学生的逻辑推理能力十分有益．

爱好思考的小茜在探究两条直线的位置关系时查阅资料，发现了"中垂三

角形"，即两条中线互相垂直的三角形称为"中垂三角形"．如图 7 - 3 - 51 至图 7 - 3 - 53 所示，AM、BN 是 $\triangle ABC$ 的中线，$AM \perp BN$ 于点 P，像这样的三角形均为"中垂三角形"．设 $BC = a$，$AC = b$，$AB = c$.

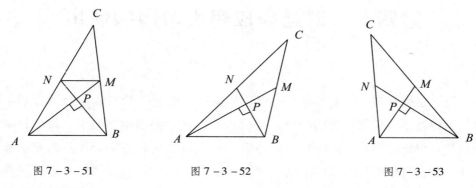

图 7 - 3 - 51　　　　　　图 7 - 3 - 52　　　　　　图 7 - 3 - 53

特例探究：

（1）如图 7 - 3 - 51 所示，当 $\tan\angle PAB = 1$，$c = 4\sqrt{2}$ 时，$a = $ _____，$b = $ _____；如图 7 - 3 - 52，当 $\angle PAB = 30°$，$c = 2$ 时，$a = $ _____，$b = $ _____；

归纳证明：

（2）请你观察（1）中的计算结果，猜想 a^2、b^2、c^2 三者之间的关系，用等式表示出来，并利用图 7 - 3 - 53 证明你的结论．

拓展应用：

（3）如图 7 - 3 - 54 所示，在平行四边形 AB-CD 中，E、F 分别是 AD、BC 的三等分点，且 $AD = 3AE$，$BC = 3BF$，连接 AF、BE、CE，且 $BE \perp CE$ 于 E，AF 与 BE 相交于点 G，$AD = 3\sqrt{5}$，$AB = 3$，求 AF 的长．

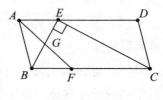

图 7 - 3 - 54

　　本题考查了三角形的中位线、锐角三角函数、勾股定理等知识．解决特例探究时，在 Rt$\triangle PAB$ 中，学生可根据三角函数的定义求出 PB、PA 的长，在完成归纳证明时，学生要连接 MN，利用 $\triangle MPN$ 和 $\triangle APB$ 相似，求出 MP、NP 的长，再分别在 Rt$\triangle MPB$ 和 Rt$\triangle NPA$ 中，利用勾股定理求出 BM、AN 的长，进一步计算出 BC、AC 的长．在具体数值计算的基础上，学生经历从数到式的抽象过程，可以发现更一般的结论，再在复杂的图形中发现和利用中垂三角形的性质解决问题，很好地实现了知识的迁移与应用．

第四节　对建模应用类习题的使用

数学建模是基于数学思维，通过数学模型，创造出具有表现力的数学语言，构建数学与外部世界的桥梁，然后再利用这个模型求解结果，最后将根据模型求得的结果放到原来的情境中去检验，看结果是否符合实际的要求和条件，是否可以解释原情境中的现象与规律．当结果与实际情境有很大差异时，还需要改进模型，以便求出符合实际的结果．解决数学建模类的实际问题，不仅反映了学生综合地运用数学知识和方法解决实际问题的创新能力，而且也让学生体会了数学与情境问题之间的关系，培养了学生的数学应用意识与创新观念．初中阶段学过的基本数学模型有方程、不等式、函数以及各种几何图形等，模型问题大都通过数学应用题的题型来呈现，这些问题中渗透着函数思想、方程思想、数形结合的思想、等价转化的思想、类比归纳的思想等，具有以下基本特征：

（1）一般文字较多，叙述较长，阅读和理解对解题至关重要．

（2）所给材料具有原始性，背景涉及面广，具有社会、科技、经济、生活等实际背景．

（3）题目由生活语言和实际数据组成，对"利润""增长率""俯角"等数学名词的理解是理解题意的关键．

（4）有着突出的实践性和很强的实用性，必须在充分理解题意的基础上，通过读题、翻译、挖掘、转化等基本环节，才能将实际问题转化为数学问题．读题的目的是从那些叙述冗长、数据繁多的问题中抽象出事物的本质；翻译是指把生活语言、专业术语等翻译成数学符号语言；挖掘是指挖掘试题中的隐含条件；转化是指在以上三个环节的基础上进行归纳整理，最终归结为某一数学问题．

一、进行同类背景习题的比较，掌握基本模型的应用

选择使用合适的数学模型是解决应用类问题的关键，教科书中的习题是随着学习单元设定的，一般是前面学习什么知识，后面的习题也就相应地使用什么模型，而很多问题虽然背景相似，但使用哪种模型来解决问题却各有千秋．使用教科书习题时，教师应具有全局意识，一方面在单元教学时注意同类背景习题的一题多变，培养学生的审题能力；另一方面及时和其他模型同类背景习题进行比较，引导学生对模型进行深刻理解．

例如，在人教版九年级上册教科书中，学生学习完"21.3 实际问题与一元二次方"之后，在 25 页"综合运用"栏目中安排的第 8 题：

利用一面墙（墙长不限），用 20m 长的篱笆，怎样围城一个面积为 $50m^2$ 的矩形场地？

在完成上述习题之后，可补充下列与教科书习题背景类似的习题．

（1）图 7 – 4 – 1 是长方形鸡场平面示意图，一边利用 18m 长的墙，另外三面用竹篱笆围成，若竹篱笆总长为 35m，所围的面积为 $150m^2$，求此长方形鸡场的长、宽．

（2）如图 7 – 4 – 2 所示，用一段 25m 的篱笆围成一个一边靠墙的矩形菜园，墙长 12m，为方便进出，在垂直于墙的一边留一个 1m 宽的门．所围矩形菜园的长、宽分别为多少时，菜园面积为 $80m^2$？

（3）如图 7 – 4 – 3 所示，利用 22m 长的墙为一边，用篱笆围成一个长方形养鸡场，中间用篱笆分割出两个小长方形，总共用去篱笆 36m，为了使这个长方形 $ABCD$ 的面积为 $96m^2$，AB 和 BC 边各应是多少？

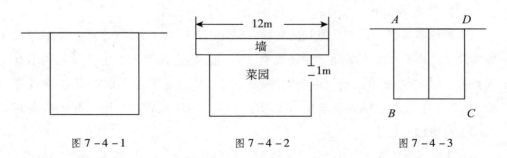

图 7 – 4 – 1   图 7 – 4 – 2   图 7 – 4 – 3

在学生学习了二次函数的知识之后，还要设置类似背景的习题，以引导学生进行比较.

（4）如图 7 - 4 - 4 所示，在足够大的空地上有一段长为 a 米的旧墙 MN，某人利用旧墙和木栏围成一个矩形菜园 $ABCD$，其中 $AD \leqslant MN$，已知矩形菜园的一边靠墙，另外三边一共用了 100m 木栏.

① 若 $a = 20$，所围成的矩形菜园的面积为 450m² ，求所用旧墙 AD 的长；

② 求矩形菜园 $ABCD$ 面积的最大值.

通过以上问题的解决，学生可以明确同类问题的思考方式，明确如何寻找相等关系，明确墙长、篱笆长等同样已知量在问题中的作用，明确一元二次方程、二次函数模型在实际问题中的价值.

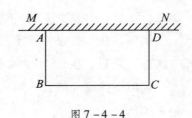

图 7 - 4 - 4

再比如，学生在学习了一元一次方程、二元一次方程组、一元一次不等式、一次函数之后，都会遇到以商品购买问题为背景，让学生做出方案选择的题目，对此类问题在不同学习阶段、不同学习内容中的地位和作用，教师要有得体的设计.

人教版七年级上册教科书第 112 页第 10 题如下：

一家游泳馆每年 6—8 月出售夏季会员证，每张会员证 80 元，只限本人使用，凭证购入场券每张 1 元，不凭证购入场券每张 3 元. 请根据你学过的知识解决下列问题，并写出解题过程：

（1）什么情况下，购会员证与不购证付一样的钱？

（2）什么情况下，购会员证比不购证更划算？

（3）什么情况下，不购会员证比购证更划算？

本题原本考查一元一次方程的应用，但第（2）（3）问列一元一次不等式更为简单，而七年级上学期学生还没有学习这一内容，因此学生可以先利用方程找到何时支付一样的钱；再通过举例子的方法，运用方程解的概念进行判断. 而当学生进入七年级下学期，学习了不等式的知识后，利用不等式解决问题就显得更加简捷了.

八年级下册教科书第 100 页的第 15 题，是学习完一次函数之后的一道习题：

甲、乙两商场以同样的价格出售同样的商品，春节期间两家商场都让利酬宾，其中甲商场所有商品按 8 折出售；乙商场对一次购物超过 200 元的价格部分打 7 折．

（1）以 x（单位：元）表示商品原价，y（单位：元）表示购物金额，分别就两家商场的让利方式，写出 y 关于 x 的函数解析式．

（2）在同一坐标系中画出（1）中的函数图像．

（3）春节期间如何选择这两家商场去购物？

由于此题安排在一次函数之后，要解决的问题又都是函数问题，因而思路容易被确定，但选择用函数解决问题的优势并没有体现出来．如果是三种销售方案的比较，运用函数模型的优势就显示出来了．因此在期末总复习阶段，就可以结合情境的变化，设置如下习题：

在加快复工复产的行动中，某通信运营商推出了三种手机上网流量资费优惠方案：

方案 A：按流量计费，每兆 0.1 元；

方案 B：20 元流量套餐包月，包含 500M 流量，如果超过 500M，超过部分另外计费（图 7－4－5），如果用到 1000M 时，超过 1000M 的流量不再收费；

方案 C：120 元包月，无限制使用．

用 x 表示每月上网流量（单位：M），y 表示每月的流量费用（单位：元），方案 B 和方案 C 对应的 y 与 x 之间的函数图像如图 7－4－5 所示，请解决以下问题：

（1）写出方案 A 中 y 与 x 之间的函数解析式＿＿＿＿＿＿＿＿＿，并在图中画出其图像．

（2）若小明奶奶每月使用流量为 300～600M，请通过计算给出经济合理的选择方案．

（3）小明爸爸根据自己平时使用流量的情况，决定采用的最经济的方案是方案 C，则他每月使用流量最可能的范围是＿＿＿＿＿＿＿＿＿＿＿＿＿＿．（直接写出答案）

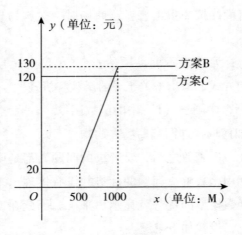

图 7 - 4 - 5

学生利用一次函数解决此题，比应用方程、不等式模型要简单很多，函数模型的优越性也能充分体现出来了．

二、优化教科书习题的问题情境，使问题更合理，更具有现实意义

无论是数学应用题的内涵，还是数学应用题的情境建设，都向人们揭示了其丰富的文化相关性，越来越引起人们的关注．与学生的日常生活紧密相连、与其他学科知识紧密相连、与社会发展紧密相连，成为应用题情境设计的主流．然而教科书中一些习题的情境设计不太合理，新颖程度也不能引起学生的学习兴趣．还有一些习题的设问不够科学，这都需要教师根据情况做出合理的调整．

例如，在七年级（上册）学习一元一次方程时，各版本教科书中都有以日历为情境的习题，但关注的焦点十分单一，大都只是围绕日历排列中的数字规律，应该将其拓展开来，并进一步使其更富有文化色彩．实际上，日历中的历法可以与地理学科紧密联系，而日期的推算则与生活密切相关，各个国家的推算方法各不相同．我国独龙族的历法十分独特，是"物候历"，是根据自然界的事物和周期性，凭借感性经验而制定的历法．这样一些在时间和空间上都有弹性的素材，经过教师的适当处理，完全可以用来充实我国数学应用题的情境．

再如，在学生学习完"21.3 实际问题与一元二次方程"之后，教科书22

页"综合运用"栏目中安排的第 8 题如下：

要为一幅长为 29cm，宽为 22cm 的照片配一个相框，要求相框的四条边宽度相同，且相框所占面积为照片面积的四分之一，相框边的宽度应是多少厘米？（结果保留小数点后一位）

由于此题没有图片，为照片配相框的实际操作情况比较复杂，很多学生误认为相框压住了照片，由此带来误解．实际操作时可以为学生匹配图片（图 7 - 4 - 6），或者改为彩色印刷品，说明在照片的四周印有宽度相同的边衬，以减少学生的误解，增加实效性．

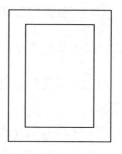

图 7 - 4 - 6

除了情境上要更加合理，习题的位置不当同样会引起学生理解上的歧义．在学生学习完"3.1.1 一元一次方程"之后，教科书有这样一道题：

列方程：圆环形状如图 7 - 4 - 7 所示，它的面积是 $200cm^2$，外沿大圆的半径是 10cm，内沿小圆的半径是多少？

如果设内沿小圆半径为 $x$cm，那么内沿小圆的面积为 $\pi x^2 cm^2$，可列方程为 $100\pi - \pi x^2 = 200$，这是一个一元二次方程，而本章内容是一元一次方程，学有余力的学生势必要探究它的解法，而老师也难以就学生现有的知识水平

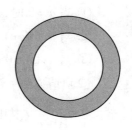

图 7 - 4 - 7

解释清楚，只能说"等到九年级上学期就会学到"．如果将此题增加一问，"它的外沿大圆周长是内沿小圆周长的 2 倍，外沿大圆的半径是 10cm，内沿小圆半径是多少？"在此基础上再变为面积，就达到了既与教材内容相匹配，又打破思维定式，与未来学习相承接的目的．

三、重视开放性习题的使用，培养学生的创新意识

各版本教科书中都设有开放性应用题，这些问题重在培养学生的创新意识和实践能力，应该得到充分的重视．除此之外，还应该适时补充开放性问题．

让学生编制习题，可以先为学生提供样例．例如下面一道题：

小明学习了一元一次方程后，联系实际编了这样一道题：我是 5 月份出生

的，我现在的年龄的 2 倍加上 7，正好是我出生那个月的总天数．

（1）请你求出小明现在的年龄；

（2）请根据你自己的年龄或你与家人的年龄也编一道二元一次方程应用题（所编的题要简明、合理，能运用已学方程知识解答出来）．

编制开放性习题还可以提出一些限定性条件．例如，在学生学习完二元一次方程组的知识之后，可以请学生根据某一方程组，如方程组 $\begin{cases} x + y = 10 \\ 10x + 15y = 120 \end{cases}$，编一道与生活实际贴近的应用题，然后解出来，看一看答案及题意是否贴近生活实际．

在学生学习完分式方程的知识之后，可以补充这样一道题：

在生活中不难发现这样的例子：三个量 a、b 和 c 之间存在着数量关系 $a = bc$．例如，长方形面积 = 长 × 宽，匀速运动的路程 = 速度 × 时间．

（1）如果三个量 a、b 和 c 之间有着数量关系 $a = bc$，那么，

① 当 $a = 0$ 时，必须且只需_____；

② 当 b（或 c）为非零定值时，a 与 c（或 b）之间成_____函数关系；

③ 当 a（$a \neq 0$）为定值时，b 与 c 之间成_____函数关系．

（2）请你编一道有实际意义的应用性问题，使解题所列的方程符合数量关系：$\dfrac{a}{x} = \dfrac{b}{x - c}$（其中 x 为未知数，a、b、c 为已知数，不必解方程）．

学生编制的习题如下：

某零件厂举行零件加工竞赛，参赛的有甲、乙两名选手，甲选手每小时比乙选手多做 c 个零件，已知甲选手做 a 个零件用的时间和乙选手做 b 个零件用的时间相同，这两个选手每小时分别做多少个零件？（答案不唯一）

第五节　对统计概率类习题的使用

"统计与概率"是我国课程改革中变动较大的内容。数据分析作为统计教学的核心，是义务教育阶段数学教学中的十大核心概念之一，也是六大核心素养的重要组成部分．数据分析观念可划分为数据意识、数据处理、数据随机性三个维度．数据意识包括理解数据内涵，具有应用数据的意识，关注数据的来源；数据处理包括收集数据（设计准确的调查问题，选择合适的调查方法）、整理数据（剔除错误或无效数据，合理分类和排序数据）、描述数据（采用合适的统计图表示数据，选用合理的统计量表征数据）、分析数据（根据统计量做出合理的判断，挖掘统计图中隐含的信息）；数据随机性包括理解收集的数据具有随机性和数据的推断具有随机性．

一、合理处理计算类习题，强化对核心概念的理解

统计学与传统数学有所不同：从立论基础上看，传统数学的立论基础是公理、假设，而统计学的立论基础是数据、模型；从推理方法上看，传统数学重视演绎推理，而统计学强调归纳推理；从判断准则上看，传统数学更关注对与错，而统计学更看重好与坏．如果"统计与概率"的习题还是侧重于计算，无疑会淡化统计的教育意义．

例如，平均数、中位数和众数是人教版八年级教科书中的基本统计概念，在数学上的计算较为简单，在日常生活生产和经济活动中的使用则是极为频繁的，在统计学上的含义也是极为深刻的．从人教版教科书的整体设计上看，学生在三年级下册就学习了算术平均数，五年级上册学习中位数，五年级下册学习众数，八年级学习加权平均数并进一步学习中位数和众数．在初中数学教学中，仅要求学生正确计算统计量是不够的，还应该采取有效措施让学生获得对概念的深刻理解．有数据表明，学生在选择集中趋势统计量描述数据时经常存

在困难. 当把平均数、中位数和众数放在一起时, 就存在如何选择使用的问题. 在要求从平均数和中位数中选择一个来描述数据时, 绝大多数学生选择了平均数, 很明显没有考虑到数据分布的形状. 而学生对集中量数的理解可以分为三个水平, 即能正确计算集中量数, 能在现实背景下选用恰当的集中量数, 能结合现实背景解释所用集中量数. 人教版教科书在习题部分共设置了 10 个习题, 每一个习题都有具体的情境, 其中在具体情境中求统计量的习题有 4 道, 结合现实背景解释统计量的有 6 道. 习题情境涉及气温变化、成绩变化、利润变化、质量变化等. 习题还缺少一些从小学学习到初中学习的过渡题目, 以及统计量在数学史中的趣例. 为此, 选择有关数学史的知识作为习题的补充, 可以增强学生对概念的深入理解和激发学生的学习兴趣.

在历史上, 平均数最早是用来估计大数的, 可以补充以下几个习题, 帮助学生了解平均数的发展.

习题 1: 先阅读材料, 再解决问题.

（1）公元 4 世纪, 在古印度有一个估计树枝上树叶和果实数目的故事: 一棵枝叶茂盛的大树长有两条大的树枝, Rtupana 首先估计了根部的一条细枝上树叶和果实的数目, 然后乘以树枝上所有细枝的数目, 得到估计值为 2095. 众人经过一夜的计数, 证明他的估计十分接近实际的数目. 猜一猜, Rtupana 是如何选择细枝的呢?

小明的答案是: 他可能选择了一条平均大小的细枝, 由此得到了恰当的估计. 平均大小的细枝具有代表性, 其数量处于 "中间" 位置, 应该不是太多, 也不可能太少, 否则所得总数将会变得太大或太小.

（2）某校一名八年级学生的数学测试成绩如下（略）, 你能用较简单的方法估算出全班的总分吗? 想一想, 有哪些不同的方法?

此题是把大数估计问题作为学生的认知起点, 通过阅读活动让学生再现这种方法, 以培养他们对平均数的直觉能力. 学生只有在已经获得了基本思想之后, 再进行平均数的计算, 才能理解计算的必要性. 而不是学生掌握了平均数的计算公式以后, 再来理解平均数的代表性. 本题要求教师尽量启发学生寻找多种方法估计出全班的总分.

学生的回答可能出现以下几种:

① 把个位上的数字四舍五入, 如 98 近似为 100, 92 近似为 90, 再把这些

数乘以它们的个数，最后相加起来．

② 取最大数和最小数的平均数作为这组数据的代表，再乘以 50．

③ 取这组数据的众数，再乘以 50．

④ 取这组数据的中位数，再乘以 50．

⑤ 以 100 为基准，把这些数都减去 100，得到一些正数和负数，把这些数相加之后再加上 100，最后乘以 50．

⑥ 分段求平均数的方法．把学生的成绩分成不同的分数段，选取出现频数最多的分数段的平均数作为全班总分的估计值．

其中方法⑥最接近古人的想法．

习题 2：在古代埃及，从第一个国王算起，已经有 341 代了，每一代有一个国王和一个高僧．现在把每 3 代估计为 100 年，则 300 代算作 10000 年，剩余的 41 代算作 1340 年．可以得到古埃及的历史大约有多少年？

答案是 11340 年．这个例子中，统计的关注点是把 3 代估计为 100 年．这种假设用来计算从第一个国王到最后一个国王之间经过了多少年的问题．当然，3 代并不总是等于 100 年，有时候会比 100 年多一点，有时候会少一点，但误差几乎是相等的．

习题 3：我国古代《九章算术》方田章有 2 道题目，第 1 题为：今有三分之一，三分之二，四分之三．问：减多益少，各几何而平？（学生可译文：假设有 $\frac{1}{3}$，$\frac{2}{3}$，$\frac{3}{4}$．问：减大的数，加到小的数上，各多少而得到它们的平均数？）

先阅读小明解决问题 1 的做法，再尝试解决问题 2．

小明先把这三个数通分之后，得到 $\frac{4}{12}$，$\frac{8}{12}$，$\frac{9}{12}$，他认为后面两个数较大，可以从中分别减去 $\frac{1}{12}$，$\frac{2}{12}$，把二者加到上 $\frac{1}{3}$，得到它们的平均数为 $\frac{7}{12}$．

第 2 题为又有二分之一，三分之二，四分之三．问：减多益少，各几何而平？

习题 4：（货币检查箱试验）现在的银硬币是由比较便宜的材料做成的，与以前的做法已经大不一样了．很久以前，硬币是由黄金和银子做成的，与黄金和银子具有相同的价值．在 12—18 世纪，英国皇家制币厂在制造硬币时，制造商就需要对硬币的质量进行检查：这些硬币既不能使用太多也不能使用太少的黄金和银子，即需要检验硬币的质量和纯度是否达到规定的标准．但由于硬币太多，把每一枚硬币都称重是不可能的．请你为国王设计一个检验这些硬币质量的方案，并做出解释．

事实上，当时的英国皇家制币厂是这样来检验硬币质量的：他们做了一个货币检查箱，每天把生产的硬币随机拿出一枚放到货币检查箱里，一个月后，打开货币检查箱，取出硬币，把这些硬币称重，并把这些硬币熔化以检验黄金和银子的纯度，最后计算出一枚硬币的平均质量和平均纯度，看是否达到规定的标准，由此来检验这个月生产硬币的质量．如果事实证明这些硬币的质量很好，国王就会举办晚宴来庆贺；如果质量不合格，制币者就会受到国王的惩罚．

以上四题呈现了平均数这一古老数学概念和思想在古今中外发展史上的发展历程．学生做这样的习题，可以更深刻地理解平均数概念的内涵，了解计算平均数的技巧．

习题 5：为了描述一个班的"平均学生"，我们可以调查全班学生某些方面的特征，收集相关数据，统计这些数据的集中程度．如果某个学生的各个数据接近这种集中程度，那么，这个学生就是这个班的"平均学生"．调查一下，你们班"平均学生"具有什么主要特征？

调查内容：全班同学的平均身高、平均体重、平均年龄（按月计）、每月零用钱、每周上网时间、每周看电视时间、每周做家务时间、平时最爱吃的水果等内容．

小组活动：全班同学分成若干小组，每个小组选择上述一个问题进行调查，并将数据整理在频数分布表中（含表头、调查内容、频数、代表值等），指出平均数、中位数和众数中哪个数能够更好地描述这些数据，并将调查结果在全班展示．

全班活动：将各组的结果汇总到一起，得到全班同学的一个"平均情况"，找出一个最能代表全班"平均情况"的"平均学生"．

个人活动：填写数学活动评价表，进行自我评价和小组评价．

上题是根据统计概念的学习特点，设置的一个课外学习活动，这更有利于发展学生的合作、探究能力．而对于计算类习题，应结合现实情境，以图表的形式呈现数据，既综合考查学生对平均数、中位数、众数的理解和计算，又体现出统计知识的现实应用．

习题 6：2020 年疫情期间，全国各地都积极开展网上学习，某研究型学习小组为了解该校八年级学生网上学习时间的情况，从该校八年级学生中随机抽取男、女各 15 名学生，进行每天网上学习时间的调查．整理数据后得到的数据见表 7 - 5 - 1.

表 7 - 5 - 1

学习时间（h） 人数 性别	2.5	3	3.5	4
男生	2	8	5	0
女生	1	6	6	2

计算样本数据的平均数、中位数、众数，见表 7 - 5 - 2：

表 7 - 5 - 2

统计量 性别	平均数	中位数	众数
男生	3.1	m	n
女生	a	b	3，3.5

根据以上信息，解答下列问题：

（1）上表中 m 的值为_____，n 的值为_____，a 的值为_____，b 的值为_____.

（2）被调查的 30 名学生每天平均网上学习_____h，学习时间的众数是_____.

（3）已知该校八年级学生有 300 名，估计每天网上学习时间不少于 3.5h 的学生数．

二、设计活动作业，体现统计的学习特点

让学生经历统计的全过程，本身就是统计的学习目标，除了纸笔作业之外，活动作业是强化这部分内容的重要方式．

例如，在学习了"数据的收集与整理"之后，可让学生去调查所在学校的同学一周的零用钱支配情况．设计如下几个问题：

（1）制订调查方案：你打算采用什么调查方式？你要调查的对象有哪些？

（2）请你设计一张表格，填写你调查所得到的信息.

（3）你打算绘制什么统计图分析你所得到的数据？绘出统计图.

（4）你能从调查结果中得出哪些信息？

这个问题的解决需要一定的信息搜集能力，分析、处理数据的能力，相关的统计知识，等等. 实践证明，连平时不喜欢学习、成绩比较差的学生都愿意花费大量的时间去完成，并绘制出了形象、具体的统计图. 在这个过程中，学生不知不觉运用所学知识解决了问题，而且大大激发了学习数学的兴趣，极好地体验了科学的态度、科学的规范、科学的思想、与人合作和分享成果的喜悦.

三、创设合理情境，引导学生主动建构

丰富的现实情境可以激发学生的探究兴趣，合理的数学情境能够促进学生数学知识的建构. 在学习完"概率"之后，教科书中的习题大都是如何求概率的封闭性解答题，可以适当增加培养学生逆向思维的分析型解答题.

例如，设计一种均匀的正方体骰子，使它掷出后满足下列条件：

（1）奇数点朝上的概率为 $\dfrac{1}{3}$；

（2）大于 3 的点数与小于 3 的点数朝上的概率相同.

第八章 教科书习题资源的开发

教科书习题具有典型性、示范性、针对性等特点，在初中生数学学习的过程中具有特殊的地位，掌握其科学合理使用的策略，可以充分发挥教科书习题的功能.

第一节　对学生解题中的典型
错例进行及时开发

学生在解题的过程中，由于认知风格、理解能力等各种各样的原因，会出现各种错误．而这些错误正是教师研究学生思维规律，提高教学效率的宝贵财富，应该得到高度的重视．

一、搞清楚学生错误产生的原因，设计针对性强的练习

1. 知识混淆，理解偏差导致错误

在数学学习过程中，学生对数学概念、定理、公理、公式、法则等知识产生混淆，或遗忘知识，就容易造成理解上的偏差，出现错误的现象时有发生．

例如，若二次根式 $\sqrt{a+1}$ 在实数范围内有意义，则 a 的取值范围是（　　）．

A. $a \neq -1$ 　　　　B. $a \geqslant 1$ 　　　　C. $a > -1$ 　　　　D. $a \geqslant -1$

实践证明，会有15%的学生将二次根式有意义的条件和分式有意义的条件相混淆，还有10%的学生会习惯性地把二次根式有意义的条件记为被开方式大于零．这就需要教学时以填空题的形式先进行正相关的训练，再利用判断题的形式进行判断式训练，利用表格对分式、二次根式有意义的条件进行比较．

再如，下列计算正确的是（　　）．

A. $a^4 + a^4 = 2a^4$ 　　　　　　　　B. $a^2 \cdot a^3 = a^6$

C. $\left(a^4\right)^3 = a^7$ 　　　　　　　　D. $a^6 \div a^2 = a^3$

本题要求学生熟练运用幂的运算性质进行计算，教学时要引导学生不仅知其然，更要知其所以然，还要注意各性质、法则之间的区别，不可以混淆．

2. 忽视公式、法则应用的条件

形式化的数学语言是数学问题表述的基本特点．每一个公式、法则都有其

特定的使用条件，如果不能真正理解其结构特征及使用条件，只是简单地套用，就会忽略的题目的隐含条件或隐含范围，导致解题错误.

例如，解分式方程必须验根，是因为在转化的过程中容易产生增根. 如果只是直接解方程，学生还容易掌握，但是变化了问题情境，理解不深入的学生就会出现错误.

例如，已知关于 x 的分式方程 $\dfrac{x}{x-1}-2=\dfrac{k}{1-x}$ 的解为正数，则 k 的取值范围为（ ）.

A. $-2<k<0$ 　　　　　　B. $k>-2$ 且 $k\neq-1$

C. $k>-2$ 　　　　　　　D. $k<2$ 且 $k\neq1$

很多学生的解题过程如下：

∵ $\dfrac{x}{x-1}-\dfrac{k}{1-x}=2$, ∴ $\dfrac{x+k}{x-1}=2$, ∴ $x=2+k$,

∵ 解为正数, ∴ $2+k>0$, ∴ $k>-2$, 选 C.

这里忽略了分式有意义的条件，因为该分式方程有解，所以分母应该不等于 0，即 $2+k\neq1$，所以 $k\neq-1$，应选 B.

为了避免此类错误，可以通过设置阅读理解题，引导学生在比较中反思. 题目如下：

在解分式方程 $\dfrac{2-x}{x-3}=\dfrac{1}{3-x}$ 时，小明的解法如下：

解：方程两边都乘以 $x-3$，得 $2-x=-1-2$①. 移项得 $-x=-1-2-2$②. 解得 $x=3$③.

（1）你认为小明在哪一步出现了错误？_____（只写序号），错误的原因是_____.

（2）小明的解题步骤完善吗？如果不完善，他还缺少哪一步？答：_____.

（3）请你解这个方程.

还可以设计如下习题：

请阅读并回答问题：

在解分式方程 $\dfrac{2}{x+1}-\dfrac{3}{x-1}=\dfrac{1}{x^2-1}$ 时，小跃的解法如下：

解：方程两边同乘以 $(x+1)(x-1)$，得 $2(x-1)-3=1$. ①

$2x - 1 - 3 = 1$②   解得 $x = \dfrac{5}{2}$.

检验：$x = \dfrac{5}{2}$ 时，$(x + 1)(x - 1) \neq 0$③

所以 $x = \dfrac{5}{2}$ 是原分式方程的解.④

（1）你认为小跃在哪里出现了错误_____（只填序号）.

（2）针对小跃解分式方程时出现的错误和解分式方程中的其他重要步骤，请你提出至少三个改进的建议.

以上两题都是充分利用学生的典型错误，利用真实的问题情境，强调解分式方程的基本思想是转化思想，把分式方程转化为整式方程求解之后，一定要注意验根.

3. 缺少分类意识，计算、推理不完整

分类思想是基本的数学思想方法，一些数学基本概念中就隐含着分类思想. 例如，提到等腰三角形的一边就应想到这一边是腰还是底，提到以 A、B、C、D 为顶点的平行四边形就要想到 AB 可以是平行四边形的边，也可以是平行四边形的对角线. 点在射线 AB 上运动，就应该分为在线段 AB 上运动和在 AB 的延长线上运动两种情况. 下面举一例进行说明.

分类讨论是一种非常重要的数学方法，如果一道题提供的已知条件中包含几种情况，我们可以分情况讨论求解. 例如，若 $|x| = 2$，$|y| = 3$，求 $x + y$ 的值.

情况 1：若 $x = 2$，$y = 3$，$x + y = 5$；

情况 2：若 $x = 2$，$y = -3$，$x + y = -1$；

情况 3：若 $x = -2$，$y = 3$，$x + y = 1$；

情况 4：若 $x = -2$，$y = -3$，$x + y = -5$；

所以，$x + y$ 的值为 1，-1，5，-5.

几何的学习过程中也有类似的情况：

问题 1：已知点 A、B、C 在一条直线上，若 $AB = 8$，$BC = 3$，则 AC 长为多少？

通过分析我们发现，满足题意的情况有两种：

情况 1：当点 C 在点 B 的右侧时，如图 8 - 1 - 1 所示，此时，$AC = $ _____.

情况2：当点 C 在点 B 的左侧时，如图 $8-1-2$ 所示，此时，$AC =$ _____ .

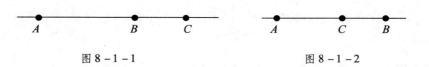

图 $8-1-1$ 图 $8-1-2$

通过以上问题，我们发现，画图可以帮助我们更好地进行分类.

问题2： 如图 $8-1-3$ 所示，数轴上点 A 和点 B 表示的数分别是 -1 和 2，点 C 是数轴上一点，且 $BC = 2AB$，则点 C 表示的数是多少？

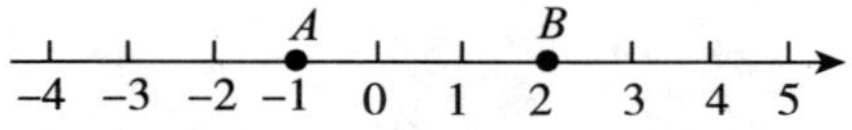

图 $8-1-3$

仿照问题1，画出图形，结合图形写出分类方法和结果.

问题3： 点 O 是直线 AB 上一点，以 O 为端点作射线 OC、OD，使 $\angle AOC = 60°$，$OC \perp OD$，求 $\angle BOD$ 的度数. 画出图形，直接写出结果.

本题主要考查了实数与数轴，垂线的定义以及角的计算，解决问题的关键是根据题意画出图形，解题时注意分类讨论思想的运用.

4. 图形意识差，直观想象能力不足

图形具有很强的直观性，用它可以把数学复杂抽象的教学内容形象化、条理化. 但很多学生对图形的认识欠缺，几何直观能力薄弱，造成对问题的理解错误.

在 $\triangle ABC$ 中，$AB = AC = 5$，$BC = 6$. $\odot O$ 经过 B、C 两点，且 $AO = 3$，则 $\odot O$ 的半径为 _____ .

由于本题没有图形，因此在分析题目时，要一边画图一边分析. 应该想到，$\odot O$ 经过等腰三角形的底边的两个顶点，圆心应该在 BC 的垂直平分线上，有在线段 BC 的上方或下方两种情况. 具体解题过程如下：

作 $AD \perp BC$ 于 D，如图 $8-1-4$ 所示.

$\because AB = AC$，$\therefore BD = CD = \dfrac{1}{2}BC = 3$.

在 Rt$\triangle ABD$ 中，$AD = \sqrt{5^2 - 3^2} = 4$，$\therefore \odot O$ 的圆心 O 在直线 AD 上，

当点 O 在线段 AD 上时，连接 OB，如图 $8-1-4$ 所示，$OD = AD - OA = 4 - 3 = 1$.

在 Rt△BDO 中，$OB = \sqrt{1^2 + 3^2} = \sqrt{10}$.

当圆心 O' 在 DA 的延长线上时，连接 $O'B$，如图 8 – 1 – 4 所示，$O'D = AD + O'A = 4 + 3 = 7$.

在 Rt△BDO′中，$O'B = \sqrt{3^2 + 7^2} = \sqrt{58}$.

综上所述，⊙O 的半径为 $\sqrt{10}$ 或 $\sqrt{58}$.

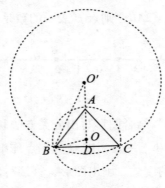

图 8 – 1 – 4

当然，导致学生解题错误的原因还有很多，如典型的审题错误、计算错误、推理不严谨、循环论证、假证等，对这些典型错误进行二次开发，可以很好地丰富教科书的习题.

二、对典型错误的错因归类

1. 对数与式领域的易错点的分析

（1）在数与式范围内，对数学基本概念理解不到位，这些概念包括正数、负数、有理数、无理数、实数、相反数、倒数、平方根、算术平方根、绝对值等有关数的概念，还包括单项式、多项式、整式、分式、二次根式等有关式的概念.

（2）在数与式范围内，对数学基本技能掌握不到位，这些技能包括：分数、分式的通分、约分，实数的运算及运算律的灵活运用，用科学计数法表示较大的数和较小的数，整式、分式的运算、化简，乘法公式的应用，二次根式的化简和运算，等等.

（3）观察、分析、总结等综合能力不强，造成解决一些综合性习题有困难.

2. 对方程组与不等式中的易错点的分析

（1）对于一元一次方程、二元一次方程组、一元二次方程、分式方程、一元一次不等式的概念认识上很模糊，混淆它们之间的区别．

（2）忽视一元二次方程根的判别式、分式方程的隐含条件，盲目认为一元二次方程都有实根，丢根现象明显．

（3）对不等式的性质 3 理解不深刻，容易忘记改变不等式符号的方向．

（4）用方程或不等式解决实际问题时，审题不细致，分析问题不全面或考虑实际问题不全面，出现列方程错误或忽视实际范围等错误．利用不等式解决实际问题时，忽视问题的实际意义而出现错误．

3. 对函数中的易错点的分析

（1）点到坐标轴的距离与点的坐标混淆，坐标与线段长的转化不熟练．

（2）用待定系数法求一次函数、反比例函数、二次函数的解析式不熟练、不准确；函数性质应用错误．

（3）对二次函数和反比例函数的性质进行分析时，对字母系数的意义理解不到位．

（4）对图像信息的把握不准，分析不够全面，对参数的理解有困难．

（5）在解决与函数有关的实际问题时，一是不能建立正确的函数关系，缺乏建模思想；二是忽略自变量的取值范围．

（6）对二次函数与一次函数、反比例函数、平面几何图形等知识相结合的综合问题，分析解决问题的能力不足．

4. 对三角形中的易错点的分析

（1）对钝角三角形的高、三角形的中线、中位线等基本概念不理解．

（2）对应用三角形全等的判定和性质进行演绎推理证明的思路、格式不熟悉，证明思路混乱．

（3）在等腰三角形的计算中，没有区分顶角与底角或腰与底边．

（4）不会运用方程的思想、勾股定理、相似三角形的性质等知识找到等量关系．

（5）对三角函数的理解和应用不到位，解三角形的能力不足，对解直角三角形中出现的方位角、坡角、仰角等常识性概念缺乏了解．

（6）对全等三角形、相似三角形缺乏直观想象．

5. 对四边形中的易错点的分析

（1）对特殊四边形的性质、判定不理解，特别是对对角线的认识不够．

（2）混淆性质定理与判定定理，总习惯于利用全等解决四边形的问题．

（3）对有关四边形面积的问题认识不足，分类讨论不全面．

（4）对图形变换在多边形中的应用认识不足．

6. 对圆中的易错点的分析

（1）对圆中的弧、弦、圆心角、圆周角等概念理解不清．

（2）对垂径定理、浅显的性质和判定等基本定理理解不透彻．

（3）在计算圆锥的侧面积时要注意各元素之间的对应关系，容易错把圆锥底面圆半径当成扇形半径．

（4）不能灵活应用分析法、综合法等方法解决与圆有关的综合题．

7. 对统计与概率中的易错点的分析

（1）不能掌握描述数据平均水平的三个特征数——平均数、中位数和众数的意义和求法，对必然事件、不可能事件和随机事件的概率等基本概念不理解．

（2）从统计图中获得的信息不够准确，不能正确理解图表的含义．

（3）不能准确用列表法和树状图求等可能事件的概率．

（4）缺乏对统计思想和数据分析观念的认识，用确定性思想理解统计概率问题．

在涉及以上问题的习题时，教师都应该根据具体学情，及时补充、开发有关资源，保证教学质量．

第二节 使用教科书习题要
因人而异，适时变式

国家课程标准中明确提出："教师应根据不同的内容目标及学生的实际情况，给学生留下拓展延伸的空间和时间，对有关习题做进一步的探索、研究．"在发挥教科书习题的功能方面，教师要考虑到课型、教学环节等客观因素的影响．教科书上的同一道题目，在新授课、习题课、复习课、试卷讲评课等不同课型中的教学功能和价值是不一样的．同一名教师，面对不同认知水平的学生，用同样的教学方法讲解，其教学效果也绝不相同．教师必须找准学生认知、思维发展与课本习题的契合点，对习题合理变式、恰当引申，在课堂上有序组织、精讲点拨，这样才能将其功能发挥到极致．

一、使用分层设计策略，满足学生的个性化要求

人教版八年级下第 93 页的练习第 2 题如下：在同一直角坐标系中画出下列函数的图像，并指出每小题中三个函数的图像有什么关系。

（1） $y = x - 1$， $y = x$， $y = x + 1$；

（2） $y = -2x - 1$， $y = -2x$， $y = -2x + 1$

这是一道基本题目，是所有学生在画图像的过程中都应发现的规律．可以把原题做如下推广："猜想一次函数 $y = k_1 x + c$， $y = k_1 x - c$ 的图像有什么位置关系并进行验证．"这样既符合学生的认知规律，又有利于培养学生类比、归纳、综合应用知识的能力．

再如，人教版八年级上册教科书第十二章"全等三角形"第 51 页习题第 2 题如下：

如图 8 - 2 - 1 所示，在 $\triangle ABC$ 中， AD 是它的角

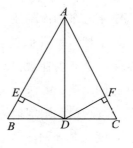

图 8 - 2 - 1

平分线，且 $BD = CD$，$DE \perp AB$，$DF \perp AC$，垂足分别为 E、F. 求证：$EB = FC$.

这道题要求学生直接应用角平分线的性质，但学生如果利用前面学过的全等三角形的证明也能解决问题，这就没有体现出应用定理的简捷性. 教师在肯定学生做法的前提下，可以增加以下变式，引导学生对定理进行深刻理解.

变式 1：如图 $8 - 2 - 2$ 所示，点 E、F 分别在 $\angle A$ 的两边上，D 是 $\angle A$ 内一点，且 $AE = AF$，$ED = FD$，$BD \perp AB$，$CD \perp AC$，垂足分别为 B、C，求证：$CD = BD$.

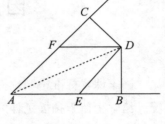

图 $8 - 2 - 2$

此题也是考查角平分线的性质，但是这道题需要学生确定角平分线后才能得到此结论，同时也更能让学生体会到直接应用角平分线的性质所带来的便捷.

由于题目中的三角形为等腰三角形，因此可以把知识拓展到等腰三角形的相关知识的证明和求解上，得到以下习题：

变式 2：如图 $8 - 2 - 3$ 所示，$\triangle ABC$ 中，$AB = AC$，$PB = PC$. 求证：AD 平分 $\angle BAC$.

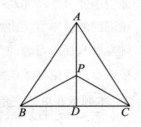

图 $8 - 2 - 3$

此题引导学生理解角平分线性质定理的逆定理，对图形的合理应用和简单改造，可以很好地发展学生的直观想象能力.

变式 3：如图 $8 - 2 - 4$ 所示，在 $\triangle ABC$ 中，CD 是 $\angle ACB$ 的外角平分线，BD 是 $\angle ABC$ 的外角平分线，求证：AD 是 $\angle BAC$ 的角平分线.

将"三角形内角平分线"拓展到"三角形外角平分线"上，自然合理，可以有效地发挥图形变式的功能，提高学生思维的深刻性.

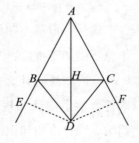

图 $8 - 2 - 4$

以上把一个看似孤立的问题从不同角度向外扩散，形成了一个有内在规律的系列，既可以帮助学生获取解决问题的思路、方法，又可以将学生的思维一步步引到新的高度，最大限度地提高不同水平学生思维参与的深度和广度，充分调动学生数学学习的积极性、主动性，培养学生独立分析和解决问题的能力以及大胆创新、勇于探索的精神.

二、使用递进设计策略，体现习题的工具性功能

教科书中的很多习题本身就是很有用的公式和定理，它们是教科书正文内容的补充和延续，教师应注重这些习题的多样性与灵活性，及时进行延展，体现典型习题的工具性.

例如，人教版九年级上册教科书第 102 页的第 8 题如下：

如图 8 - 2 - 5 所示，分别作出锐角三角形、直角三角形和钝角三角形的外接圆，它们外心的位置有什么特点？

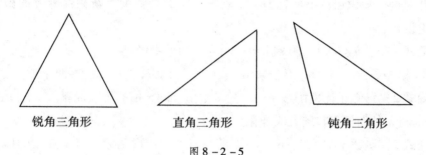

| 锐角三角形 | 直角三角形 | 钝角三角形 |

图 8 - 2 - 5

本题意在巩固三角形外接圆的作法，同时引导学生理解不同三角形外心的位置特征，而这一知识虽然不是教科书正文中的基本要求，但在以后的学习中有着广泛的应用. 因而可以进行以下补充练习：

（1）已知 O 为 $\triangle ABC$ 的外接圆圆心，若 O 在 $\triangle ABC$ 外，则 $\triangle ABC$ 是 _____（填"锐角三角形"或"直角三角形"或"钝角三角形"）.

（2）在 $\triangle ABC$ 中，$\angle A = 50°$，三角形内有一点 O，若 O 为三角形的外心，则 $\angle BOC =$ _____°.

（3）三角形的外心是（   ）.

A. 三角形三条边上中线的交点

B. 三角形三条边上高线的交点

C. 三角形三条边垂直平分线的交点

D. 三角形三条内角平分线的交点

（4）如图 8 - 2 - 6 所示，$\triangle ABC$ 是等边三角形，$BC = 10$，点 O 是 $\triangle ABC$ 的外心，求点 O 和点 A 之间的距离.

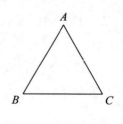

图 8 - 2 - 6

通过以上一系列练习，可以使学生对外心的概念有更深刻的理解．

再如，人教版八年级下册教科书第 99 页的第 12 题要求学生对一次函数解析式中的字母系数与函数图像的关系有比较全面的认识，也为后续知识的综合应用做好准备，但题目要求比较简单，只是单独地讨论一个系数的影响，还解决不了深层次的问题，需要做及时的补充和跟进．教科书中的习题如下：

（1）当 $b > 0$ 时，函数 $y = x + b$ 的图像经过哪几个象限？

（2）当 $b < 0$ 时，函数 $y = -x + b$ 的图像经过哪几个象限？

（3）当 $k > 0$ 时，函数 $y = kx + 1$ 的图像经过哪几个象限？

（4）当 $k < 0$ 时，函数 $y = kx + 1$ 的图像经过哪几个象限？

针对这一知识点，可从题型、呈现方式、综合程度、新颖性等方面做下面的题组设计：

变式 1：当 $b < 0$ 时，函数 $y = -x + b$ 的图像不经过（　　　）．

A．第一象限　　　　B．第二象限　　　　C．第三象限　　　　D．第四象限

变式 2：已知正比例函数 $y = kx$ 的函数值 y 随 x 值的增大而增大，则一次函数 $y = kx + k$ 的图像经过哪几个象限？

变式 3：函数 $y = (2k + 6)x - k$ 是关于 x 的一次函数，且 y 随 x 的增大而减小，求 k 的取值范围，并指出图像经过哪几个象限．

变式 4：已知函数 $y = ax + b$，

① 当点 $P(a, b)$ 在第二象限时，直线 $y = ax + b$ 的图像经过哪几个象限？

② 若 $ab < 0$，且 y 随 x 增大而增大，则函数的图像不经过哪些象限？

变式 5：若两个一次函数 $y = k_1 x + b_1$（$k_1 \neq 0$），$y = k_2 x + b_2$（$k_2 \neq 0$），则称函数 $y = (k_1 + k_2)x + b_1 b_2$ 为这两个函数的"和谐函数"．

① 若一次函数 $y = -ax + 1$，$y = x - 2b$ 的"和谐函数"为 $y = 4x + 3$，则 $a =$ _____，$b =$ _____；

② 已知一次函数 $y = x + b$ 与 $y = -kx + 5$ 的"和谐函数"的图像经过第一、二、四象限，则常数 k、b 满足的条件为：k _____ 1 且 b _____ 0（用"＞""＝""＜"填空）．

以上 5 个由浅入深的跟进练习，可以促使学生对一次函数解析式中的字母系数与函数图像的关系有比较深入的认识，实现习题的工具性功能．

三、使用自主设计策略，实现习题的发展性功能

习作数学习题不可能使每个学生都达到同样的水平，正是学生数学学习能力方面的差异、数学表达方面的差异、数学思考方面的差异，才使得数学学习变得丰富多彩．充分发挥习题的发展性，体现数学与生活的联系，体现数学的应用性，是应用教科书习题的重要策略．

人教版九年级上册教科书中，在学习了"旋转"一章后，有这样的数学活动：

如图 8 – 2 – 7 所示，在平面直角坐标系中，已知点 A（–3，2）．作点 A 关于 x 轴的对称点 B，作点 B 关于 y 轴的对称点 C，那么点 A 与点 C 有什么关系？如果点 A 的坐标是（x，y），点 A 与点 C 也有同样的关系吗？你能用本章的知识解释吗？

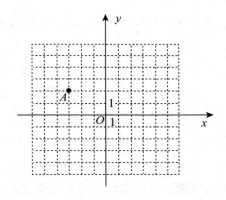

图 8 – 2 – 7

在学生经历这个数学活动之后，一方面让学生再设计一种变换方式，使所得的结果还是一样的，引导学生理解旋转的本质；另一方面让学生解答下列题组，引导学生学会在坐标系的背景下，通过坐标变换规律理解旋转的性质．

变式 1：已知点 A 的坐标为（3，2），设点 A 关于 y 轴对称的点为 B，点 A 关于原点对称的点为 C，点 A 绕点 O 顺时针旋转 90° 得到点 D.

（1）点 B 的坐标是_____，点 C 的坐标是_____，点 D 的坐标是_____；

（2）在平面直角坐标系中分别画出点 A、B、C、D；

（3）顺次连接点 A、B、C、D，那么四边形 $ABCD$ 的面积是_____.

与教科书习题比较，本题的操作性更加直观，要求学生按照操作程序进行，并利用数形结合的方法求四边形的面积.

变式 2：在直角坐标系中，已知点 A（3，2）.作点 A 关于 y 轴对称的点为 A_1，作点 A_1 关于原点对称的点为 A_2，作点 A_2 关于 x 轴对称的点为 A_3，作点 A_3 关于 y 轴对称的点为 A_4……按此规律，则点 A_8 的坐标为_____.

学生解答此题时需要熟悉：两个点关于 x 轴对称，则横坐标不变，纵坐标互为相反数；两个点关于 y 轴对称，则横坐标互为相反数，纵坐标不变；两个点关于原点对称，则横坐标、纵坐标都互为相反数.与此同时，还要注意发现规律，三次变换后结果循环出现，进而得到结论.

变式 3：平面直角坐标系中有一点 A（1，1），对点 A 进行如下操作：

第一步，作点 A 关于 x 轴的对称点 A_1，延长线段 AA_1 到点 A_2，使得 $2A_1A_2 = AA_1$；

第二步，作点 A_2 关于 y 轴的对称点 A_3，延长线段 A_2A_3 到点 A_4，使得 $2A_3A_4 = A_2A_3$；

第三步，作点 A_4 关于 x 轴的对称点 A_5，延长线段 A_4A_5 到点 A_6，使得 $2A_5A_6 = A_4A_5$；……

点 A_2 的坐标为_____，点 A_{2014} 的坐标为_____.

本题是在上题的基础之上，进行更复杂的操作，结果是每一个象限内有 2 个点，可得每 8 个点为一个循环组依次循环，用 2014 除以 8，根据商和余数的情况确定出点 A_{2014} 所在的象限，然后根据点的变化规律解答即可.

以上三题可以让学生根据自己的学习情况任选其一，并告诉学生三个习题是有层次的，后面的问题是建立在前面问题解决的基础之上的，从而引导学生正确认识自我，不断挑战自我.

第九章 依据教科书习题，编制中考试题

从教科书的习题出发编制考试评价试题，是中国数学教学的特色之一．《中学数学教学参考》曾开辟"课本变式题库"栏目，指出无论是高考还是中考，尽管试题千变万化，但命题者遵循的原则是：不超越教学大纲，"植根"于教材．实际上，很多中考试题都能在课本中找到原型——习题或例题，很多人也把由课本习题或例题演变而得到的新题称为课本变式题，这些试题素材来源于教材，层次搭设合理，学生答题时入手容易，能很快进入解题情境．但试题的站位又高于教材，立意也高于教材，并最终落脚于学科的基本思想和方法，这样的命题原则深受基层教师的欢迎和认可．

第一节 活用题型，夯实"双基"

教科书中的习题具有严谨的编制原则，有的突出巩固新知，有的强调发展技能，有的针对弘扬传统文化，可谓题题经典、处处精心．很多中考试题直接取材于教科书习题，只是在题型上稍加变化，就达到了考试目标的要求．

人教版七年级下册教科书第 90 页有这样一道习题：

我国古代数学著作《孙子算经》中有"鸡兔同笼"问题：今有鸡兔同笼，上有三十五头，下有九十四足．问鸡兔各几何？你能用二元一次方程组表示题中的数量关系吗？试找出问题的解．

近年来，对此题进行改编的有下列试题：

1. （2008·株洲）"鸡兔同笼"是我国民间流传的诗歌形式的数学题："鸡兔同笼不知数，三十六头笼中露，看来脚有一百只，几多鸡儿几多兔？"解决此问题，设鸡为 x 只，兔为 y 只，则所列方程组正确的是（   ）．

A. $\begin{cases} x+y=36 \\ x+2y=100 \end{cases}$ B. $\begin{cases} x+y=36 \\ 4x+2y=100 \end{cases}$

C. $\begin{cases} x+y=36 \\ 2x+4y=100 \end{cases}$ D. $\begin{cases} x+y=36 \\ 2x+2y=100 \end{cases}$

2. （2018·吉林）我国古代数学著作《孙子算经》中有"鸡兔同笼"问题："今有鸡兔同笼，上有三十五头，下有九十四足，问鸡兔各几何？"设鸡 x 只，兔 y 只，可列方程组为（   ）．

A. $\begin{cases} x+y=35 \\ 2x+2y=94 \end{cases}$ B. $\begin{cases} x+y=35 \\ 4x+2y=94 \end{cases}$

C. $\begin{cases} x+y=35 \\ 4x+4y=94 \end{cases}$ D. $\begin{cases} x+y=35 \\ 2x+4y=94 \end{cases}$

3. （2008·杭州）课本中介绍我国古代数学名著《孙子算经》上有这样一

道题：今有鸡兔同笼，上有三十五头，下有九十四足，问鸡兔各几头（只）？如果假设鸡有 x 只，兔有 y 只，请你列出关于 x，y 的二元一次方程组，并写出你求解这个方程组的方法．

4. （2017·湖南湘潭）"鸡兔同笼"是我国古代著名的数学趣题之一，大约在 1500 年前成书的《孙子算经》中，就有关于"鸡兔同笼"的记载："今有雉兔同笼，上有三十五头，下有九十四足，问雉兔各几何？"这句话的意思是：有若干只鸡兔关在一个笼子里，从上面数，有 35 个头，从下面数，有 94 条腿，问笼中各有几只鸡和兔？

以上四道题前两道以选择题的形式出现，后两道以解答题的形式呈现，都是以教科书中的习题为基本素材，既考查了学生利用二元一次方程组解决实际问题的能力，又弘扬了中华传统文化．

再如，人教版数学教科书七年级下册第 87 页的章前图中有这样的问题：

篮球联赛中，每场比赛都要分出胜负，每队胜一场得 2 分，负一场得 1 分．某队在 10 场比赛中得到 16 分，那么这个队胜负场数分别是多少？

教科书 91 页，学习代入法解二元一次方程组时，对这个问题进行了解决．在中考试卷中，联系学生的生活实际，变化试题的情境背景，就可以对这道习题进行改编，得到很多富有现实背景的中考试题．

1. （2019·山东东营）篮球联赛中，每场比赛都要分出胜负，每队胜一场得 2 分，负一场得 1 分．某队在 10 场比赛中得到 16 分．若设该队胜的场数为 x，负的场数为 y，则可列方程组为（　　　）．

A. $\begin{cases} x+y=10 \\ 2x+y=16 \end{cases}$　　B. $\begin{cases} x+y=10 \\ 2x-y=16 \end{cases}$

C. $\begin{cases} x+y=10 \\ x-2y=16 \end{cases}$　　D. $\begin{cases} x+y=10 \\ x+2y=16 \end{cases}$

2. （2018·柳州）篮球比赛中，每场比赛都要分出胜负，每队胜一场得 2 分，负一场得 1 分．艾美所在的球队在 8 场比赛中得 14 分．若设艾美所在的球队胜 x 场，负 y 场，则可列出方程组_____．

3. （2013·浙江台州）在某校班际篮球联赛中，每场比赛都要分出胜负，每队胜一场得 3 分，负一场得 1 分．如果某班要在第一轮的 28 场比赛中至少得 43 分，那么这个班至少要胜多少场？

4. （2015·云南）为有效开展"阳光体育"活动，云洱中学利用课外活动时间进行班级篮球比赛. 每场比赛都要决出胜负，每队胜一场得 2 分，负一场得 1 分. 已知九年级（1）班在 8 场比赛中得到 13 分，九年级（1）班胜、负场数分别是多少？

5. （2017·广西贵港）某次篮球联赛初赛阶段，每队有 10 场比赛，每场比赛都要分出胜负，每队胜一场得 2 分，负一场得 1 分，积分超过 15 分才能获得参赛资格.

（1）已知甲队在初赛阶段的积分为 18 分，求甲队初赛阶段胜、负各多少场；

（2）如果乙队要获得参加决赛资格，那么乙队在初赛阶段至少要胜多少场？

6. （2009·广西柳州）某校积极推进"阳光体育"工程，本学期在九年级 11 个班中开展篮球单循环比赛（每个班与其他班分别进行一场比赛，每班需进行 10 场比赛）. 比赛规则规定：每场比赛都要分出胜负，胜一场得 3 分，负一场得 -1 分.

（1）如果某班在所有的比赛中只得到 14 分，那么该班胜负场数分别是多少？

（2）假设比赛结束后，甲班得分是乙班的 3 倍，甲班获胜的场数不超过 5 场，且甲班获胜的场数多于乙班，请你求出甲班、乙班各胜了几场.

7. （2004·陕西）足球比赛的记分规则为：胜一场得 3 分，平一场得 1 分，输一场得 0 分. 一支足球队在某个赛季中共需比赛 14 场，现已比赛了 8 场，输了 1 场，得 17 分. 请问：

（1）前 8 场比赛中，这支球队共胜了多少场？

（2）这支球队打满 14 场比赛，最高能得多少分？

（3）通过对比赛情况的分析，这支球队打满 14 场比赛，得分不低于 29 分，就可以达到预期的目标. 请你分析一下，在后面的 6 场比赛中，这支球队至少要胜几场，才能达到预期目标？

从以上举例中可以看出，由于试题的背景贴近学生的生活实际，可以充分体现方程、方程组、不等式等数学模型与现实生活的联系，填空题、选择题、解答题等各种题型都适合组卷的要求，因而应用十分普遍.

第二节　灵活变式，强化"双基"

在学习完"锐角三角函数"的知识之后，人教版《数学》九年级下册第84页有这样一道基本题：

等腰三角形的底角是 $30°$，腰长为 $2\sqrt{3}$，求它的周长.

对此题进行简单变式，可以将"底角是 $30°$"改为"顶角是 $120°$""一个内角是 $120°$"等，腰长也可以做数量上的变化. 如果将"底角是 $30°$"改为"一个角是 $30°$"，难度就有所增大，需要应用分类讨论的方法，考虑多种情况.

（1）2019 年山东东营的中考试卷直接将此题以填空题的形式呈现.

已知等腰三角形的底角是 $30°$，腰长为 $2\sqrt{3}$，则它的周长是＿＿＿＿＿.

（2）2004 年黑龙江的考题以选择题的形式出现，将求周长改为求面积.

如果等腰三角形的底角为 $30°$，腰长为 6cm，那么这个三角形的面积为（　　）.

A. 4.5cm^2　　　　　B. $9\sqrt{3}\text{cm}^2$　　　　　C. $18\sqrt{3}\text{cm}^2$　　　　　D. 36cm^2

（3）2009 年沈阳的考题则是以坐标系为背景，学生需要考虑已知的边 AB 可能是底边，也可能是腰. 当 AB 是底边时，则点 C 可能位于 AB 的两侧，就有两个满足条件的三角形；当 AB 是腰时再分点 A 是顶角顶点或点 B 是顶角顶点两种情况进行讨论.

如图 $9-2-1$ 所示，在平面直角坐标系中，点 A 的坐标是 $(1，0)$，点 B 的坐标是 $(0，\sqrt{3})$，点 C 在坐标平面内. 若以 A、B、C 为顶点构成的三角形是等腰三角形，且底角为 $30°$，则满足条件的点 C 有＿＿＿＿＿个.

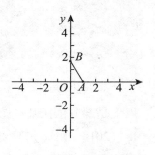

图 $9-2-1$

第三节　抓住典型，着力"综合"

在学习完轴对称的知识之后，教科书中研究了如下最值问题，体现出轴对称知识的实际应用价值．依托这些基本图形和基本方法，结合不同的问题情境，综合不同的知识内容，可以编制出很多求线段、周长、面积等几何图形数量关系的最小值和最大值的试题．

人教版八年级上册教材 85 页问题 1 如下：

如图 9 - 3 - 1 所示，牧马人从 A 地出发，到一条笔直的河边 l 饮马，然后到 B 地．牧马人到河边的什么地方饮马，可使所走的路径最短？

人教版八年级上册教材 86 页问题 2 如下：

（造桥选址问题）如图 9 - 3 - 2 所示，A 和 B 两地在一条河的两岸，现要在河上造一座桥 MN．桥造在何处可使从 A 到 B 的路径 $AMNB$ 最短？（假定河的两岸是平行的直线，桥要与河垂直．）

人教版八年级上册教材 93 页第 15 题如下：

如图 9 - 3 - 3 所示，牧马人从 A 地出发，先到草地边某一处牧马，再到河边饮马，然后回到 B 处，请画出最短路径．

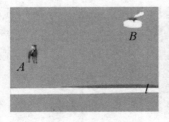

图 9 - 3 - 1

图 9 - 3 - 2

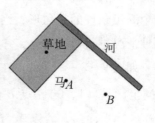

图 9 - 3 - 3

以下是部分依托基本图形和基本方法编制的中考试题：

1．（2015·黔南州）如图 9 - 3 - 4 所示，已知直线 l 外不重合的两点 A、B，在直线 l 上求作一点 C，使得 $AC + BC$ 的长度最短．作法为：①作点 B 关于

直线 l 的对称点 B'；②连接 AB' 与直线 l 相交于点 C，则点 C 为所求作的点．在解决这个问题时没有运用到的知识或方法是（ ）．

A. 转化思想

B. 三角形的两边之和大于第三边

C. 两点之间，线段最短

D. 三角形的一个外角大于与它不相邻的任意一个内角

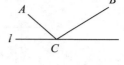

图 9 - 3 - 4

2.（2015·绥化）如图 9 - 3 - 5 所示，在矩形 $ABCD$ 中，$AB = 10$，$BC = 5$．若点 M、N 分别是线段 AC，AB 上的两个动点，则 $BM + MN$ 的最小值为（ ）．

A. 10　　　　B. 8

C. $5\sqrt{3}$　　　　D. 6

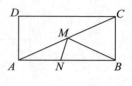

图 9 - 3 - 5

3.（2014·长沙）如图 9 - 3 - 6 所示，在平面直角坐标系中，已知点 A（2，3），点 B（-2，1），在 x 轴上存在点 P 到 A、B 两点的距离之和最小，则 P 点的坐标是_____．

4.（2008·深圳）要在街道旁修建一个奶站，如图 9 - 3 - 7 所示，向居民区 A、B 提供牛奶，奶站应建在什么地方才能使从 A、B 到它的距离之和最短？小聪根据实际情况，以街道旁为 x 轴，建立了如图所示的平面直角坐标系，测得 A 点的坐标为（0，3），B 点的坐标为（6，5），则从 A、B 两点到奶站距离之和的最小值是_____．

5.（2013·鄂尔多斯）如图 9 - 3 - 8 所示，A 和 B 两地在一条河的两岸，现要在河上造一座桥 MN，使从 A 到 B 的路径 $AMNB$ 最短的是（假定河的两岸是平行直线，桥要与河岸垂直）（ ）．

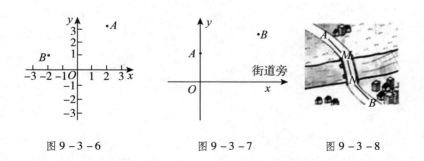

图 9 - 3 - 6　　　　图 9 - 3 - 7　　　　图 9 - 3 - 8

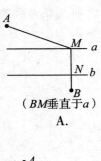

（BM垂直于a）

A.

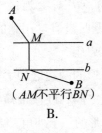

（AM不平行BN）

B.

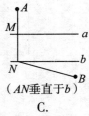

（AN垂直于b）

C.

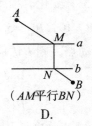

（AM平行BN）

D.

6. （2007·山西）如图 9-3-9 所示，直线 l 是一条河，P、Q 两地相距 8km，P、Q 两地到 l 的距离分别为 2km、5km，欲在 l 上的某点 M 处修建一个水泵站，向 P、Q 两地供水．现有如下四种铺设方案，图中实线表示铺设的管道，则铺设的管道最短的是（　　　）.

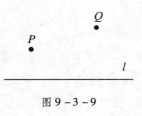

图 9-3-9

A.

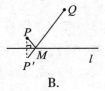

B.

C.

D.

7. （2013·日照）问题背景：

如图 9-3-10 所示，点 A、B 在直线 l 的同侧，要在直线 l 上找一点 C，使 AC 与 BC 的距离之和最小，我们可以作出点 B 关于 l 的对称点 B'，连接 AB' 与

直线 l 交于点 C，则点 C 即为所求．

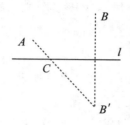

图 9 – 3 – 10

（1）实践运用：

如图 9 – 3 – 11 所示，已知，⊙O 的直径 CD 为 4，点 A 在 ⊙O 上，∠ACD = 30°，B 为弧 AD 的中点，P 为直径 CD 上一动点，则 $BP + AP$ 的最小值为_____．

（2）知识拓展：

如图 9 – 3 – 12 所示，在 Rt△ABC 中，$AB = 10$，∠$BAC = 45°$，∠BAC 的平分线交 BC 于点 D，E、F 分别是线段 AD 和 AB 上的动点，求 $BE + EF$ 的最小值，并写出解答过程．

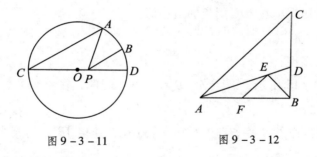

图 9 – 3 – 11   图 9 – 3 – 12

8．（2012·凉山州）在学习轴对称的时候，老师让同学们思考课本中的探究题：

如图 9 – 3 – 13 所示，要在燃气管道 l 上修建一个泵站，分别向 A、B 两镇供气．泵站修在管道的什么地方，可使所用的输气管线最短？

你可以在 l 上找几个点试一试，能发现什么规律？

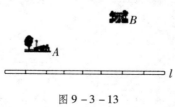

图 9 – 3 – 13

聪明的小华通过独立思考，很快得出了解决这个问题的正确办法．他把管道 l 看成一条直线（图 $9-3-14$），问题就转化为要在直线 l 上找一点 P，使 AP 与 BP 的和最小．他的做法是这样的：

① 作点 B 关于直线 l 的对称点 B'．

② 连接 AB' 交直线 l 于点 P，则点 P 为所求．

请你参考小华的做法解决下列问题：

如图 $9-3-15$ 所示，在 $\triangle ABC$ 中，点 D、E 分别是 AB、AC 边的中点，$BC = 6$，BC 边上的高为 4，请你在 BC 边上确定一点 P，使 $\triangle PDE$ 的周长最小．

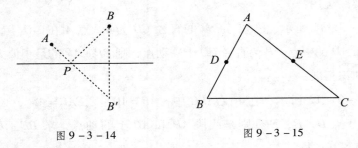

图 $9-3-14$ 图 $9-3-15$

（1）在图中作出点 P（保留作图痕迹，不写作法）．

（2）请直接写出 $\triangle PDE$ 周长的最小值：_____．

9．（2010·淮安）

（1）观察发现：

如图 $9-3-16$ 所示，若点 A、B 在直线 l 同侧，在直线 l 上找一点 P，使 $AP + BP$ 的值最小．

做法如下：作点 B 关于直线 l 的对称点 B'，连接 AB'，与直线 l 的交点就是所求的点 P．

如图 $9-3-17$ 所示，在等边三角形 ABC 中，$AB = 2$，点 E 是 AB 的中点，AD 是高，根据以上做法在 AD 上找一点 P，使 $BP + PE$ 的值最小．

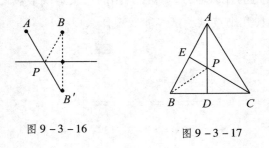

图 $9-3-16$ 图 $9-3-17$

做法如下：作点 B 关于 AD 的对称点，恰好与点 C 重合，连接 CE 交 AD 于一点，则这点就是所求的点 P，故 $BP + PE$ 的最小值为_____.

（2）实践运用：

如图 9 – 3 – 18 所示，已知 $\odot O$ 的直径 CD 为 4，$\angle AOD$ 的度数为 60°，点 B 是 $\overset{\frown}{AD}$ 的中点，在直径 CD 上找一点 P，使 $BP + AP$ 的值最小，并求 $BP + AP$ 的最小值.

（3）拓展延伸：

如图 9 – 3 – 19 所示，在四边形 $ABCD$ 的对角线 AC 上找一点 P，使 $\angle APB = \angle APD$. 保留作图痕迹，不必写出作法.

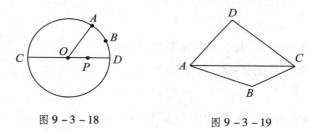

图 9 – 3 – 18   图 9 – 3 – 19

第四节　化静为动，指向"四基"

人教版教科书八年级上册 93 页有这样一道题：

如图 9－4－1 所示，在等边 $\triangle ABC$ 中，O、P、D 分别是 AC、AB、BC 上的三点，且 $OC = AP = BD$. 求证：$\triangle OPD$ 是等边三角形.

将此题变静为动，可以改编成如下中考题：

（2007·陕西）如图 9－4－2 所示，在等边 $\triangle ABC$ 中，$AC = 9$，点 O 在 AC 上，且 $AO = 3$，点 P 是 AB 上一动点，连接 OP，将线段 OP 绕点 O 逆时针旋转 $60°$，得到线段 OD. 要使点 D 恰好落在 BC 上，则 AP 的长是（　　　）.

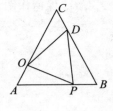

图 9－4－1

A. 4　　　　　　　B. 5

C. 6　　　　　　　D. 8

要想求线段 AP 的长，就要想办法建立线段 AP 与已知线段的关系，解题的关键是根据题意，正确画出点 D 在 BC 上时所对应的图形（图 9－4－2），这时将求 AP 的长转化为求 $\triangle APO \cong \triangle COD$，从而有 $AP = OC = 6$. 本题一方面要求学生能结合题意正确画出图形，突出图形的形成过程；另

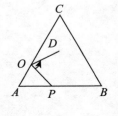

图 9－4－2

一方面需要学生认真观察、分析、联想、验证，体现了科学的思维过程. 从题型来看，本题既是一道运动型问题，又是一道操作型问题，更是一道探究型问题，多种题型结合，更能考查学生的学习潜能.

2009 年湖州中考题中的一道题是此题的一种特殊情况，是问题的继续.

如图 9－4－3 所示，在正三角形 ABC 中，D、E、F 分别是 BC、AC、AB 上的点，$DE \perp AC$，$EF \perp AB$，$FD \perp BC$，则 $\triangle DEF$ 的面积与 $\triangle ABC$ 的面积之比等于（　　　）.

A. $1:3$　　　　B. $2:3$　　　　C. $\sqrt{3}:2$　　　　D. $\sqrt{3}:3$

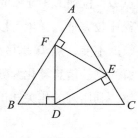

此题除了将基本图进行变化，关注知识产生的过程，也充分体现出知识的应用价值．2018 年浙江省金华市中考数学有这样一道题：

图 9 - 4 - 4 是小明制作的一幅弓箭的图，点 A、D 分别是弓臂 BAC 与弓弦 BC 的中点，弓弦 $BC = 60 \mathrm{cm}$．沿 AD 方向拉弓的过程中，假设弓臂 BAC 始终保持圆弧形，弓弦不伸长．如图 9 - 4 - 5 所示，当弓箭从自然状态的点 D 拉到点 D_1 时，有 $AD_1 = 30 \mathrm{cm}$，$\angle B_1 D_1 C_1 = 120°$．

图 9 - 4 - 3

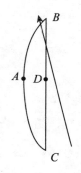

图 9 - 4 - 4

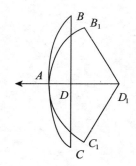

图 9 - 4 - 5

（1）图 9 - 4 - 5 中，弓臂两端 $B_1 C_1$ 的距离为 _____ cm.

（2）如图 9 - 4 - 6 所示，将弓箭继续拉到点 D_2，使弓臂 $B_2 A C_2$ 为半圆，则 $D_1 D_2$ 的长为 _____ cm.

这是一道几何建模问题，其情境与生活实际相联系，选择学生熟悉的弓箭作为背景，是完全依托教科书中垂径定理的典型习题，很好地考查了学生的直观想象能力．问题（1）是弓形背景下求所在圆的半径，学生可联系圆中的垂径定理，利用勾股定理，将问题转化为方程解决．而在现实拉弓过程中，人们会更多地关注拉弓的距离，D 点的运动轨迹便是问题的核心．与教科书习题相比较，中考试题更多地呈现问题的发生、发展过程，本题的难点

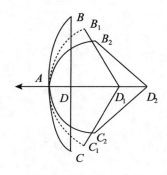

图 9 - 4 - 6

在于理解"弓弦不伸长",题中呈现了拉弓过程中的三个状态,即自然状态的点 D,拉到 1/3 圆弧的点 D_1,再拉到 1/2 圆弧(半圆)的点 D_2,运动变化的过程比较完整,学生可以感受到拉弓过程中,弓臂 BAC 始终保持圆弧形,并保持长度不变,点 D 是弓弦的中点,即都有 $DB = DC = 30\text{cm}$. 这样借助文字表达,将问题的信息转化为数学的信息,让学生自然联系到圆,确定所应用的数学模型,利用圆的相关知识解决数学问题.

第五节 联系实际，体现"四能"

在学习完二次函数之后，各版本教科书中都有以桥洞为背景的习题．例如，人教版九年级上册教科书51页的习题如下：

图9-5-1是抛物线形拱桥，当拱高离水面2 m时，水面宽4 m．水面下降1 m，水面宽度增加多少？

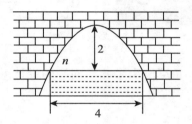

图 9 - 5 - 1

北师大版九年级下册教科书第48页的习题如下：

如图9-5-2所示，有一座抛物线形拱桥，在正常水位时水面宽 $AB=20$ m，当水位上升3 m时，水面宽 $CD=10$ m．

（1）按如图所示的直角坐标系，求表示此抛物线的函数表达式；

（2）有一条船以5 km/h的速度向此桥行驶，当船距离此桥35 km时，桥下水位正好在 AB 处，之后水位每小时上涨0.25 m，当水位达到 CD 处时，将禁止船只通行．如果该船按原来的速度行驶，那么它能否安全通过此桥？

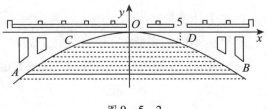

图 9 - 5 - 2

华师大版九年级下册教科书第 24 页的习题如下:

有一个截面的边缘为抛物线的拱形桥洞, 桥洞壁离水面的最大高度为 4 m, 跨度为 10 m. 把截面图形放在如图 9 - 5 - 3 所示的平面直角坐标系中.

(1) 求这条抛物线所对应的函数表达式;

(2) 如图 9 - 5 - 3 所示, 在对称轴右边 1 m 的点 M 处, 对应的桥洞壁离水面的高是多少?

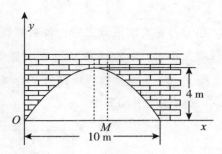

图 9 - 5 - 3

以上三个习题从不同角度给出了此类问题的设计思路, 由此也产生了许多中考试题:

1. (2018·绵阳) 图 9 - 5 - 4 是抛物线形拱桥, 当拱顶离水面 2 m 时, 水面宽 4 m, 水面下降 2 m, 水面宽度增加_____m.

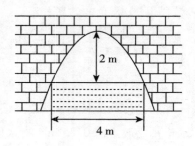

图 9 - 5 - 4

2. (2019·山西) 北中环桥是省城太原的一座跨汾河大桥 (图 9 - 5 - 5), 它由五个高度不同、跨径也不同的抛物线形钢拱通过吊桥、拉索与主梁相连, 最高的钢拱如图 9 - 5 - 6 所示, 此钢拱 (近似看成二次函数的图像——抛物线) 在同一竖直平面内, 与拱脚所在的水平面相交于 A、B 两点. 拱高为 78 m (最高点 O 到 AB 的距离为 78 m), 跨径为 90 m (AB = 90 m), 以最高点 O 为坐标原点，以平行于 AB 的直线为 x 轴建立平面直角坐标系，则此抛物线钢拱的函数表达式为（　　）．

图 9 - 5 - 5

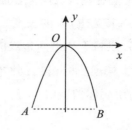

图 9 - 5 - 6

A. $y = \dfrac{26}{675}x^2$

B. $y = -\dfrac{26}{675}x^2$

C. $y = \dfrac{13}{1350}x^2$

D. $y = -\dfrac{13}{1350}x^2$

3.（2007·株洲）有一座抛物线形拱桥，其水面宽 AB 为 18 m，拱顶 O 离水面 AB 的距离 OM 为 8 m，货船在水面上的部分的横断面是矩形 $CDEF$，如图 9 - 5 - 7 所示建立平面直角坐标系．

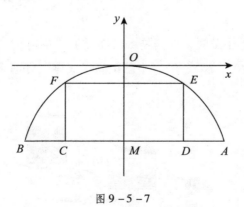

图 9 - 5 - 7

（1）求此抛物线的解析式．

（2）如果限定矩形的长 CD 为 9 m，那么矩形的高 DE 不能超过多少米，才能使船通过拱桥？

（3）若设 $EF = a$，请将矩形 $CDEF$ 的面积 S 用含 a 的代数式表示，并指出 a 的取值范围．

4. (2008·兰州) 一座拱桥的轮廓是抛物线形 (图 9 – 5 – 8), 拱高 6 m, 跨度 20 m, 相邻两支柱间的距离均为 5 m.

(1) 将抛物线放在所给的直角坐标系中 (图 9 – 5 – 9), 求抛物线的解析式.

(2) 求支柱 EF 的长度.

(3) 拱桥下地平面是双向行车道 (正中间是一条宽 2 m 的隔离带), 其中的一条行车道能否并排行驶宽 2 m、高 3 m 的三辆汽车 (汽车间的间隔忽略不计)? 请说明你的理由.

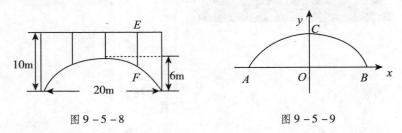

图 9 – 5 – 8   图 9 – 5 – 9

再如, 浙教版八年级上册教科书第 165 页有这样一道例题:

小聪和小慧去某风景区游览, 约好在"飞瀑"见面. 上午 7: 00, 小聪乘电动车从"古刹"出发, 沿景区公路 (图 9 – 5 – 10) 去"飞瀑", 车速为 36 km/h. 小慧也于上午 7: 00 从"塔林"出发, 骑电动自行车沿景区公路去"飞瀑", 车速为 26 km/h.

(1) 当小聪追上小慧时, 他们是否已经过了"草甸"?

(2) 当小聪到达"飞瀑"时, 小慧距离"飞瀑"还有多少千米?

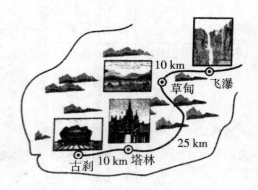

图 9 – 5 – 10

这样一个实际问题的背景，实际上可以提出很多问题，2015 年浙江省金华市的中考第 22 题如下：

小慧和小聪沿图 9 – 5 – 11 中的景区公路游览，小慧乘坐车速为 30 km/h 的电动汽车，早上 7：00 从宾馆出发，游玩后中午 12：00 回到宾馆．小聪骑自行车从飞瀑出发前往宾馆，速度为 20 km/h，途中遇见小慧时，小慧恰好游完一个景点乘车前往下一个景点．上午 10：00 小聪到达宾馆．图 9 – 5 – 12 中的图像分别表示两人离宾馆的路程 s（km）与时间 t（h）的函数关系．试结合图中信息回答：

（1）小聪上午几点钟从飞瀑出发？

（2）试求线段 AB、GH 的交叉点 B 的坐标，并说明它的实际意义．

（3）如果小聪到达宾馆后，立即以 30 km/h 的速度按原路返回，那么返回途中他几点钟遇见小慧？

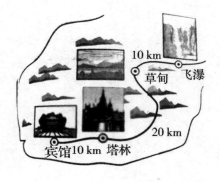

图 9 – 5 – 11

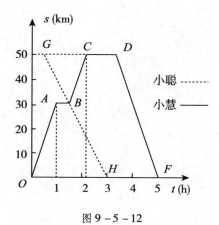

图 9 – 5 – 12

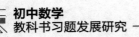

　　本题的问题情境完全取自教材的例题，也是数学教学的重点和数学基本活动经验有机结合的一道应用题．实际上，虽然问题提出的视角不同，但考查的焦点依然集中在典型问题上．第（2）（3）问利用待定系数法求解函数解析式，联立得二元一次方程组计算，直线上点的坐标与路程之间的关系等思路与教材例题基本相同，但第（3）问考查了学生的数学基本活动经验的积累，让学生在解决问题的过程中，充分体会数学与生活的联系（数学源于生活，又高于生活），考查学生数学思考、提出问题和解决问题的能力．

第六节　合理整合，侧重"应用"

浙教版《数学》九年级下册第 165 页有这样一道例题：

小玲家对面新建造了一幢图书大厦，小玲在自家的窗口测得大厦顶部的仰角和大厦底部的俯角如图 9 – 6 – 1 所示，量得两幢楼之间的距离为 32 m，大厦有多高？小玲家又有多高？（结果精确到 1 m）

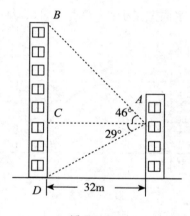

图 9 – 6 – 1

浙教版九年级上册教科书第 17 页，有这样一个探究活动：

一座拱桥的示意图如图 9 – 6 – 2 所示，当水面宽 12 m 时，桥洞顶部离水面 4 m. 已知桥洞的拱形是抛物线，要求该抛物线的函数表达式，你认为首先要做的工作是什么？以水平方向为 x 轴，取以下三个不同的点为坐标原点建立直角坐标系.

（1）点 $A.$　（2）点 $B.$　（3）抛物线的顶点 $C.$

所得函数解析式相同吗？请试一试．哪一种取法求得的函数解析式最简单？

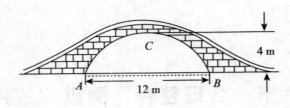

图 9 – 6 – 2

依据以上两题，2016 年南京中考的压轴题设计如下：

图 9 – 6 – 3 是抛物线形拱桥，P 处有一照明灯，水面 OA 宽 4 m，从 O、A 两处观测 P 处，仰角分别为 α、β，且 $\tan \alpha = \dfrac{1}{2}$，$\tan \beta = \dfrac{3}{2}$，以 O 为原点，OA 所在直线为 x 轴建立直角坐标系．

（1）求点 P 的坐标．

（2）水面上升 1 m，水面宽多少？（$\sqrt{2}$ 取 1.41，结果精确到 0.1 m）

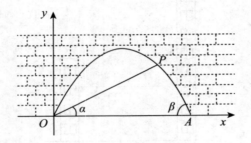

图 9 – 6 – 3

此题的两问分别来源于教科书中的两道习题，考查的基本知识点是三角函数和二次函数的应用，基本技能是利用待定系数法求函数解析式，考查的思想方法有方程思想、数形结合思想、函数思想和化归思想等．本题虽然是压轴题，但起点并不高，既具有选拔功能，又兼具学业考试功能．

同样，2007 年芜湖中考试题是将教科书中的以下两道习题进行了组合改编．

（1）人教课标版《数学》九年级下册第 33 页第 9 题：

在周长为定值 P 的扇形中，半径是多少时扇形的面积最大？

（2）人教版《几何》第三册第 204 页第 11 题．

如图 9 – 6 – 4 所示，弧 AB 与弧 $A'B'$ 的圆心都是 O，$AA' = d$，弧 AB 的长是

l，弧 $A'B'$ 的长是 l'.

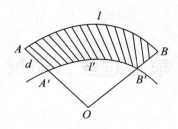

图 9 – 6 – 4

求证：（1） $\angle O = \dfrac{l - l'}{d} \times \dfrac{180°}{\pi}$；（2） $S_{AA'B'B} = \dfrac{1}{2}(l + l')d$.

改编后的试题如下：

一园林设计师要使用长度为 $4L$ 的材料建造如图 9 – 6 – 5 所示的花圃，该花圃是由 4 个形状、大小完全一样的扇环面组成的，每个扇环面如图 9 – 6 – 6 所示，它是以点 O 为圆心的两个同心圆弧和延长后通过 O 点的两条直线段围成的，为使绿化效果最佳，还须使扇环面积最大.

求图 9 – 6 – 5 花圃面积最大时 $R - r$ 的值及此时花圃的面积. 其中 R、r 分别为大圆和小圆的半径；若 $L = 160$ m，$r = 10$ m，求图 9 – 6 – 6 面积最大时的 θ 值.

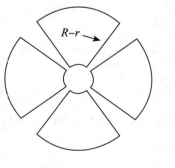

图 9 – 6 – 5

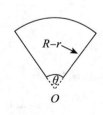

图 9 – 6 – 6

第七节 模拟过程，拓展"提升"

传统的教科书习题具有很强的复习巩固功能，一般都具有明确的解题方向，文字表达的字数也有限．中考试题的题型设计和问题指向则是对教科书习题的进一步发展．

例如，北京 2014 年中考第 25 题如下：

对某一个函数给出如下定义：若存在实数 $m > 0$，对于任意的函数值 y，都满足 $-m \leqslant y \leqslant m$，则称这个函数是有界函数．在所有满足条件的 m 中，其最小值称为这个函数的边界值．例如，图 9－7－1 中的函数是有界函数，其边界值是 1.

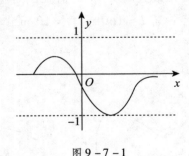

图 9－7－1

（1）分别判断函数 $y = \dfrac{1}{x}$（$x > 0$）和 $y = x + 1$（$-4 < x \leqslant 2$）是不是有界函数．若是有界函数，求其边界值．

（2）若函数 $y = -x + 1$（$a \leqslant x \leqslant b$，$b > a$）的边界值是 2，且这个函数的最大值也是 2，求 b 的取值范围．

（3）将函数 $y = x^2$（$-1 \leqslant x \leqslant m$，$m \geqslant 0$）的图像向下平移 m 个单位，得到的函数的边界值是 t，当 m 在什么范围时，满足 $\dfrac{3}{4} \leqslant t \leqslant 1$？

本题的题型是阅读理解，以新定义的形式考查了学生的阅读、理解以及应用能力，同时还考查了数形结合思想和分类讨论思想．试题依据教科书中对函数的研究过程，给出了函数某一共性作为研究工具，让学生利用所学的函数知识举一反三，研究初中常见的反比例函数、一次函数和二次函数．在给出两个新定义之后，学生要经历由简单到复杂、由浅显到深入的研究过程．第（1）和（2）小题的解决实际上是从正反两方面对两个新定义进行深入的研究，也为解决第（3）小题做了铺垫．显然，对问题的解决不可能一步到位，而是呈现出螺旋式上升的趋势．第（3）小题则是对两个新定义的应用，难度陡增，准确理解"有界函数"和"边界值"这两个新定义是解题的关键．解题时如果停滞不前，就需要回过头进一步理解两个新定义．学生可以反复推敲，前后对照，同时，数形结合思想的运用会使问题比较直观地呈现，分类讨论思想能让解答的表述条理清晰．

近年来，阅读理解类试题被越来越多地使用，下面是 2019 年山西省一道中考试题：

阅读以下材料，并按要求完成相应的任务：

莱昂哈德·欧拉（Leonhard Euler）（图 9-7-2）是瑞士数学家，在数学上经常见到以他的名字命名的重要常数、公式和定理．下面就是欧拉发现的一个定理：在 $\triangle ABC$ 中，R 和 r 分别为外接圆和内切圆的半径，O 和 I 分别为其外心和内心，则 $OI^2 = R^2 - 2Rr$.

图 9-7-2　莱昂哈德·欧拉

如图 9-7-3 所示，$\odot O$ 和 $\odot I$ 分别是 $\triangle ABC$ 的外接圆和内切圆，$\odot I$ 与 AB 相切于点 F. 设 $\odot O$ 的半径为 R，$\odot I$ 的半径为 r，外心 O（三角形三边垂直平分线的交点）与内心 I（三角形三条角平分线的交点）之间的距离 $OI = d$，则有 $d^2 = R^2 - 2Rr$.

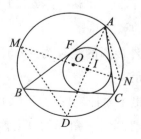

图 9-7-3

下面是该定理的证明过程（部分）：

延长 AI 交 $\odot O$ 于点 D，过点 I 作 $\odot O$ 的直径 MN，连接 DM、AN.

$\because \angle D = \angle N$，$\angle DMI = \angle NAI$（同弧所对的圆周角相等）.

$\therefore \triangle MDI \backsim \triangle ANI$. $\therefore \dfrac{IM}{IA} = \dfrac{ID}{IN}$，$\therefore IA \cdot ID = IM \cdot IN$①

如图 $9-7-4$ 所示，在图 $9-7-3$（隐去 MD、AN）的基础上作 $\odot O$ 的直径 DE，连接 BE、BD、BI、IF.

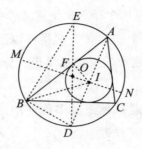

图 $9-7-4$

$\because DE$ 是 $\odot O$ 的直径，$\therefore \angle DBE = 90°$.

$\because \odot I$ 与 AB 相切于点 F，$\therefore \angle AFI = 90°$，$\therefore \angle DBE = \angle IFA$.

$\because \angle BAD = \angle E$（同弧所对的圆周角相等），$\therefore \triangle AIF \backsim \triangle EDB$，

$\therefore \dfrac{IA}{DE} = \dfrac{IF}{BD}$.

$\therefore IA \cdot BD = DE \cdot IF$②

任务：

（1）观察发现：$IM = R + d$，$IN = $ _____（用含 R、d 的代数式表示）.

（2）请判断 BD 和 ID 的数量关系，并说明理由.

（3）请观察式子①和式子②，并利用任务（1）（2）的结论，按照上面的证明思路，完成该定理证明的剩余部分.

（4）应用：若 $\triangle ABC$ 的外接圆的半径为 5 cm，内切圆的半径为 2 cm，则 $\triangle ABC$ 的外心与内心之间的距离为_____ cm.

此题的阅读材料直接给出了要证定理的具体内容及部分证明过程，所涉及的知识点比较多，包括圆的性质、三角形的外心和内心、相似三角形的判定、证明线段相等的方法等初中数学核心知识. 从数学思想方法的视角分析，综合

考查了数形结合思想、类比思想及模型思想．从数学核心素养的视角分析，综合考查了几何直观、运算能力、推理能力及应用意识和创新意识．所设置的问题由浅入深，拾级而上，通过基础提示—重点突破—本质探究—应用延伸的呈现方式，使问题的思维层次十分明确．从整体上来看，虽然定理本身是未知的，但是以考生熟悉的圆与三角形的相关知识为载体，每一步解题的依据也均为所学知识，考查的就是考生综合运用知识分析和解决数学问题的能力．同时，本题以数学家欧拉发现的定理开篇，将数学文化合理地镶嵌于数学问题之中，让考生在探究问题的同时，了解知识的来源，体会知识的传承，让考生在惊叹前人智慧的同时，激发对数学知识与数学文化的热爱．

除了新定义类、阅读理解类试题之外，近年来出现的综合实践类试题也是对教科书习题的进一步发展．

2018 年鄂尔多斯的一道中考题如下：

【发现操作】

如图 9 - 7 - 5 所示，将 △ABC 绕点 A 顺时针旋转 60°，得到 △ADE，连接 BD，则 ∠ABD = _____．

【类比探究】

如图 9 - 7 - 6 所示，在等边三角形 ABC 内任取一点 P，连接 PA、PB、PC，求证：以 PA、PB、PC 为三边必能组成三角形．

【解决问题】

如图 9 - 7 - 7 所示，在边长为 $\sqrt{7}$ 的等边三角形 ABC 内有一点 P，∠APC = 90°，∠BPC = 120°，求 △APC 的面积．

【拓展应用】

图 9 - 7 - 8 是 A、B、C 三个村子位置的平面图，经测量 AC = 4，BC = 5，∠ACB = 30°，P 为 △ABC 内的一个动点，连接 PA、PB、PC．求 PA + PB + PC 的最小值．

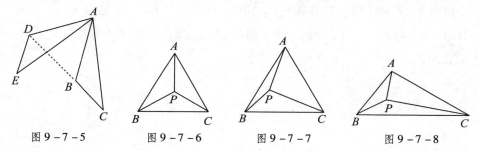

图 9 - 7 - 5　　　　图 9 - 7 - 6　　　　图 9 - 7 - 7　　　　图 9 - 7 - 8

与此类似，2017 年淮安的一道中考试题如下：

【操作发现】

如图 9 - 7 - 9 所示，在边长为 1 个单位长度的小正方形组成的网格中，△ABC 的三个顶点均在格点上.

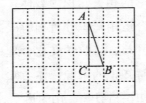

图 9 - 7 - 9

① 请按要求画图：将△ABC 绕点 A 按顺时针方向旋转 90°，点 B 的对应点为 B'，点 C 的对应点为 C'，连接 BB'；

② 在①所画图形中，∠$AB'B$ = _____.

【问题解决】

如图 9 - 7 - 10 所示，在等边三角形 ABC 中，$AC = 7$，点 P 在△ABC 内，且 ∠$APC = 90°$，∠$BPC = 120°$，求△APC 的面积.

小明同学通过观察、分析、思考，对上述问题形成了如下想法：

想法一：将△APC 绕点 A 按顺时针方向旋转 60°，得到△$AP'B$，连接 PP'，寻找 PA、PB、PC 三条线段之间的数量关系；

想法二：将△APB 绕点 A 按逆时针方向旋转 60°，得到△$AP'C'$，连接 PP'，寻找 PA、PB、PC 三条线段之间的数量关系.

……

请参考小明同学的想法，完成该问题的解答过程.（一种方法即可）

【灵活运用】

如图 9 - 7 - 11 所示，在四边形 $ABCD$ 中，$AE \perp BC$，垂足为 E，∠$BAE = $∠$ADC$，$BE = CE = 2$，$CD = 5$，$AD = kAB$（$k$ 为常数），求 BD 的长（用含 k 的式子表示）.

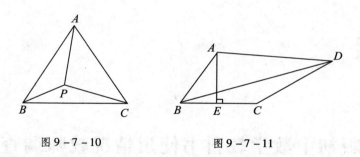

图 9 – 7 – 10　　　　　图 9 – 7 – 11

　　这类试题都是从最基本的问题和方法出发，模拟学习知识应该经历的过程．这类试题从特殊到一般、从简单到复杂，将基本问题和基本方法串联、组合起来，体现探究能力，是对教科书习题的补充和发展．

❖ 结 束 语 ❖

　　教科书习题的使用实践主要包括教师在课堂教学中的实践和在考试评价中的实践两个主要部分，每一部分都会因教学目标和教学理念的不同而表现出不同的取向．在信息技术迅速发展、人们教育观念日新月异的新时代，创新使用教科书习题，发展教科书习题成为教师专业发展的新要求，也必将成为教师展现教育智慧、实现教育突破的新领域．

附 录

人教版初中数学教科书使用情况教师调查问卷

尊敬的老师：

您好！为科学地反映教科书使用情况，我们正在对课程标准实验教科书的使用状况进行调查，需要了解您对教科书的看法．问卷较长，回答需要一些时间，但是每一个问题都很重要，请认真思考、如实作答．我们的调查不会对您及您所在单位造成任何不利影响，请不要有任何顾虑．真诚期待您的合作！

一、您的基本情况

请根据您的基本情况，在符合的选项的序号上画○．

1. 您的性别是（　　）．

A. 男　　　　　　　　B. 女

2. 您的年龄是（　　）．

A. 20 岁及以下　　　B. 21～30 岁　　　C. 31～40 岁　　　D. 41 岁及以上

3. 您的教龄是（　　）．

A. 5 年及以下　　　　B. 6～10 年　　　C. 11～20 年　　　D. 21 年及以上

4. 您从事数学学科教学的年限是（　　）．

A. 5 年及以下　　　　B. 6～10 年　　　C. 11～20 年　　　D. 21 年及以上

5. 您连续使用本教科书的年限是（　　）．

A. 1 年及以下　　　　B. 2～3 年　　　C. 4～5 年　　　D. 6 年及以上

6. 您现在的学历是（　　）．

A. 中师（或中专）　B. 大学专科　　　C. 大学本科　　　D. 研究生

7. 您现在的职称是（　　）．

A. 未定级　　　　　　B. 中学二级　　　C. 中学一级　　　D. 中学高级

8. 您获得的荣誉称号（   ）.（可多选）

A. 无　　　　　　　B. 国家级　　　　C. 市级

D. 区级　　　　　　E. 校级

9. 您现在任教的年级是（   ）.

A. 七年级　　　　　B. 八年级　　　　C. 九年级

10. 您现在所担任的行政职务是（   ）.（可多选）

A. 校长　　　　　　B. 教导处主任　　C. 学科带头人

D. 年级组长　　　　E. 无　　　　　　F. 其他

二、您对人教版数学教科书的基本看法

每一问题之后有 5 个分值，分别表示教科书体现某个方面特征的程度．其中 1 为最低分，表示很差；2 表示较差；3 表示一般；4 表示较好；5 为最高分，表示很好．请根据实际情况作答．

题　目	很差	较差	一般	较好	很好
1. 教科书的整体设计符合教育教学规律	1	2	3	4	5
2. 教科书的整体容量恰当，能够在规定的时间内完成	1	2	3	4	5
3. 教科书注意适应不同发展水平的学生学习	1	2	3	4	5
4. 教科书选择的例题具有典型性	1	2	3	4	5
5. 教学的内容安排符合学生的认知发展规律	1	2	3	4	5
6. 教科书的内容编排体现了数学学科知识的内在联系与规律	1	2	3	4	5
7. 教科书的内容重视与学生已有知识和生活经验相适应	1	2	3	4	5
8. 教科书的内容与本地区的社会、经济、文化发展水平相适应	1	2	3	4	5
9. 教科书的内容关注与社会生活、科技发展的联系	1	2	3	4	5
10. 教科书的内容能激发学生的数学学习兴趣	1	2	3	4	5
11. 教科书对数学学习方法的指导清晰准确	1	2	3	4	5
12. 教科书中习题的容量合适	1	2	3	4	5
13. 教科书中习题的难度合适	1	2	3	4	5
14. 教科书中的习题有助于学生掌握数学基础知识	1	2	3	4	5
15. 教科书中的习题有助于学生掌握数学学习方法	1	2	3	4	5
16. 教科书中的习题有助于拓展学生的数学思维	1	2	3	4	5

三、您是否同意以下表述?

请按照以下顺序在相应的"□"中画"√".

题目	非常不同意	不同意	不清楚	同意	非常同意
1. 教科书中的例子不能改变	□	□	□	□	□
2. 教科书中的练习题不能改变	□	□	□	□	□

四、您使用人教版初中数学教科书的现状

请根据您的实际情况,在符合的选项的序号上画〇,并在横线上简要说明理由或提出建议.

1. 您对人教版初中数学教科书的适应程度是 (　　).

A. 很适应　　　　　　　　B. 基本适应

C. 基本不适应　　　　　　D. 很不适应

您的理由或建议:_____

_____

2. 您在教学中是如何利用人教版初中数学教科书的?(　　)

A. 完全按教科书组织教学　　　B. 基本按教科书组织教学

C. 根据实际情况做适当调整　　D. 按自己的想法组织教学

您的理由或建议:_____

_____

对"相交线与平行线"课后习题试做情况的调查

同学们：

你们好！目前，我们正在进行一项名为"初中数学教科书习题发展研究"的课题研究，该研究旨在为修订教科书的习题设计提供借鉴和建议．为了解大家对"相交线与平行线"的掌握情况和新设计的习题的意见，我们拟订了这份问卷．本问卷只为科学研究所用，不是评价你学习的好坏．因为要做当前学习成绩与此次调查成绩之间的相关研究，因此需要你的真实姓名，请你不要介意！请你按照题目的要求，认真回答每一个问题．谢谢你的合作！

姓名_____性别_____

在学习完一节课的知识之后，你是否赞同教科书安排下列习题作为家庭作业．在相应的栏目内打"√"．

题号	非常赞同	赞同	说不清楚	不赞同
1				
2				
3				
4				
5				
6				
7				
8				
9				
10				
11				

续 表

题号	非常赞同	赞同	说不清楚	不赞同
12				
13				
14				
15				
16				
17				
18				
19				
20				
21				
22				
23				
24				
25				

对"相交线与平行线"习题设计满意度的调查

老师们：

大家好！目前，我们正在进行一项名为"初中数学教科书习题发展研究"的课题研究，该研究旨在为修订教科书的习题设计提供借鉴和建议．为了解大家对"相交线与平行线"新设计的习题的意见，我们拟订了这份问卷．本问卷只为科学研究所用，不需要你的真实姓名，请你按照题目的要求，认真回答每一个问题．谢谢你的合作！

一、单选题

在符合的选项的序号上画〇．

1. 您的教龄是（　　　）．

A. 0～5 年　　　　　B. 6～10 年　　　C. 11～20 年　　　　　D. 20 年以上

2. 您的骨干级别是（　　　）．

A. 区级骨干　　　　　　　　　　B. 市级骨干

C. 省级骨干　　　　　　　　　　D. 都不是

3. 您使用过本册教科书的情况是（　　　）．

A. 0 次　　　　　　　B. 1 次　　　　　C. 2 次　　　　　　　D. 2 次以上

4. 与原来的教科书习题设计相比较，您认为样例中的习题数量（　　　）．

A. 太多了，增加了学生的负担

B. 很好，可以满足教学的需求

C. 一般，还需要根据情况补充一些

D. 不足，需要继续补充

二、填表格

您认为所发习题的各题是否具有下列功能，如具有，请在相应的位置上画〇，可以多选．

题号	主要作用			
	巩固、理解新知	引导自主探究	发展合作交流	以上都不是
第 1 题				
第 2 题				
第 3 题				
第 4 题				
第 5 题				
第 6 题				
第 7 题				
第 8 题				
第 9 题				
第 10 题				
第 11 题				
第 12 题				
第 13 题				
第 14 题				
第 15 题				
第 16 题				
第 17 题				
第 18 题				
第 19 题				
第 20 题				
第 21 题				
第 22 题				
第 23 题				
第 24 题				

参 考 文 献

[1] 石欧 . 论教科书的基本特征 [J] . 教育研究，2012 (4)：92－97.

[2] Watkins D，Biggs J. The Chinese learner：Cultural，Psychological and Contextual Influences [M] . Hong Kong：CERC& ACER，1996.

[3] 蔡金法 . 中美学生数学学习的系列实证研究 [M] . 北京：教育科学出版社，2007.

[4] 章建跃 . 中学数学课改的十个论题（续）[J] . 中学数学教学参考（中旬），2010 (4)：2－6.

[5] 石鸥 . 核心素养的课程与教学价值 [J] . 上海：华东师范大学学报（教育科学版），2016 (11)：9－11.

[6] 张华 . 论核心素养的内涵 [J] . 全球教育展望，2016 (4)：10－14.

[7] 余宏亮 . 数字时代的知识变革与课程更新 [J] . 课程·教材·教法，2017 (2)：16－23.

[8] 西蒙斯 . 关联主义：数字时代的一种学习理论 [J] . 全球教育展望，2005 (8)：9－13.

[9] 梁林梅，李逢庆 . 数字时代的青少年学习者特征分析 [J] . 江苏教育，2010 (10)：25－28.

[10] 田爱丽，吴志宏 . 翻转课堂的特征及其有效实施 [J] . 中国教育学刊，2014 (8)：29－33.

[11] 王凌皓 . 中国教育史论 [M] . 长春：吉林人民出版社，2000.

[12] 中华人民共和国教育部 . 全日制义务教育数学课程标准（实验稿）[M] . 北京：北京师范大学出版社，2001.

[13] 刘鹏飞 . 义务教育数学课程学段划分研究 [D] . 长春：东北师范大学，2015.

[14] 中国大百科全书出版社编辑部，中国大百科全书总编辑委员会《教育》编辑委员会. 中国大百科全书·教育 [M]. 北京：中国大百科全书出版社，1985：144.

[15] 钟启泉. 现代课程论 [M]. 上海：上海教育出版社，2003：377.

[16] 曾天山. 教材论 [M]. 南昌：江西教育出版社，1997：9.

[17] 孔凡哲，史宁中. 教科书质量及其影响因素 [J]. 教育发展研究. 2007（6）：15－17.

[18] 邵瑞珍. 教育心理学 [M]. 上海：上海教育出版社，2002.

[19] 魏佳. 20 世纪中国小学数学教科书内容的改革与发展研究 [D]. 重庆：西南大学，2009：5.

[20] 约翰·杜威. 学校与社会·明日之学校 [M]. 北京：人民教育出版社，1994.

[21] Monica Johansson. Teaching Mathematics with Textbooks – A Classroom and Curricular Perspective [D]. Scandinavian：Luleå University of Technology 1402－544，2006：20－45.

[22] 王郢. 教材研究导论 [M]. 北京：人民出版社，2016：7.

[23] 教育部基础教育课程教材专家工作委员会.《义务教育数学课程标准（2011 年版)》解读 [M]. 北京：北京师范大学出版社，2012.

[24] 张定强，陈亚东. 数学教科书前言的结构分析与教育价值 [J]. 数学教学究，2010（3）：5－9.

[25] Helena posana, Guy l lacroix, Bradley j tucker, et al. The role of content knowledge and problem features on preservice teachers appraisal of elementary mathematics tasks [J]. *Journal of Mathematics Teacher Education*，2006（9）：347－380.

[26] 中国社会科学院语言研究所词典编辑室. 现代汉语词典 [M]. 北京：商务印书馆，2012：6.

[27] 蔡上鹤. 谈谈初中数学教科书中的习题 [J]. 中学数学教学，1991（2）：1.

[28] 吴木通. 高中数学人教 A 版和湘教版选修教材习题比较研究——以选修 2－1 "圆锥曲线与方程" 为例 [J]. 中学数学月刊，2013（12）：29－31.

［29］邝孔秀，宋乃庆．新课程背景下的小学数学双基教学现状与反思［J］．课程·教材·教法，2013，33（2）：66－70．

［30］章建跃，王嵘．中国数学教科书使用变式素材的途径和方法（续一）［J］．数学通报，2015（10）：1－9．

［31］张世勇．改革开放以来我国高中化学教科书习题的变化与评析［J］．教育测量与评价，2013（5）：29－34．

［32］张艳香，金新喜．关于人教版初中物理教材习题设计的几点思考［J］．课程·教材·教法，2013（4）：91－95．

［33］石筠弢．教材多样化简论［J］．课程·教材·教法，2000（9）：31－35．

［34］魏群，张月仙．中国中学数学课程教材演变史料［M］．北京：人民教育出版社，1996：391．

［35］中国数学会．2005年中国数学会数学教育工作委员会扩大会议实录［J］．数学通报，2005（4）：7．

［36］石鸥，石玉．论教科书的基本特征［J］．教育研究．2012（4）：92－97．

［37］石鸥．最不该忽视的研究——关于教科书研究的几点思考［J］．湖南师范大学教育科学学报，2007（9）：5－9．

［38］蓝顺德．20年来博硕士论文教科书研究之分析［J］．台湾"国立"编译馆馆刊，2004（4）：579－581．

［39］Weinbrenner P. Methodologies of textbook. Analysis used to date. In History and Social Studies. Methodologis of Textbook Analysis［R］．Report of the Educational Research Workshop Held in Braunschweig（Germany），11－14 September 1990，H. Bourdillon（ed），1992．

［40］Johnsen E. B. Textbooks in the Kaleidoscope. A Critical Survey of Literature and Research on Educational Texts（Trad L Sivesind）［M］．New York：Oxford University Press，1993．

［41］黄光雄．教育研究法［M］．台北：师大书苑有限公司，2003：230．

［42］王攀峰．教科书研究方法的现状、问题与建议［J］．课程·教材·教法，2017（1）：34－41．

［43］Jason Nicholls. Methods in School Textbook Research［EB/OL］．http：//

www. ex. ac. uk/historyresource/journal6/nichollsrev. pdf.

[44] Fan, Lianghuo. Textbook research as scientific research: towards a common ground on issues and methods of research on mathematics textbooks [J] . ZDM, 2013, 45 (5): 765 – 777.

[45] 丹尼斯·劳顿, 等. 课程研究的理论与实践 [M] . 张渭城, 环惜吾, 黄明皖, 等, 译. 北京: 人民教育出版社, 1985: 126 – 128.

[46] 迈克尔·阿普尔. 意识形态与课程 [M] . 黄忠敬, 译. 上海: 华东师范大学出版社, 2001: 8.

[47] R. W. Tyler. 课程与教学的基本原理 [M] . 罗康, 张阅, 译. 北京: 中国轻工业出版社, 2008.

[48] 李子建, 黄显华. 课程: 范式、取向和设计 [M] . 香港: 中文大学出版社, 1994: 257.

[49] 弗朗索瓦 – 玛丽·热拉尔, 易克萨维耶·罗日叶. 为了学习的教科书: 编写、评估、使用 [M] . 汪凌, 周振平, 译. 上海: 华东师范大学出版社, 2009: 70 – 86.

[50] 高凌飚. 教科书分析评估的模型和层次 [J] . 课程·教材·教法, 2001 (3): 1 – 5.

[51] 任丹凤. 中小学教科书编制设计的理论与实践研究 [D] . 上海: 华东师范大学, 2003.

[52] 杨启亮. 教材的功能: 一种超越知识观的解释 [J] . 课程·教材·教法, 2002 (12): 10 – 13.

[53] 吴永军. 课程社会学 [M] . 南京: 南京师范大学出版社, 1999: 134 – 142.

[54] 孔凡哲, 史宁中. 教师使用教科书的过程分析与水平测定 [J] . 上海教育科研, 2008 (3): 4 – 9.

[55] 沈林. 小学数学教师教科书解读的影响因素及调控策略研究 [D] . 重庆: 西南大学, 2011.

[56] 黄政杰. 多元社会课程取向 [M] . 台北: 师大书苑有限公司, 1995.

[57] 邝孔秀, 宋乃庆. 新课程背景下的小学数学双基教学: 现状与反思——基

于"国培计划"小学数学骨干教师研修班的调查［J］. 课程·教材·教法，2013（2）：66 – 71.

［58］Beaton A. E, Mullis I. V. S，Martin M. O，et al. Mathematical achievement in the middle school years：IEA's third international mathematics and science study（TIMSS）［J］. Academic Achievement，1996（100）：79 – 85.

［59］Remillard J. T. Examining Key concepts in Research on teachers'use of mathematics curricula［J］. Review of Educational Research，2005，75（2）：211 – 246.

［60］张颖. 美国"2061 计划"教材评价工具简介［J］. 课程·教材·教法，2009（3）：82 – 85.

［61］欧永生. 加强教科书的评价和选择［J］. 研习资讯，1993：5.

［62］丁朝蓬. 教科书结构分析与内容质量评价［J］. 教育理论与实践，2001（8）：61 – 64.

［63］柳叶青. 活动理论视角下教材评价标准构建研究［D］. 上海：华东师范大学，2017.

［64］毕华林. 化学新教材开发与使用［M］. 北京：高等教育出版社，2003：14.

［65］范印哲. 教材设计导论［M］. 北京：高等教育出版社，2003：41 – 42，249 – 250.

［66］张恰，马云鹏. 国外教材设计模式研究述评［J］. 外国教育研究，2008（2）：88 – 92.

［67］张恰. 国外主流的教材设计思想述评［J］. 外国教育研究，2006（2）：52 – 56.

［68］弗里特曼，等. 怎样学会解数学题［M］. 梁法驯，译. 武汉：湖北教育出版社，1985：36.

［69］戴再平. 数学习题理论［M］. 上海：上海教育出版社，2000.

［70］章建跃. 发挥数学的内在力量 为学生谋取长期利益［J］. 数学通报，2013（2）：1 – 10.

［71］杨文. 开放题在数学教学中应用的研究［D］. 南昌：江西师范大学，2006.

［72］B. A. 奥加涅相. 中小学数学教学法［M］. 北京：测绘出版社，1983：8.

［73］熊成华. 数学习题设计的理论与实践研究［D］. 福州：福建师范大学，2009.

［74］乔连全，高文. 从数学问题解决功能的转变谈信息技术与数学教学的整合［J］. 教育科学，2005（12）：23－26.

［75］罗增儒. 数学解题的认识与研究（上）［J］. 湖南教育，2016（1）：22－25.

［76］李伟军. 二十年来数学解题研究的进展概貌［J］. 内蒙古师范大学学报，2016（1）：82－84.

［77］罗增儒，罗新兵. 数学解题研究30年［J］. 湖南教育，2009（1）：24－29.

［78］罗增儒. 中学数学解题的理论与实践［M］. 南宁：广西教育出版社，2008.

［79］孙旭花，黄毅英，林智中，等. 问题变式：结构与功能的统一［J］. 课程·教材·教法，2006（5）：38－42.

［80］罗新兵. 数形结合的解题研究：从表征的视角［D］. 上海：华东师范大学，2005.

［81］沈文选. 数学解题与解题研究的重新认识［J］. 数学教育学报，1997（8）：89－92.

［82］National Council of Supervisors of Mathematics. Position paper on basic mathematical skill［J］. National Council of Supervisors of Mathematics，1977，25：19－22.

［83］罗增儒，罗新兵. 波利亚的怎样解题表（续）［J］. 中学数学教学参考，2004（5）：29－31.

［84］Carambone R. Learning subgoals and methods for solving probability problems［J］. Memory and Cognition，1990，18（6）：593－603.

［85］Novick L. R，Holyoak K. J. Mathematical problem solving by analogy［J］. Journal of Experimental Psychology：Learning，Memory and Cognition，1991，17（3）：398－415.

［86］ Chandler P，Sweller J. Cognitive load theory and the format of instruction ［J］. Cognition and Instruction，1991，8（4）：293 – 332.

［87］ Chi M. T. H，Leeuw N. D，Chiu M. H，et al. Eliciting self – explanations improves understanding ［J］. Cognitive science，1994，18（3）：439 – 477.

［88］ 查有梁. 控制论、信息论、系统论与教育科学 ［M］. 成都：四川省社会科学院出版社，1986：78.

［89］ 克鲁切茨基. 中小学生数学能力心理学 ［M］. 赵裕春，等，译. 北京：教育科学出版社，1984，296.

［90］ 张跃红. 不同思维类型对数学解题的影响研究 ［J］. 数学教育学报，2015（10）：46 – 50.

［91］ Rezat S. The Structures of German Mathematics Textbooks ［J］. ZDM，2006，38（6）：482 – 488.

［92］ Pepin，B.，Haggarty L. Mathematics Textbooks and Their Use in English，French and German Classrooms：a Way to Understand Teachingand Learning Cultures ［J］. ZDM，2001，33（5）：158 – 175.

［93］ Monica Johansson. The Mathematics Textbooks：from Artefactto Instrument ［J］. Nordic Studies in Mathematics Education，2005（3 – 4）：43 – 64.

［94］ Nicely Jr，Robert F. Higher – order thinking shills in mathematics textbooks：A research summary ［J］. Educational Leadership，1991，42（7）：26 – 30.

［95］ 张胜利. 数学概念的教科书呈现研究 ［D］. 长春：东北师范大学，2011.

［96］ 徐文彬，彭亮. 我国初中数学教材中数学史料的分析与思考 ［J］. 教育理论与实践，2014（35）：33 – 36.

［97］ 李清. 初中数学"实践与综合应用"领域课程研究 ［D］. 长春：东北师范大学，2009.

［98］ 邝孔秀，宋乃庆. 发达国家小学数学教科书编写改革趋势及其启示 ［J］. 比较教育研究，2016（5）：63 – 70.

［99］ 李文林. 数学史概论 ［M］.3 版. 北京：高等教育出版社，2011：41 – 44.

［100］ 张定强. 初中数学教科书建构与评价中的若干问题研究 ［D］. 兰州：

西北师范大学，2008.

[101] 张世勇．改革开放以来我国高中化学教科书习题的变化与评析［J］．教育测量与评价，2013（5）：29－34.

[102] 范良火，黄毅英，蔡金法，等．华人如何学习数学［M］．南京：凤凰出版传媒集团，江苏教育出版社，2005：320－341.

[103] 邵光华．数学样例学习的理论与实证研究［D］．上海：华东师范大学，2003：111－130.

[104] 陈婷．20世纪我国初中几何教科书编写的沿革与发展［D］．重庆：西南大学，2008.

[105] 鲍建生．中英初中数学课程综合难度的比较研究［M］．南宁：广西教育出版社，2009.

[106] 崔英梅．课程组织的量化分析研究［D］．长春：东北师范大学，2014.

[107] Li Yeping. A comparison of problems that Follow Selected Content Presentations in American and Chinese Mathematics Textbooks［J］．Journal for Research in Mathematics Education，2000，31（2）：234－241.

[108] 章建跃，左怀玲．我国中学数学教材的建设与发展［J］．数学通报，2009（8）：4－7.

[109] 戴再平．数学习题理论［M］．上海：上海教育出版社，2000.

[110] 黄秦安．数学课程改革向何处去［J］．数学教育学报，2011（6）：12－16.

[111] 章建跃，王嵘．中国数学教科书使用变式素材的途径和方法（续二）［J］．数学通报，2015（12）：1－6.

[112] 余元庆．谈谈习题的配备与处理［J］．数学通报，1980（3）：10.

[113] 蔡上鹤．谈谈初中数学教科书中的习题［J］．中学数学教学，1991（2）：3.

[114] 严云．优化习题设计的思想探究［J］．中学数学月刊，2010（6）：20－22.

[115] 李国成．数学习题的五种基本编制方法［J］．牡丹江教育学院学报，2005（5）：64－66.

[116] 田载今. 人教版义务教育课程标准实验教科书数学 [J]. 中学数学教育, 2004 (6): 7.

[117] 杨凡, 吴立宝. 中美初中数学教科书习题比较研究 [J]. 数学教育学报, 2014 (10): 56–59.

[118] 熊雪景. 试论北师大版初中数学教材的特点及使用方法 [J]. 南昌教育学院学报, 2009 (24): 57–60.

[119] 马丽. "湘教版"与"人教版"初中数学教材比较研究 [D]. 长沙: 湖南科技大学, 2015.

[120] 张定强, 曹春艳, 张炳意. 数学教科书建构和解构: 理论与方法 [M]. 北京: 中国科学技术出版社, 2014: 11.

[121] 魏运华. 新课改后各类教材特点的比较研究 [M]. 北京: 人民教育出版社, 2015: 26–27.

[122] 刘素珍. 谈普通高中课程标准实验教科书(必修)数学习题设计的特色 [J]. 陕西教育, 2006: 148.

[123] 蔡上鹤. 新中国中学数学教材建设51年 [J]. 数学通报, 2002 (9): 14–18.

[124] 孔凡哲. 数学课程标准实验教科书发展中的问题及其对策 [J]. 教育科学研究, 2005 (3): 53–56.

[125] 杨慧娟. 高中数学新课程实验教科书使用调查研究 [D]. 重庆: 西南大学, 2012.

[126] 宋运明. 我国小学数学新教材中例题编写特点的研究 [D]. 重庆: 西南大学, 2014.

[127] 李海东. 初中数学课标教材使用情况调查和研究 [J]. 课程·教材·教法, 2009 (4): 41.

[128] 杜学元, 康永攀. 从要素教育理论看新教材 [J]. 教育理论与实践, 2008 (2): 51–52.

[129] 杜学元, 康永攀. 杜威经验哲学视角下的初中数学新教材 [J]. 宜宾学院学报, 2008 (12): 116–118.

[130] 黄丹, 许霞, 沈林. 香港初中数学教材习题特点分析 [J]. 教学与管

理，2007（10）.

[131] 吴立宝，王建波，曹一鸣. 初中数学教科书习题国际比较研究 ［J］. 课程·教材·教法，2014（2）：112－117.

[132] 王光明，周九诗. 英国初中数学教科书的特点——以《数学链接》为例 ［J］. 教育理论与实践，2014（2）：39－41.

[133] 吴立宝，宋维芳，杨凡. 美国 IM 数学教科书编排结构特点及启示 ［J］. 外国中小学教育，2013（8）：60－64.

[134] 范连众，孔凡哲. 美国 AC 版初中数学教材编排特点及启示 ［J］. 中国数学教育，2018（11）：54－58.

[135] 刘丽颖，熊丙章. 美国数学教材的习题特点分析 ［J］. 中学数学杂志，2004（9）：1－4.

[136] 吴立宝. 中澳数学教科书习题比较研究 ［J］. 数学教育学报，2013（4）：58－61.

[137] 张维忠，李芳奇. 新加坡与中国数学教材的特色比较 ［J］. 外国中小学教育，2009（2）：32－36.

[138] 周红. 美国国家教育进展评估体系的产生与发展 ［J］. 外国教育研究，2005（2）：77－82.

[139] 孔企平. 国际数学学习测评：聚焦数学素养的发展 ［J］. 全球教育展望，2011（11）：78－82.

[140] 赵慧. TIMSS2011 数学教育评价框架及运行研究 ［J］. 外国中小学教育，2015（2）：5－10.

[141] 陆璟. PISA 测评的理论和实践 ［M］. 上海：华东师范大学出版社，2013：2－9.

[142] OECD, PISA 2012 MATHEMATICS FRAMEWORK ［EB/OL］. http://www.oecd.org/pisa/pisaproducts/46961598.pdf. 2013－7－28.

[143] 苏洪雨. PISA：数学素养测试题的设计和研发过程 ［J］. 教学与管理，2008（5）：41－51.

[144] 教育部考试中心. 中国 PISA2015 测试实践指导 ［M］. 广州：广东高等教育出版社，2016.

[145] Francoise Delamare Le Deist，Winterton J. What Is Competence？［J］. Human Resource Development International，2005，8（1）：27－46.

[146] 杨向东. 核心素养与我国基础教育课程改革的关系［J］. 人民教育，2016（19）：19－22.

[147] 林崇德. 21世纪学生发展核心素养研究［M］. 北京：北京师范大学出版社，2016：2－3.

[148] 马云鹏. 小学数学核心素养的内涵与价值［J］. 小学数学教育，2015（5）：1－4.

[149] Stacey K. The International Assessment of Mathematical Literacy：PISA 2012 Framework and Items［J］. Icme，2012.

[150] 周明旭，曹一鸣. PISA数学素养测评主要结构［J］. 中国教师，2016（1）：54－56.

[151] 中华人民共和国教育部. 普通高中数学课程标准（2017年版）［M］. 北京：人民教育出版社，2018.

[152] 徐斌艳. 数学学科核心能力研究［J］. 全球教育展望，2013（6）：67－74.

[153] 徐朔. "关键能力"培养理念在德国的起源和发展［J］. 外国教育研究，2006（6）：66－69.

[154] 王俊民，丁晨晨. 核心素养的概念与本质探析［J］. 教育科学，2018（2）：33－40.

[155] 孔凡哲. 聚焦四大关键能力的评价技术革新［J］. 教育理论与测量，2018（5）：1.

[156] 陆勤超. 指向教师专业素养的教师研修课程研究［D］. 上海：华东师范大学，2017.

[157] 赵娜，孔凡哲. 教育改革中的学生评价目标、角色与功能的分析［J］. 教育科学研究，2019（1）：23－34.

[158] Stiggins R J. Assessment Literacy［J］. Phi Delta Kappan，1991，72（7）：534－539.

[159] 王攀峰. 教科书研究方法的现状、问题与建议［J］. 课程·教材·教

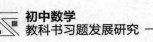
法，2017（1）：34 − 41.

[160] Osborn J H. The Case for Improving Textbooks [J]. Educational Leadership: journal of the Department of Supervision and Curriculum Development, N. E. A，1985，42（7）：9 − 16.

[161] 曾天山. 教学论 [M]. 南昌：江西教育出版社，1997：89 − 165.

[162] 张定强，曹春艳，张炳意. 数学教科书建构和解构：理论与方法 [M]. 北京：中国科学技术出版社，2014：11.

[163] Gagne，R. M. 学习的条件和教学论 [M]. 皮连生，等，译. 上海：华东师范大学出版社，1999.

[164] 冯虹，王光明，岳宝霞. 新理念数学教学论 [M]. 北京：北京大学出版社，2014：50.

[165] 王郢. 教材研究导论 [M]. 北京：人民出版社，2016：7.

[166] 范连众，孔凡哲. 从关注学科知识转向关注核心素养的教科书的习题设计 [J]. 中小学教师培训，2017（10）：61 − 65.

[167] 章建跃. 新中国中学数学教材内容变革举要 [J]. 课程·教材·教法，2012（2）：48 − 54.

[168] 关雯. 1949—2000 年中国中学数学教学大纲的比较研究 [D]. 兰州：西北师范大学，2006.

[169] 张玺恩. 我国中学数学课程教材的回顾与展望 [J]. 课程·教材·教法，1993（6）：1 − 9.

[170] 王成满，沈南山，王郢. 60 年来我国中学数学教科书编写形式的变化与思考 [J]. 数学教育学报，2010（10）：25 − 27.

[171] 吕世虎. 20 世纪中国中学数学课程的发展（1950— 2000）[J]. 数学通报，2007（7）：15.

[172] 钟启全，崔允漷，张华. 基础教育课程改革纲要（试行）解读 [M]. 上海：华东师范大学出版社，2001：3 − 13.

[173] 魏运华，李俏. 基于静态研究的新课改后各类教材特点的比较 [J]. 课程·教材·教法，2011（9）：29 − 36.

[174] 贾宇翔，崔丁今，金康彪. 中韩初中数学教科书数学题的比较研究

［J］．数学教育学报，2015（10）：84－86.

［175］ 杨凡，吴立宝．中美初中数学教科书习题比较研究［J］．数学教育学报，2014（10）：56－59.

［176］ 人民教育出版社数学室．初级中学课本·代数［M］．北京：人民教育出版社，1989.

［177］ 人民教育出版社中学数学室．九年义务教育三年制初级中学教科书·代数［M］．北京：人民教育出版社，1992.

［178］ 数学课程标准研制组．义务教育课程标准实验教科书·数学［M］．北京：人民教育出版社，2005.

［179］ 课程教材研究所．义务教育教科书·数学［M］．北京：人民教育出版社，2012.

［180］ 章建跃．构建逻辑连贯的学习过程使学生学会思考［J］．数学通报，2013（6）：5－8.

［181］ 课程教材研究所.20 世纪中国中小学课程标准·教学大纲汇编·数学卷［M］．北京：人民教育出版社，2001.

［182］ 中华人民共和国教育部．义务教育数学课程标准（2011 年版）［M］．北京：北京师范大学出版社，2012.

［183］ 杜威．杜威教育论著选［M］赵祥麟，王承绪，译．上海：华东师范大学出版社，1981：358.

［184］ 宋乃庆，徐斌艳．数学课程导论［M］．北京：北京师范大学出版社，2010：35.

［185］ 洪燕君，周九诗，王尚志，等.《普通高中数学课程标准（修订稿)》的意见征询——访谈张奠宙先生［J］．数学教育学报，2015（6）：35－38.

［186］ 蔡上鹤．谈谈初中数学教科书的习题［J］．中学数学教学，1991（2）：30－32.

［187］ 柳叶青．活动理论视角下教材评价标准建构研究［D］．上海：华东师范大学，2017.

［188］ 孔凡哲．基本活动经验的含义、成分与课程教学价值［J］．课程·教材·教法，2009（3）：33－38.

［189］周曙. 基于定义方式的初中数学概念分类及其教学建议［J］. 中学数学教学参考，2019（4）：2-4.

［190］路红，綦春霞. 我国八年级学生数学运算能力实证研究［J］. 教育测量与评价，2018（2）：52-57.

［191］郭玉峰，段欣慰，孙艳. 数学运算素养的理解与商榷［J］. 中国数学教育，2019（10）：3-8.

［192］林崇德. 学习与发展：中小学生心理能力发展与培养［M］. 北京：北京师范大学出版社，2003：365.